Über dieses Buch

»Nicht alle Frauen werden Mütter, aber alle sind Töchter, und Töchter haben Mütter.« Während die Beziehung von Vater und Sohn und Mutter und Sohn schon seit der Antike bevorzugtes Objekt der Literatur und später auch der Wissenschaft ist, wurde die Beziehung zwischen Mutter und Tochter bisher vernachlässigt. Dabei ist diese Beziehung für das Leben jeder Frau von vitaler und grundlegender Bedeutung, für die Entwicklung ihrer Persönlichkeit ebenso wie für alle anderen Beziehungen, die sie eingehen wird, und für ihre gesellschaftlichen Erwartungen.

Signe Hammer hat Gespräche und Interviews mit mehr als 75 Töchtern, Frauen, Müttern und Großmüttern geführt und deren Erfahrungen mit Ärzten, Psychologen und Feministinnen diskutiert. Ihr engagierter Bericht ist erfrischend direkt und praxisbezogen. Er eröffnet eine Fülle neuer Perspektiven und rechnet ab mit der altvertrauten Anweisung an Töchter: »Sei du selbst, aber du bist nichts, wenn du nicht heiratest.«

Die Autorin

Signe Hammer ist Amerikanerin. Nach ihrem Studium war sie mehrere Jahre lang als Lektorin und Herausgeberin in New York und Boston tätig und hat in dieser Zeit auch bei Straßentheatern mitgearbeitet.

Seit 1972 ist Signe Hammer freie Schriftstellerin. Sie hat Gedichte veröffentlicht und eine Anthologie mit Essays zur weiblichen Sexualität herausgegeben.

Signe Hammer

Töchter und Mütter

Über die Schwierigkeiten einer Beziehung

Fischer
Taschenbuch
Verlag

Aus dem Amerikanischen von Monika Zapf

Fischer Taschenbuch Verlag
1.–15. Tausend: November 1978
16.–22. Tausend: April 1979
Umschlagentwurf: Jan Buchholz/Reni Hinsch
Titel der amerikanischen Originalausgabe:
›Daughters and Mothers: Mothers and Daughters‹
Erschienen bei Quadrangle, New York Book Co., New York 1975
Fischer Taschenbuch Verlag GmbH, Frankfurt am Main
Lizenzausgabe mit freundlicher Genehmigung
des S. Fischer Verlages GmbH, Frankfurt am Main

Druck und Einband: Hanseatische Druckanstalt GmbH, Hamburg
Printed in Germany
580-ISBN-3-596-23705-X

Dieses Buch widme ich
dem Andenken meiner Mutter
und Majorie Taggart White.

Why should it be necessary
for a mother to be there like a grindstone
at the heart of everything?

Doris Lessing, The Summer Before the Dark

Inhalt

Was hier als wörtliche Rede erscheint, ist Interviews entnommen. Die Namen der aufgeführten Personen sind geändert.

Einführung

Die Beziehung zwischen Mutter und Tochter übt auf Frauen in allen Phasen ihres Lebens tiefen Einfluß aus. Zwar werden nicht alle Frauen auch Mütter, doch ist jede Frau Tochter, und Töchter haben Mütter. Auch Töchter, die niemals Mutter werden, müssen sich mit den Konsequenzen der Mutterschaft auseinandersetzen, denn die Möglichkeit, wenn nicht gar Wahrscheinlichkeit, Mutter zu werden, ist immer gegeben. Dennoch wird diese Beziehung als etwas so Selbstverständliches hingenommen, daß sich kaum jemand Gedanken darüber macht, auch nicht die Mütter und Töchter selbst. Mir erzählte eine Frau, die selbst eine Tochter hat, sie habe erst angefangen, über ihre Beziehung zur eigenen Mutter nachzudenken, als sie in einer feministischen Selbsterfahrungsgruppe mit anderen Frauen ausführlich über ihr Leben gesprochen habe. Von Vätern und Söhnen, auch von Müttern und Söhnen ist viel die Rede gewesen, die Beziehungen zwischen ihnen sind in zahllosen Theaterstücken, Gedichten und Romanen, in Krankengeschichten und in der psychologischen Forschung behandelt worden, doch der Beziehung zwischen Müttern und Töchtern wird erst in jüngster Zeit Beachtung geschenkt.

Dieses Buch ist Teil dieses Beginnens. Ich will die Beziehung zwischen Müttern und Töchtern durchleuchten, angefangen schon vor der Geburt der Tochter, wenn die Mutter sich darüber klar werden muß, was das Muttersein für sie bedeutet, bis hin zu dem Zeitpunkt, da die Tochter selbst erwachsen wird und alles, was zwischen Mutter und Tochter vorgegangen ist, jene Entscheidungen beeinflußt, die jede von ihnen für das eigene Leben trifft. Den ganzen Komplex kann ich hier nicht abhandeln, dazu wird es vieler Bücher und jahrelanger For-

schungen bedürfen, ich hoffe aber, meine Leserinnen werden in den verschiedenen Berichten über Mütter und Töchter, die hier folgen, manche ihrer eigenen Erfahrungen wiederfinden.
Ich begann meine Arbeit ausgerüstet mit psychologischen Kenntnissen und einem objektiven Ansatz, doch sie wurde schließlich zu einer Reise in mein eigenes Innere, denn ich stieß im Leben andrer Frauen auf einen Widerhall und eine Bestätigung meines eigenen Lebens; beim Nachdenken über das, was mir erzählt worden war, erlebte ich von neuem meine eigene Beziehung zu meiner Mutter.
Bevor ich mit der Niederschrift begann, befragte ich mehr als 75 Mütter, Töchter und Großmütter, im Alter zwischen viereinhalb und achtzig Jahren. Oft führte ich das Gespräch gleichzeitig mit Mutter und Tochter, und deren Dialoge sind teilweise hier wiedergegeben. Aus dem anhand der Befragungen gewonnenen Material ergaben sich manche Gedanken und Erkenntnisse, die zur Grundlage des Buches wurden. Ich befragte Frauen aller Schichten und unterschiedlicher ethnischer Gruppen, die Betonung liegt aber stets auf dem psychischen Aspekt der Mutter-Tochter-Beziehung. Unterschiede der Rasse, der gesellschaftlichen Klasse und der Volkszugehörigkeit werden nur dann hervorgehoben, wenn sie besonders wichtig erscheinen, denn die psychischen Mechanismen der Mutter-Tochter-Beziehung sind bei fast allen Frauen unserer Gesellschaft die gleichen. Zwar werden schwarze Frauen herkömmlicherweise dazu erzogen, mehr auf sich selbst und weniger auf Männer zu vertrauen, als dies bei ihren weißen Schwestern der Fall ist, diese Tradition ändert sich aber im gleichen Maße, in dem Schwarze in den Mittelstand aufsteigen und dessen Wertvorstellungen übernehmen.
Das Leben der Frauen wandelt sich; den Angelpunkt bezeichnen jene Frauen, die heute zwischen Ende Zwanzig und Anfang Vierzig sind, Frauen, die in herkömmlicher Weise erzogen wurden, die nun aber in ihrem eigenen Leben und dem ihrer Töchter Veränderungen vornehmen müssen. Diese Frauen sind es, auf die sich mein Blick richtet, wenn ich

untersuche, wie ihre Beziehungen zu sich selber, zu ihren Müttern und ihren Töchtern sich ändern, indem sie ihr eigenes Leben verändern. Mütter und Töchter aller Altersgruppen leben in einer Zeit des Übergangs; kaum ist es gelungen, einige Aspekte der Mutter-Tochter-Beziehung zu definieren, machen sich bereits neue Einflüsse geltend. Was ich mir vorgenommen habe, ist also, eine komplexe Beziehung innerhalb eines sozialen Zusammenhangs herauszuarbeiten, der sich rasch ändert. Mein Hauptaugenmerk richtet sich auf Mütter und Töchter des Mittelstandes deswegen, weil die Veränderungen dort am schnellsten vor sich gehen.

Historisch gesehen gibt es gute Gründe dafür, daß die Beziehung zwischen Müttern und Töchtern bisher weitgehend ignoriert wurde. Wie wir bewußt und unbewußt über uns und andere urteilen, wird zwangsläufig von gesellschaftlichen Kräften bestimmt, die ihrerseits Resultate des Bewußten und Unbewußten sind. In der kulturellen Tradition des Westens werden die Frauen in erster Linie unter dem Gesichtspunkt ihrer Beziehung zu Männern betrachtet und dargestellt. Die Vorstellung von einem individuellen Ich entwickelte sich nur langsam; von Anfang an waren der Held und der Abenteurer stets männlich. Die Gesellschaft betrachtete alle Beziehungen vom männlichen Standpunkt aus, und die Frauen wurden nur wichtig, insofern sie ihre Rollen als Ehefrauen und als Mütter von Männern ausfüllten. Weil die Gesellschaft von der Mutter erwartete, die Tochter ihrerseits zur Ehefrau und Mutter heranzuziehen, spielte sich, was zwischen Mutter und Tochter vorgeht, zumeist außerhalb des anerkannten gesellschaftlichen Zusammenhanges der Mann-Frau-Beziehung ab. Die paradoxe Wirkung hiervon war, daß die Mutter-Tochter-Beziehung sozusagen ›in den Untergrund‹ abgedrängt wurde, was wiederum zur Folge hatte, daß eben deshalb die gefühlsmäßige Kraft und Bedeutung dieser Beziehung sich verstärkte, weil sie auf den unmittelbaren persönlichen Kontakt beschränkt blieb, wodurch sie bewußter und konkreter werden

konnte. Was man für selbstverständlich hält und daher nicht beachtet, mag sich sehr wohl als eminent wichtig erweisen.
Haben Frauen Geltung nur als Ehefrauen und Mütter und Töchter als künftige Ehefrauen und Mütter, dann muß es beiden schwer werden, sich selbst und einander als Einzelpersonen, als Individuen zu sehen. Erst in jüngster Zeit, unter dem Einfluß der Frauenbewegung und der modernen Ich-Psychologie, beginnen wir alle Menschen, Männer wie Frauen, vom ›Ich‹ her zu verstehen, doch diese Idee steckt noch in den Anfängen. Noch 1968 konnte Erik Erikson sagen, »die Identität einer jungen Frau bestimmt sich zu einem großen Teil dadurch, wie sie auf den Mann (oder die Männer) wirkt, von dem sie gesucht werden möchte, und durch die Art, wie sie ihre Auswahl trifft«[1]. Den gleichen Gedanken, nur in anderer Form, äußerte 1975 eine Frau, die ihre Ablehnung eines Gesetzentwurfes, der die rechtliche Gleichstellung der Frau bezweckte, mit den Worten begründete: »Es liegt mir nichts daran, eine Person zu sein.«[2]
Es neigen also sowohl Männer als Frauen dazu, ›Ich‹, ›Persönlichkeit‹ und individuelle Identität dem Mann zuzuordnen, Frauen hingegen mittels ihrer Beziehung zu anderen zu definieren, zunächst ihrer Beziehung zu Männern, später der zu den Kindern. Frauen tendieren dazu, durch andere und in der Reaktion auf andere zu leben – vereinfacht könnte man sagen, ihr Gefühl für die Grenze zwischen dem Ich und dem Anderen sei schwach entwickelt –, und es fallen ihnen daher im allgemeinen bestimmte Dinge schwer, die die sichere Gewißheit vom Vorhandensein eines eigenständigen Ich voraussetzen. Die Tatsache, daß verantwortliche Tätigkeiten Frauen gemeinhin versperrt blieben, ist andernorts ausreichend belegt; in diesem Buch bemühe ich mich darum, herauszuarbeiten, auf welche Weise dieses geschwächte Ichbewußtsein von Mutter zu Tochter weitergegeben wurde, und ich will zeigen, wie es Frauen gelingt, diese überkommene Verhaltensweise zu ändern.
Die erste Person, durch welche die Tochter mit ihrer Umwelt

in Verbindung tritt, ist die Mutter, deren subtilen Andeutungen die Tochter erste Kenntnisse davon verdankt, was die Umwelt von ihr erwartet. Sie verbindet diese Andeutungen mit ihrer eigenen Reaktion und entwickelt daraus eine Vorstellung von sich selbst und ihrer Beziehung zu dieser Umwelt.
Die Mutter gibt an die Tochter nicht nur die Anforderungen der Umwelt weiter, sondern auch ihre eigene Reaktion auf Anforderungen, die von ihrer Mutter an sie gestellt wurden. Jeder Austausch zwischen Mutter und Tochter ist insofern eigentlich ein Austausch zwischen drei Generationen. In den ersten drei Kapiteln, die sich mit den ersten fünf Lebensjahren einer Tochter befassen, wird man sehen, daß dabei soziale Einflüsse in sehr Persönliches verwandelt werden, denn hier begegnen sich psychische Entwicklung und Umwelt.
Der Einfluß der Gesellschaft auf Mütter und Töchter ist durch die schnell wechselnden sozialen Bedingungen stark verändert worden. Vor der Industrialisierung war die Grenze zwischen Haus und Arbeitsplatz weniger scharf gezogen als heute. Frauen waren nicht nur Mütter, sondern auch Arbeiterinnen, ihre Rolle war umfassender. Ihr Anteil an lebenswichtigen und ökonomisch notwendigen Arbeiten war größer und weiter gefächert als bei den Frauen des heutigen Mittelstandes. Das Leben war schwer, aber dafür wußte man ziemlich genau, was von der Kindheit bis zum Erwachsenendasein von einem erwartet wurde und welche Möglichkeiten man hatte. Dank solcher Kontinuität und des breiteren Spektrums verantwortungsvoller Tätigkeiten für Frauen konnte sich, unterstützt von Familie und Gemeinwesen, sehr wohl ein positives Bewußtsein von weiblicher Identität entwickeln.
Die Soziologin Nancy Chodorow meint, daß Frauen in primitiven Gemeinwesen, wo Arbeitsplatz und Hauswesen weniger scharf voneinander gesondert sind als in der modernen mittelständischen Zivilisation des Westens, eher die Möglichkeit haben, ein klares, bestimmtes Ichbewußtsein zu entwikkeln, als es Frauen unserer Gesellschaft möglich ist.[3] Ich führe diesen Gedanken von Nancy Chodorow weiter aus, um zu

zeigen, wie sich unsere eigene Beurteilung weiblicher Arbeit seit der vorindustriellen Zeit gewandelt hat, und benutze ihn als Ausgangspunkt bei der Beschreibung von Frauen unserer Tage, denen es zum Nutzen ihrer selbst und ihrer Töchter gelungen ist, Beruf und Hausfrauendasein in ihr Leben zu integrieren. Die heute zu beobachtende fast vollständige Trennung von Heim und Arbeitswelt hat dazu geführt, daß Frauen sich in einer doppelten Schlinge gefangen sehen, was seinen Ausdruck in irreführenden Anweisungen findet, die viele Frauen von ihren Müttern übernommen haben und die mit dem Heraufziehen der gegenwärtigen Frauenbewegung als solche entlarvt wurden. Diese Anweisungen besagen unter anderem: Heim und Arbeit schließen einander aus, und unsere Gesellschaft tut wenig dazu, diesen Gegensatz zu versöhnen. Unter Weiblichsein versteht man allgemein, einen Mann zu angeln und Kinder großzuziehen. Leistung oder produktive Arbeit gilt als Männersache. Das Betätigungsfeld der Frau ist bei der gängigen Rollenvorstellung so eingeengt, daß, außer der Kindererziehung, so gut wie nichts geblieben ist.

In dem Maße, in dem der Aktionsradius der Frauen eingeengt wurde, gewann die Idee der Kindheit an Bedeutung und damit die Vorstellung von der Wichtigkeit guter mütterlicher Betreuung. Damit kommen wir zu einem weiteren Fehlschluß: Die Frauen, denen man nicht gestattet, innerhalb der Gesellschaft die Rolle von Erwachsenen zu übernehmen – also Individuen zu sein, die produktiv arbeiten und eigene Interessen verfolgen –, diese Frauen ausgerechnet sollen die Mitglieder der neuen Generation zu sozialen Wesen heranziehen. Wir werden sehen, daß dies ein besonderes Problem für Töchter bedeutet. Es ist ein Teufelskreis entstanden, in dem Frauen, die nicht erwachsen werden sollten, Töchter aufziehen, die ebenfalls nicht dazu angehalten werden, erwachsen zu werden. Es ist daher nicht erstaunlich, daß ›Weiblichkeit‹ in den Ohren vieler Frauen einen negativen Klang hat. Clara Thompson meinte 1942: »Eine Frau kann sehr wohl bedeuten, das Ichgefühl zu verneinen und sich der Mög-

lichkeit zu begeben, ein unabhängiger Mensch zu werden.«[4]
Die Mutter müßte eigentlich ein Wesen umsorgen, das von ihr abhängig ist, und zugleich jede Bemühung des Kindes unterstützen, von ihr unabhängig zu werden. Diese doppelte Aufgabe zu bewältigen ist schon bei Söhnen schwierig; wenn eine Mutter jedoch eine Tochter hat, mit der sie sich sehr identifiziert und die, wie sie weiß, von der Gesellschaft nie zur Selbständigkeit ermutigt werden wird, dann kann es nicht überraschen, wenn diese Mutter ihr Kind eher dazu anhält, abhängig zu bleiben.
Immerhin wird man noch sehen, daß die Dinge in Fluß gekommen sind und sich allmählich ändern. Immer mehr Frauen gelingt es, die irreführenden Anweisungen zu mißachten, teils dank des Einflusses der Frauenbewegung, teils in unmittelbarer Reaktion auf ihre Lebensbedingungen. Sie bestehen darauf, arbeiten zu können, ohne deshalb an Weiblichkeit zu verlieren, sie bestehen darauf, sowohl Mütter als auch Persönlichkeiten zu sein und als erwachsene Frauen zu gelten, ohne Mütter zu werden. Einfach ist es nicht, doch viele Mütter bringen es schon fertig, daß ihre Töchter mit einem gesunden Bewußtsein der eigenen Persönlichkeit als Frau heranwachsen.

I Was bedeutet sie mir? Was bedeute ich ihr?

Die Beziehung zur Mutter ist für jede Tochter die erste menschliche Beziehung überhaupt, vielleicht auch die wichtigste. Man wird im weiteren sehen, daß die Beziehung Mutter-Tochter das Fundament aller Beziehungen bildet, die im Leben einer Frau vorkommen, nicht ausgenommen die zu ihrem Vater, zu anderen Männern und zu den eigenen Kindern. In der Beziehung zur Mutter erfährt die Tochter erstmals, was es bedeutet, eine Person zu sein, oder aber sie muß erleben, daß sie nicht dazu angehalten wird, ein Bewußtsein der eigenen Identität zu entwickeln. Es sind die Reaktionen der Mutter auf den Körper der Tochter und dessen Bedürfnisse, welche bewirken, daß die Tochter selbst zu ihrem Körper eine Beziehung herstellt und damit die Grundlage für das wachsende Bewußtsein der sexuellen Identität legt. Und schließlich ist es die Mutter, die als erste der Tochter andeutet, welche Erwartungen die Umwelt an die Trägerin der weiblichen Rolle stellt.

Im Anfang haben wir es mit drei wesentlichen Faktoren zu tun: mit der Mutter in ihrer ganzen Persönlichkeit; mit der Umwelt, in der die Mutter lebt und in welche die Tochter hineingeboren wird; schließlich mit der Tochter selbst, die bestimmte Eigenschaften, entdeckte und unentdeckte, mit sich auf die Welt bringt. Alle diese Faktoren wirken aufeinander ein und bilden den Grund einer neuen Mutter-Tochter-Beziehung. Für die Mutter allerdings bezeichnet das Erlebnis von Schwangerschaft, Gebären und Mutterschaft auch eine neue Phase in der Beziehung zur eigenen Mutter. In ihr Verhältnis zu dem Baby wird sie nun ihre eigenen Erfahrungen als Tochter einbringen, unter anderem alles das, was in ihrer Beziehung zur eigenen Mutter ungelöst geblieben sein mag.

Grete L. Bibring, Psychotherapeutin an der Harvard Medical School, die Untersuchungen mit schwangeren Frauen angestellt hat, ist der Meinung, daß eine Tochter, die selbst Mutter wird, frühe Aspekte ihrer Beziehung zur eigenen Mutter in sich auffrischt und möglicherweise auf neue Art klärt. Frühere Formen der Identifizierung können aufgegeben werden, frühe Konflikte sich lösen, und günstigenfalls akzeptiert die Tochter in der Mutter eine Freundin, eine Gleichgestellte, ein Vorbild für ihr eigenes Verhalten als Mutter.[1]

Der Schritt vom Tochtersein zum Muttersein bleibt wie eh und je das wichtigste Übergangsritual im Leben der Frau. Bis sie heiratet und selbst Mutter wird, bleibt die Frau Tochter, wird sie nicht vollkommen als erwachsene Frau anerkannt. Eine junge Mutter sagte mir: »Das einzige Mittel, endlich vom Schürzenband loszukommen, ist, selbst Kinder zu haben, denn dann ist man kein Kind mehr, sondern man hat ein eigenes Kind, das man den Eltern präsentieren kann. Bloß von zu Hause weggehen, ohne zu heiraten und Kinder zu haben, nützt nichts; man gilt dann immer noch nicht als erwachsen.«

Heute versuchen Frauen, die Formel »erwachsene Frau gleich Ehefrau und Mutter« aufzusprengen, doch für die meisten Frauen hat dieses Argument noch nichts von seiner Kraft eingebüßt.

In diesem Kapitel wollen wir untersuchen, inwieweit die Beziehung zur eigenen Mutter auf die Frau wirkt, die darauf wartet, selbst ein Kind zu bekommen, und wie diese Beziehung das Verhalten zur neugeborenen Tochter anfänglich beeinflußt. Wir wollen untersuchen, wie die Erwartungen der Umwelt auf diese neue Mutter-Tochter-Beziehung einzuwirken scheinen, und auch, wie die kleinen Töchter wiederum die Einstellung ihrer Mütter zu sich beeinflussen. Im Mittelpunkt dieser und aller folgender Betrachtungen steht die Tochter, die Mutter wird, und die Art, in der sich von Anbeginn ihre

Erfahrungen mit der eigenen Mutter, mit sich selbst und mit ihrer Tochter verbinden.
Dr. Bibring nennt die Schwangerschaft ›eine normale Entwicklungskrise‹, vergleichbar der Pubertät und den Wechseljahren, welche die Frau intensiven seelischen und körperlichen Veränderungen unterwerfen. Man muß sich vor Augen halten, daß im Mittelpunkt dieses Vorgangs, der die soziale Identität der Frau ebenso verändert wie ihren gesellschaftlichen Status, biologische Ereignisse stehen: Schwangerschaft und Gebären. Die beiden anderen biologischen Wendepunkte, die Dr. Bibring erwähnt, sind nur in ihrem Zusammenhang mit der Mutterschaft von Bedeutung: die Pubertät befähigt das Mädchen, Mutter zu werden, die Wechseljahre setzen dem ein Ende.
Mutterschaft ist für die soziale und sexuelle Bestimmung der Frau von so zentraler Bedeutung gewesen, daß daneben bis vor kurzem Aspekte sexueller und sozialer Identität fast völlig ignoriert wurden; von Frauen erwartete man, daß sie ihre sexuellen Bedürfnisse unterdrückten, um Niederkunft und Mutterschaft im sozial anerkannten Bereich der Ehe zu halten, und es herrschte der Irrglaube, Frauen seien nach den Wechseljahren an sexueller Aktivität nicht länger interessiert.
Betrachtet man die Bedeutung von Gebären und Mutterschaft im Zusammenhang mit der sozialen und sexuellen Identität der Frau in unserem Kulturkreis, muß man mit Schrecken feststellen, in welchem Ausmaß Gebären eine entfremdende, ja erniedrigende – und völlig asexuelle – Erfahrung geworden ist. Jedenfalls ist dies die Vorstellung vom Gebären, die vielen, wenn nicht den meisten Mädchen und Frauen von ihren Müttern vermittelt worden ist, und erst in neuester Zeit zeichnet sich da eine Änderung ab.
Viele Frauen erinnern sich daran, daß ihre Mütter von der Schwangerschaft und der Niederkunft so entsetzt gesprochen haben, als läge darin der Grund, daß sie ihr eigenes Frausein und vielleicht auch das der Tochter verabscheuten.
Als ihr erstes Kind geboren wurde, war Tina Burgess dreißig

Jahre alt. Sie erzählt: »Als meine Mutter mal ganz wütend auf mich war, sagte sie: ›Du wirst auch noch mal merken, wie es ist, wenn man neun Monate lang jemand im Bauch herumschleppen und dann noch die grauenhaftesten Schmerzen bei der Geburt aushalten muß. Dann wirst du vielleicht begreifen, was ich durchmachen mußte, damit du zur Welt kommen konntest!‹ Von Sex mochte sie nie was hören, und deshalb habe ich immer angenommen, das alles sei ihr zuwider. Ich konnte sie mir auch nicht beim Geschlechtsverkehr vorstellen. Von klein auf hatte ich Angst davor, ein Kind zur Welt bringen zu müssen, und daß ich dann doch plötzlich Lust auf eigene Kinder bekam und tatsächlich eins geboren habe, hat mich selber überrascht. Es hat natürlich scheußlich weh getan, das ist aber ein Schmerz, der rasch vergeht und den man vergißt, wenn das Kind nur endlich da ist. Und dann ist es so wunderbar, ein Kind zu haben, daß es die Anstrengung lohnt. Vielleicht lag es daran, daß ich zu Hause entbunden habe. Aber meine Mutter war damals anscheinend sehr davon betroffen, daß sie ein Kind zur Welt bringen sollte, ich glaube, es war ihr sogar richtig peinlich.«

Niles Newton von der Northwestern Medical School, der sich mit der Psychologie des Gebärens befaßt, hat festgestellt, daß es zwischen der sexuellen Erregung und dem Orgasmus beim Geschlechtsverkehr einerseits und einer sogenannten natürlichen Geburt, d. h. einer solchen ohne Betäubung und künstliche Hilfsmittel, sogar gewisse Parallelen gibt.[2] Daß eine Frau sich heute für eine solche Hausentbindung entscheiden kann und das Gebären mehr und mehr als ein positiver, sinnlicher, geradezu sexueller Vorgang verstanden wird, erlaubt ihr, das Gebären anders zu erleben als ihre Mutter. Es ist kaum überraschend, daß manche junge Frau auf dem Weg über Schwangerschaft und natürliche Geburt vieles über ihre eigene Sexualität erfahren hat. Das Urteil über diese Vorgänge gehört zur Selbsteinschätzung der Frauen als Sexualwesen, einerlei ob sie selbst Kinder haben wollen oder nicht. Auch Mütter, die ihrer Tochter eine negative Einstellung zur Sexualität im allgemeinen und zum Gebären im besonderen vermittelt haben, werden es meist gutheißen, daß die Tochter sich ein Kind wünscht. Im Zusammenhang mit der natürlichen Geburt kann eine Tochter die Zustimmung der Mutter durchaus wie eine Erlaubnis empfinden, den eigenen Körper zum erstenmal tatsächlich zu erfahren.

Tina erinnert sich weiter: »Als ich das Kind zur Welt brachte, habe ich wohl zum erstenmal meinen Körper richtig erlebt. Man lernt dabei Dinge, die eigentlich jede Frau wissen sollte, egal ob sie ein Kind hat oder nicht. Man sieht, was mit dem Körper geschieht, und gerade darüber reden die meisten Mütter nicht. Es ist, als kriegte man die Periode; was man dabei empfinden wird, kann einem zwar vorher keiner sagen, aber man kann sich doch soweit darauf vorbereiten, daß man nicht erschrickt. Wenn auch nur ein einziger Mensch mir die Entbindung auf positive Art dargestellt hätte, als ich noch klein war, oder wenigstens fröhlich dabei dreingeschaut hätte, wenn die Rede darauf kam, hätte ich mich viel eher damit befreunden können, eine Frau zu sein. Bei meiner Mutter war es offenbar sehr schlimm, sie hatte während ihrer ganzen Schwangerschaft mit Brechreiz zu kämpfen, und die eigentliche Geburt fand unter Narkose statt. Das war sicher gräßlich.«

Von ähnlichen Erfahrungen berichtet Doris Stern: »Die Schwangerschaft war sozusagen der augenfällige Beweis meiner Weiblichkeit. Zuvor hatte ich mehr in meiner eigenen Phantasiewelt gelebt. Meine Mutter war sehr auf mein gesellschaftliches Fortkommen bedacht, sie war sehr kritisch mit meinem Äußeren, und nichts, was ich tat, entging ihrer Aufmerksamkeit. Ich zog mich daher mehr und mehr in mich selbst zurück, um so den Auseinandersetzungen mit der Weiblichkeit zu entgehen; ich fühlte mich in sexueller Hinsicht ganz unsicher. Als ich schwanger wurde, erlaubte ich mir zum erstenmal in meinem Leben, meinen körperlichen Bedürfnissen nachzugeben; ich masturbierte häufig und hatte dabei sexuelle Wunschvorstellungen – es war fast wie ein Rausch.

Auch der Vorgang des Gebärens war ausgesprochen sexuell, sehr erotisch. Als ich das Kind aus mir herauspreßte, empfand ich fast so etwas wie einen Orgasmus.«

Für Rose Kramer bedeutete die natürliche Geburt Leistung und Erfolgserlebnis: »Kinderkriegen war für mich etwas anderes als Sex; das eine war biologisch, Sexualität aber vorwiegend problematisch. Die Einstellung meiner Mutter zur Sexualität war ungefähr die: ›Laß dich nie von einem Mann anfassen, Männer wollen Frauen bloß betatschen und benutzen.‹ So setzte sich bei mir die Vorstellung fest, daß Frauen den Männern gegenüber völlig hilflos sind, insbesondere was die Sexualität angeht. Ich hatte große Angst vor Sexualität, obwohl ich seit jeher ein starkes sexuelles Verlangen verspürte. Ich kann mich nicht an eine Zeit in meinem Leben erinnern, zu der ich nicht masturbiert hätte – allerdings weniger mit den Händen, sondern eher, indem ich die Schenkel zusammenpresse.

Vor der Geburt hatte ich fürchterliche Angst, meine Mutter sagte nämlich immer, es täte grauenhaft weh, und Schmerz kann ich nicht gut ertragen. Ich entschied mich für die natürliche Methode, um jede Einzelheit selbst kontrollieren zu können, und ich empfand die Entbindung dann geradezu als einen Sieg über Angst, Hilflosigkeit und die ganze männliche Autorität, die immer und ewig bestimmt, was man zu tun hat. Bis dahin war ich nur passiv gewesen, hier endlich war ich aktiv; dies war die wichtigste Sache meines Lebens, und ich war aktiv daran beteiligt. Das war wichtig für meine Auffassung vom Vorgang des Gebärens und meine erste Erfahrung mit dem Muttersein, was beides meiner Meinung nach mit Sexualität überhaupt nichts zu tun hatte.«

Einige Frauen weichen dem Dilemma einer negativen Einschätzung von Weiblichkeit und Sexualität aus, ohne es aber dadurch zu lösen, indem sie sich vor ihrer Sexualität in eine Welt der Arbeit und Leistung zurückziehen. Es ist dies ein Ergebnis der von der Gesellschaft ausgegebenen Irrlehren, die Arbeit und Leistung ausschließlich dem Bereich der Männer

zuweisen, was zur Folge hat, daß eine Frau, die in diesen Bereich vordringt, das Gefühl bekommen kann, dem Frausein und der Weiblichkeit entronnen zu sein – und damit all den Implikationen wie Verletzlichkeit und sogar Hilflosigkeit. Wenn man die Arbeit als Ausflucht vor diesen Konflikten begreift, so läßt das bestenfalls eine sehr unvollkommene Lösung des Problems erwarten.
Von Caroline Lavalle, die uns später noch öfter begegnen wird, hörte ich: »Die Vorstellung, Mutter zu sein, war mir zuwider. Die Entbindung war mir zuwider, sie war dann auch schwierig. Die Klinik war mir zuwider. Ich hatte geglaubt, ich würde nicht schwanger werden, mir würde das nicht passieren und ich brauchte keine Verhütungsmittel zu nehmen. Solange ich ganz mit meiner Arbeit ausgefüllt war, konnte ich ja unmöglich schwanger werden! Ich hatte nämlich eine Arbeit, die mich sehr beanspruchte, und gleichzeitig versuchte ich, den Beruf und mein Leben als Frau miteinander in Einklang zu bringen. Da passierte es. Es war mir richtig peinlich, und im Büro habe ich es erst nach vier Monaten gesagt. Daß dabei auch ein Kind zu bedenken war, kam mir überhaupt nicht in den Sinn. Meine Schwangerschaft war wie ein politisches Bekenntnis; ich hatte mich irgendwie in eine angreifbare Position gebracht. Es war ein richtiger Alptraum. Dann aber, und das war eigentlich merkwürdig, wurde das Kind für mich so etwas wie ein Ausweg aus dem Wettkampf am Arbeitsplatz. Ich durfte mich auf Routinearbeiten beschränken. Meine Kollegen waren, glaube ich, sehr froh darüber, daß ich mich jetzt mehr zurückhielt und eine brave, nette junge Frau war. Heute bedauere ich es, daß ich mich über die Geburt meiner Kinder nicht freuen konnte und auch keinen Spaß an den Säuglingen hatte. Als sie noch ganz klein waren, fiel es mir am schwersten, sie zu versorgen; ich machte es ganz gut, Spaß hatte ich aber keinen daran.«

Grete Bibring weist darauf hin, daß die psychischen Veränderungen, die eine Frau während der Schwangerschaft, bei der

Entbindung und in den ersten Stadien der Mutterschaft durchmacht, enorm sind. Sie muß ihr Ichgefühl erweitern, um die besondere Beziehung zu dem erwarteten Kind einschließen zu können und all das, was die bevorstehende Geburt für sie selbst und ihre Beziehung zu ihrem Ehemann oder Liebhaber bedeutet. Im Mittelpunkt dieses Prozesses steht aber höchstwahrscheinlich die Beziehung zur eigenen Mutter.

Ob eine Tochter bei der Geburt willkommen ist oder nicht, hängt zum guten Teil von den Erwartungen der Mutter ab, die wiederum von der Umwelt beeinflußt sind, in der sie beide leben. Die junge Mutter hat bestimmte Vorstellungen davon, wie sie sich ihre Tochter wünscht, und sie bereitet, vielleicht unbewußt, schon bestimmte Verhaltensweisen und emotionale Erwartungshaltungen vor, in welche die Tochter dann paßt oder nicht paßt. Sie arrangiert sich jetzt mit allem, was das Wort ›Mutter‹ für sie bedeutet, und erfüllt gleichzeitig für sich das Wort ›Tochter‹ mit eigenem Sinngehalt. Sie muß sich entscheiden, ob sie arbeiten will oder nicht, ob sie das Kind auf natürliche Weise zur Welt bringen will oder unter Narkose, ob sie selbst stillen will oder nicht, lauter Entscheidungen, die für die künftige Beziehung zu ihrer Tochter von großem Gewicht sein können, denn sie spiegeln wider, wie sie über sich selber urteilt, welche Erwartungen von der Gesellschaft an sie gestellt werden und welche Haltung sie gegenüber dem erwarteten Kind einnimmt.

In unserer Gesellschaft sind Söhne seit jeher höher geschätzt worden als Töchter; im Idealfall bringt eine Mutter als erstes Kind einen Sohn auf die Welt, danach mag dann eine Tochter kommen. Ein Sohn führt den Familiennamen fort, er ist ein ›Geschenk‹ an den Vater, so will es eine Frau mit der rechten ›weiblichen‹ Einstellung – und das ist eine Frau, der die Forderungen des Gatten und der Umwelt mehr gelten als die eigenen Wünsche. Helene Deutsch hat darauf hingewiesen, daß sich hinter diesem bewußten Wunsch sogar insgeheim der Wunsch nach einer Tochter verbergen kann, »in der man selber wiedergeboren wird, ausgestattet mit dem ganzen

Charme eines neugeborenen Wesens«[3]. Als ich schwangere Frauen und junge Müyter befragte, ob sie lieber einen Sohn hätten als eine Tochter, stellte sich heraus, daß sie sich leichter mit Töchtern identifizieren als mit Söhnen, was ja nicht überraschen kann. Interessanter ist dagegen, daß der Wunsch nach Sohn oder Tochter sehr stark davon abhängig schien, wie sehr ihr Bewußtsein von sich selbst als Frauen ausgeprägt und welcher Art die Beziehung zur eigenen Mutter war, was aus folgenden Bemerkungen von Doris deutlich hervorgeht.

»Mein erstes Kind sollte ein Junge sein. Ich hatte wohl Angst, wenn es eine Tochter würde, mich zu sehr an sie zu hängen. Zu einem Jungen könnte ich einen gewissen Abstand halten. Bei einer Tochter bestand aber vielleicht die Gefahr, daß sich alles wiederholte, was zwischen mir und meiner Mutter vor sich gegangen war. Wir hingen unheimlich aneinander, und es ist mir so schwer geworden, mich von ihr zu lösen, daß ich das keinem anderen Menschen zumuten möchte.«

Tina wünschte sich aus anderen Gründen einen Jungen. »Ein Mädchen wäre eine Katastrophe gewesen, denn 1968, als Jessica geboren wurde, hatten Mädchen beruflich überhaupt keine Aussichten. Ich glaubte fest daran, mein erstes Kind würde ein Junge sein, und es wurde auch einer. Insgeheim aber habe ich mir wohl doch ein Mädchen gewünscht, denn als ich danach eins bekam, war ich zutiefst zufrieden. Zum Teil lag es wohl daran, daß ich fürchtete, meine Tochter könnte genauso werden wie ich, scheu, zart, alles Eigenschaften, die ich nicht ausstehen kann. Ich war dann aber gleich beruhigt, als ich sie sah; sie war groß und kräftig und sah richtig keß aus. Überhaupt nicht wie ich.«

Rose dagegen wollte von Anfang an unbedingt eine Tochter, nicht zuletzt weil sie sich als Kind so minderwertig gefühlt hatte, weil sie ein Mädchen war. »Daß mein erstes Kind ein Mädchen werden würde, stand für mich einfach fest. Mit einem Sohn hätte ich überhaupt nichts anzufangen gewußt. In meiner Kindheit drehte sich alles nur darum, wann meine Mutter endlich einen Sohn zur Welt bringen würde. Ich dachte immer, dies sei speziell der Wunsch meines Vaters, der jüdische Mann verlange einen Erben, und tatsächlich gab mein Vater ein Fest, zu dem die ganze Nachbarschaft eingeladen wurde, als mein Bruder zur Welt kam. Erst später wurde mir klar, daß es in Wahrheit meine Mutter war, die unbedingt einen Sohn wollte. Sie hätte jederzeit sagen können, daß sie keine Kinder mehr haben wollte, dachte aber, sie müsse weitermachen, bis ein Sohn kam. Erst ein Junge würde ihr als Erfolg angerechnet, bis dahin hatte sie meinem Vater nur Enttäuschungen bereitet.«

Doris und Tina fürchteten sich davor, Töchter zur Welt zu bringen, weil ihr Bewußtsein von sich als Frauen und die Erfahrungen, die sie als Frauen mit ihren Müttern und der Umwelt gemacht hatten, negativ waren. Rose dagegen wünschte sich aus eben diesem Grund eine Tochter; hier handelt es sich wohl darum, daß sie, wie Helene Deutsch meint, in ihrer Tochter wiedergeboren und mit einer positiveren Identität ausgestattet zu werden wünschte. »Ich wollte einen Ableger von mir, noch ein Ich, ein glücklicheres Ich, ein erfolgreicheres Ich. Meine Tochter sollte ein freier, großzügiger, mutiger Mensch werden, fähig sein, die Dinge nach ihren Wünschen einzurichten. Sie sollte stark sein, klug, schöpferisch und dabei schön, alles was mir selbst fehlt. Sie würde mir das Gefühl geben, daß ich eine wirkliche Verbindung zur Welt hatte.«

Solchen Wunschvorstellungen nachzugeben birgt selbstverständlich die Gefahr, daß eine Mutter sich mit ihrer Tochter zu sehr identifiziert, so intensiv durch die Tochter lebt, daß sie sie mit einer unerträglichen Bürde von Erwartungen belastet. Im folgenden Kapitel werden wir sehen, daß dies in der Beziehung Mutter-Tochter ein weit verbreitetes Verhaltensmuster war und ist. Ändern wird sich das erst, wenn die Frauen beginnen, ihr eigenes Leben zu führen, und aufhören, durch ihre Ehemänner und Kinder zu leben. Roses Wunschträume jedoch kamen zu einem gesunden Abschluß. Auf ihre Aussage, sie habe sich darauf gefreut, eine Tochter zu bekommen, fragte ich: »Haben Sie das Gefühl, Sie leisten sozusagen Reparationszahlungen, indem Sie Ihre Tochter bemuttern? Sie lassen sich selber alles das zukommen, was Sie in der eigenen Kindheit vermißt haben?«

»Ganz genauso ist es«, sagte sie darauf.

»Meinen Sie, es ist Ihnen gelungen, Schäden in sich selber zu heilen, die Ihnen in der Kindheit beigebracht wurden?«

»Nein, aber diese Dinge haben an Bedeutung verloren. Ich empfinde sie nicht mehr als Stachel. Meine Kindheit ist für mich nicht mehr wichtig. Ich mußte wohl einfach erwachsen werden. Ich brauche nicht mehr auf der Erfüllung meiner kindlichen Wünsche zu beharren, vielleicht darum nicht, weil ich die kindlichen Bedürfnisse meiner Tochter befriedige. Das schafft mir vielleicht dieselbe Befriedigung, oder es trägt die damals ungenutzten Energien ab. Man begreift sehr rasch, daß man mit diesen kindlichen Sehnsüchten fertig werden muß; das beschleunigt das Weiterkommen.«

Indem sie ihre Tochter bemutterte, befreite sich Rose von ihren eigenen kindlichen Bedürfnissen und damit auch von dem Bewußtsein, von der Mutter abhängig zu sein.

Die Schwangerschaft kann bewirken, daß zur Mutter eine neuartige Beziehung entsteht: die Tochter kann sich ihrer Mutter näher fühlen, vielleicht wird sie sogar zum erstenmal finden, daß sie der Mutter in manchem ähnelt.

Erinnern wir uns, daß Tina mit dreißig Jahren zum erstenmal schwanger wurde. »Daß ich schwanger wurde und ein Kind bekam, gab mir endlich etwas Gemeinsames mit meiner Mutter, und das fand ich herrlich. Bis dahin hatte ich an meiner Mutter und in ihrem Leben nichts gefunden, womit ich mich wirklich hätte identifizieren mögen, doch kaum war ich schwanger, da ging es mit uns ganz glatt. Wenn sie anrief, hatte ich etwas zu berichten, und zum erstenmal im Leben hatten wir einen Gesprächsgegenstand, der uns beide interessierte. Ich war ihre erste Tochter, die ein Kind erwartete, und sie fing an, sich an ihre eigenen Schwangerschaften zu erinnern. Es stellte sich heraus, daß Übelkeit bei uns in derselben

Weise auftrat, und das brachte mich ihr richtig nahe. Es war ein Verhältnis von Frau zu Frau, das zuvor nicht bestanden hatte. Es hatte auch gar nichts damit zu tun, daß sie meine Mutter war. Sie hätte ebensogut eine Freundin sein können, allerdings empfand ich es als eine größere Unterstützung, daß sie meine Mutter war.«

Grete Bibring meint, die frischgebackene Großmutter sei darum in der Lage, die Tochter als Erwachsene zu akzeptieren, weil sie ihre Gefühle von der Tochter auf das Enkelkind verlagere. Im Fall von Doris Stern traf dies jedenfalls zu. Obwohl sie schon eine ganze Weile auf eigenen Füßen stand, hatte sie doch den Eindruck, daß sich das Verhältnis zu ihrer sehr kritischen und anspruchsvollen Mutter erst änderte, als sie selbst Mutter geworden war:

»Als meine Tochter geboren wurde, kam es zunächst zu einer Intensivierung unserer gewohnten Beziehung, und das war grauenhaft. Kaum war ich entbunden, besuchte meine Mutter mich in der Klinik. Nach der Entlassung habe ich den ganzen Tag aufgeräumt. Meine Mutter sagte immerzu: ›Paß auf, du läßt das Kind fallen!‹ Sie hat mir ständig den Eindruck vermittelt, ich sei völlig unfähig, und daß ich nun ein Kind bekommen hatte, änderte daran nichts. Nach einer Weile allerdings kam es mir vor, als achte sie mich etwas mehr, und sie setzte mir weniger zu. Ich glaube, sie hat sich seither mehr für meine Tochter interessiert und weniger für mich, jedenfalls komme ich viel besser mit ihr aus, seit sie das Enkelkind hat.«

Die gleiche Erfahrung hätte Doris wohl auch gemacht, wäre ihr Kind ein Sohn gewesen. In Roses Fall jedoch hängt der Zuwachs an Selbstgefühl nach der Geburt ihres Kindes unmittelbar mit der Tatsache zusammen, daß sie ein Mädchen geboren hatte und daher das Gefühl haben konnte, ihre eigenen Kindheitsbedürfnisse zu erfüllen, indem sie die ihrer Tochter erfüllte. Anders erging es Anne Martinson, die uns später noch begegnen wird. Sie stellte fest, daß das Verhältnis zu ihrer Mutter ihre Beziehung zu der neugeborenen Tochter zunächst erschwerte:

»Daß ich eine Tochter bekam, war für mich eine Enttäuschung, obwohl ich nicht wußte warum. Meiner Mutter habe ich immer sehr nahe gestanden und bin gut mit ihr ausgekommen. Sie hat all die Jahre immer wieder beteuert, sie sei froh, daß ich ein Mädchen wäre, denn mit kleinen Jungen könne sie nichts anfangen. Als mein Junge geboren wurde, konnte sie nicht da sein, und ich fühlte mich sehr wohl dabei, es machte mir richtig Spaß, mich als Mutter eines kleinen Jungen zu sehen. Denkbar wäre, daß es mir deshalb soviel Spaß gemacht hat, weil ich etwas ohne meine Mutter tat, oder auch, weil das Moment der Konkurrenz wegfiel, denn sie hatte ja immer gesagt, einen Sohn wollte sie nicht haben.
Ich wollte auch ein Mädchen, konnte aber mit meiner Tochter nichts anfangen, als sie geboren wurde. Diesmal war meine Mutter zur Entbindung gekommen, und ich war richtig enttäuscht, ärgerlich und verwirrt. Ich war irgendwie wütend auf das Baby, ohne zu wissen weshalb. Als meine Mutter dann abgereist war und ich einen Tag krank im Bett lag, hatte ich die Kleine den ganzen Tag bei mir. Wir spielten und dösten miteinander, und da hatte ich das Gefühl, als wäre sie für mich an diesem Tag erst geboren, und seither ist sie mir sehr ans Herz gewachsen. Ich bin dann schließlich dahinter gekommen, woran es lag: ich hatte meine Tochter meiner Mutter bei der Geburt sozusagen überlassen wollen, ich wollte mit ihr nicht auf einem Gebiet konkurrieren, auf dem ich sie überlegen glaubte, denn sie wußte alles über den Umgang mit kleinen Mädchen. Ich war eher bereit, meine Tochter herzugeben als meine Mutter.«
Daß von jungen Müttern erwartet wird, ihr Verhalten am Vorbild der eigenen Mutter auszurichten, kann zu Problemen führen, denn in unserem Kulturkreis wechseln die Muttervorstellungen ziemlich rasch, und das Leben der Töchter unterscheidet sich häufig beträchtlich von dem ihrer Mütter.
Denise Howe wohnt mit ihrem Mann, einem Maler, und ihren beiden Kindern in einem umgebauten Lagerschuppen. Sie erzählte mir: »Ich stehe auch jetzt, nach der Geburt meiner

Kinder, mit meiner Mutter recht gut, es kommt aber hin und wieder zu Streit. Sie gibt mir zwar nicht direkt Anweisungen, aber sie läßt mich wissen, was sie denkt und wie sie an meiner Stelle handeln würde. Meine Mutter hat zum Beispiel keins ihrer Kinder schreien lassen, ich hingegen lasse meine Tochter schreien, weil ich meine, sie muß lernen, unabhängig zu werden. Oder das Stillen, für meine Mutter war es eine Notwendigkeit, weil meine Eltern arm waren. Außerdem sind wir allesamt in einer Klinik geboren, wo jede Frau gestillt hat. Nun fragt sie mich, warum ich meine Kinder selbst stillen will, obwohl ich das doch gar nicht nötig hätte. Für sie ist das Stillen ein Zeichen von Armut.
Ich wurde als Kind übermäßig behütet, es gab für mich keine Gelegenheit, selber Entdeckungen zu machen. Ich finde überhaupt, das Schwerste für Eltern ist, zu wissen, wann man sich nicht einmischen darf. Das ist etwas, was ich von meiner Mutter jedenfalls nicht gelernt habe. Wenn man es wie sie macht, hat man zum Schluß ein ganz unselbständiges Kind. Andererseits steht man mit leeren Händen da, wenn man nicht akzeptiert, was die Mutter einem weitergeben möchte. Der Verstand sagt einem dies, der Körper sagt einem jenes, die Mutter redet so, die Freunde wissen es wieder anders, und am Ende muß man selbst entscheiden, was zu tun ist.«
Jetzt, da sie selbst Mütter sind, können Denise und ihre Freundin bestimmte Fragenkomplexe diskutieren, die ihr Verhältnis zu ihren Müttern angehen. Daß sie selbst Mütter sind, hat sie einerseits den eigenen Müttern näher gebracht, andererseits haben beide Streitereien mit ihren Müttern darüber, wie die Kinder am besten zu betreuen sind. Denise ist schließlich dazu übergegangen, sich für gereifter zu halten als die eigene Mutter, sie empfindet sich nicht mehr als mit ihr ebenbürtig, sondern geradezu als die Mutter ihrer Mutter, hält sich für klüger und nachsichtiger als diese. Für ihre Freundin Monika Pascoe war dies keine Lösung; sie streitet sich nach wie vor mit ihrer Mutter darüber, wessen Art der Betreuung die richtige ist. Die Art, wie die Mutter sich das vorstellt, kann

Monika nicht akzeptieren, andererseits ist sie von der eigenen Methode auch nicht so überzeugt, daß sie das Dabeisein der Mutter gelassen ertragen kann.
»Zum Glück für uns alle leben wir weit genug voneinander entfernt, so daß uns die gelegentlichen Besuche immer sehr angenehm sind, weil wir uns richtig lieb haben. Trotzdem ist meine Mutter jedesmal beleidigt, wenn ich nicht will, daß sie meine Kleine pudert. Ich sage, ich benutze keinen Puder, und dann jammert sie herum: ›Aber als du klein warst, habe ich immer Puder genommen!‹«
»Ich bin schon länger Mutter als du«, sagt Denise, »und habe inzwischen etwas andere Ansichten. Bei solchen Gelegenheiten könntest du dich klüger zeigen als deine Mutter. Bei meinem ersten Kind habe ich genau das gleiche erlebt wie du, beim zweiten habe ich so etwas einfach gar nicht mehr zur Kenntnis genommen, diese Dinge werden sich doch nie endgültig lösen lassen. Ich habe mir gesagt, von meinem Standpunkt kann ich sie doch nicht überzeugen, und dem Kind schadet es nichts.
Man sollte glauben, unsere Mütter wären erwachsen genug, um sich zu sagen: ›Bei meiner Tochter zu Hause ist zwar nicht immer aufgeräumt, aber das macht nichts.‹ Aber nein, wir sollen immer alles genauso machen wie sie. Wenn man das mal begriffen hat, kann man auch wieder mit ihnen umgehen. Ich finde mich eben damit ab, daß sie meinen Standpunkt nicht versteht, und habe gemerkt, daß das auch gar nicht unbedingt nötig ist. Meine Mutter und ich bemühen uns, die Dinge herauszufinden, in denen wir einer Meinung sind, was nicht immer leicht ist. Solche Sachen wie die mit dem Kinderpuder kommen immer wieder vor, und es hat lange gedauert, bis ich meiner selbst ganz sicher geworden bin.«

Bislang habe ich untersucht, wie die Beziehung der jungen Mutter zu ihrer eigenen Mutter ihre Einstellung zur Schwangerschaft, zum Gebären und zu der neugeborenen Tochter beeinflußt, mit anderen Worten, wie Gefühle von einer Generation auf die nächste übertragen werden. Doch wird mit jeder neuen Geburt der Kette ein neues Glied angefügt, und das heißt nicht nur, aus vorhandenem Material ein neues Verbindungsstück herzustellen. Kinder kommen mit ihrer eigenen Biologie auf die Welt, mit bestimmten Erbanlagen und Hormonen, möglicherweise mit einer Anlage zu bestimmtem Verhalten, bestimmten Reaktionsweisen. Ob sie sich den Vorstellungen und Neigungen ihrer Mütter fügen oder nicht, das wird die entscheidende Frage sein.

Die soziale Identität des Kleinkindes existiert anfangs in der Mutter und deren Umwelt. Wenn Mutter und Kind miteinander umzugehen beginnen, entsteht aus der Interaktion ein vielschichtiges Gewebe. Das Kleinkind sieht sich anfangs selbst buchstäblich als Teil der Mutter. Diese Phase der Symbiose, in der das Kleinkind zwischen sich und der Mutter keinen Unterschied empfindet, dauert etwa die ersten sechs Lebensmonate, und in dieser Zeit entwickelt sich eine starke Anhänglichkeit an die Mutter. Ist die Mutter weder abweisend noch übermäßig beherrschend, wird sie dann dem Kind gestatten, sich allmählich von ihr zu lösen und die Erfahrung zu machen, daß es ein Ich gibt und ein Du.[4] Das Gefühl dafür, daß es ein eigenes Ich besitzt, entwickelt sich im Kind nur langsam; man nimmt an, daß es mit drei Jahren etwa ein deutliches Bewußtsein von Ich und Nicht-Ich und von seinem Geschlecht hat. Die Verfechter der These von einem sich entwickelnden Ich haben es mit wenigen Ausnahmen – wenigstens in der psychoanalytischen Theorie – unterlassen zu prüfen, ob die Entwicklung bei Töchtern etwa anders vonstatten geht als bei Söhnen.[5] Viele Hinweise legen jedoch die Vermutung nahe, daß nicht nur das soziale Selbstgefühl bei Frauen und Männern verschieden ist, sondern daß Töchter dazu neigen, sich stärker an die Identität der Mutter gebunden zu fühlen, daß sie in gewisser Weise sogar niemals ein klares Bewußtsein von einem eigenständigen Ich entwickeln. Im folgenden Kapitel werden wir sehen, wie Mütter sich darum bemühen, hier Abhilfe zu schaffen; aber zunächst wollen wir noch untersuchen, wie die Identität einer Tochter durch die frühkindliche Beziehung zur Mutter geformt wird.

Der Deutlichkeit halber unterscheide ich drei Aspekte der Identität: persönliche Identität, sexuelle Identität und Geschlechtsrollenidentität, die ich fortan geschlechtliche Identität nennen werde. Alle hängen miteinander zusammen, es lohnt aber den Versuch, sie klar nach ihren verschiedenen Aspekten zu scheiden. Unter persönlicher Identität ist das Bewußtsein einer Frau von sich selbst als einem eigenständigen Individuum zu verstehen, mit dem Sinn für autonomes Handeln und in seiner Beziehung zu anderen Menschen. Sexuelle Identität bezieht sich auf die Identität einer Frau als biologisch weibliches Wesen und sagt etwas darüber aus, welches Verhältnis sie zu ihrem Körper und dessen Sexualität hat. Geschlechtliche Identität meint die Vorstellung, die eine Frau von sich selbst als weiblichem Wesen in der Gesellschaft hat, und wie sie lernt, sich selbst als Frau, als ›weiblich‹ zu verstehen. Die geschlechtliche Identität schließt relativ oberflächliche Dinge wie Kleidung und Frisur ebenso ein wie wesentlichere Aspekte der Persönlichkeit, etwa das Verhalten einer Frau gegenüber Männern oder anderen Frauen.

Die persönliche Identität, das Ichbewußtsein, entsteht als erste, reagiert allerdings schon bald auf das wachsende Bewußtsein der sexuellen Identität und der Geschlechtsidentität. Dr. Marjorie Taggart White, Psychologin und Psychoanalytikerin, ist der Auffassung, Kleinkinder spürten, ob man sie als Einzelperson respektiere oder nicht, noch ehe sie sich ihrer Identität als männliche oder weibliche Wesen bewußt würden.[6] Die Eigenständigkeit weiblicher Wesen ist aber niemals besonders hochgeschätzt worden, und daher mag es rühren, daß dieser elementarste Aspekt der Identität bei Mädchen meist nicht gefördert wurde.

Von Anbeginn sind Mütter von Töchtern auch Töchter von Müttern gewesen und sind durch eine gemeinsame Bestimmung Generation von Generation miteinander verbunden. Von Töchtern wurde erwartet, daß sie die Identität ihrer

Mütter ohne weiteres übernahmen und ›ganz natürlich‹ zu Ehefrauen und Müttern ›eigenen Rechtes‹ heranwuchsen. Bis vor kurzem haben beide Geschlechter die sozusagen biologische Unvermeidlichkeit dieser Erwartung als selbstverständlich hingenommen, und es kann sein, daß die jetzt heranwachsende Töchtergeneration als erste in unserer Geschichte die Erfahrung macht, daß Mutter zu werden nur eine von mehreren Möglichkeiten ist, unter denen eine Frau wählen kann.

Bei diesem Entwicklungsprozeß gibt es jedoch eine psychologische Unausweichlichkeit. Wenn man von Töchtern erwartet, daß sie die Identität ihrer Mütter übernehmen, gibt es für sie wenig Grund, sich um ein Bewußtsein von einem eigenständigen Ich zu mühen. Die Soziologin Nancy Chodorow hat darauf hingewiesen, daß Frauen überall durch ihre Beziehungen definiert werden, die sie zu anderen unterhalten, zu ihren Ehemännern, ihren Müttern, ihren Kindern und so fort. Männer hingegen werden als Individuen definiert.[7] Darin unterscheidet sich im wesentlichen die Auffassung vom Ich bei Männern und Frauen. Der Psychologe David Gutmann vertritt die These, es mache gerade die gute Mutter aus, daß sie in und durch andere Menschen existiere, sich also verhalte, als bestehe kein Unterschied zwischen ihr und anderen.[8] Nancy Chodorow bestreitet dies und ist dagegen der Auffassung, die Unfähigkeit der Mutter, klar zwischen sich und ihrem Kind zu unterscheiden, könne sich vielmehr besonders schädlich auf die Entwicklung einer Tochter auswirken.

Für ein Kleinkind ist die Mutter die Umwelt. Die kulturellen Erwartungen an die weibliche Rolle werden den Töchtern zuerst von ihren Müttern übermittelt, und zwar anfangs auf so subtile Weise, daß dieser Mechanismus erst kürzlich überhaupt bemerkt worden ist. In unserer Gesellschaft wird von Mädchen erwartet, daß sie weniger selbstbewußt sind als Knaben, abhängiger als diese, daß sie eine stärkere Selbstbeherrschung und größere sexuelle Hemmungen haben. Alle diese Eigenschaften tragen dazu bei, daß das Mädchen ein minderes Selbstbewußtsein und ein stärkeres Abhängigkeitsgefühl entwickelt, als das bei einem Knaben der Fall ist.

Die frühe Beziehung von Müttern zu Kleinkindern ist zugleich eine Interaktion, bei welcher beide sich einander anpassen. Man streitet sich immer noch darüber, inwieweit das Verhalten des Kleinkindes angeboren ist oder durch die Erwartungen der Mutter hervorgerufen wird, doch hat man sich inzwischen wenigstens über zwei geschlechtsspezifische Unterschiede verständigt. Der eine besagt, daß männliche Kleinkinder reizbarer und weniger gut koordiniert sind als weibliche. In getrennten Untersuchungen haben die Psychologen Moss und Lewis nachgewiesen, daß männliche Kinder in den ersten Lebensmonaten öfter hochgenommen werden als weibliche und daß später das Umgekehrte zutrifft; Mütter hielten ihre Söhne weniger häufig auf dem Arm, sondern ermutigten sie zu eigener Aktivität.[9] Moss vermutet, daß kleine Mädchen sich leichter beschwichtigen lassen als kleine Jungen, weil sie physiologisch und neurologisch besser koordiniert sind. Es kann sein, daß sie anfangs weniger körperliche Beschwichtigung brauchen, doch reagieren sie besser darauf, was wiederum die Mütter dazu anregt, die Töchter länger zu hätscheln als die Söhne.

Der zweite große Unterschied, Lewis zufolge, besteht darin, daß weibliche Kleinkinder empfindlicher auf Geräusche reagieren als männliche, und Moss und Lewis sind sich darin einig, daß zu kleinen Mädchen mehr gesprochen wird als zu kleinen Jungen.

Man könnte also sagen, daß von klein auf Mädchen der körperlichen Beschwichtigung und dem mütterlichen Zuspruch zugänglicher sind als Knaben, was zur Folge hat, daß eine engere Beziehung zwischen Müttern und Töchtern zustande kommt.

Die Mutterrolle schließt zahlreiche Funktionen ein. Die meisten Menschen stellen sich darunter das Ernähren und das Behüten von Kindern vor, die bis zu einem gewissen Grade hilflos und abhängig sind. Es gibt aber eine andere, positivere

Funktion der Mutter, nämlich die, die sich entwickelnde Autonomie des Kindes zu fördern. Man könnte dies ›Fähigmachen‹ nennen, und es bedeutet, daß die Mutter dem Kind dabei hilft, als eigenständiges Individuum aufzuwachsen und sich zu entwickeln.[10] Daß Mütter so mit ihren Söhnen verfahren, wird allgemein von ihnen erwartet; daß sie es gemeinhin mit ihren Töchtern nicht so halten, stellt sich erst jetzt allmählich heraus. Und eine Mutter, die selber nicht dazu angehalten wurde, ein Gefühl der Autonomie zu entwickeln, wird sich im Verhältnis zur Tochter wahrscheinlich auf die behütende Funktion der Mutterrolle beschränken, was wiederum zur Folge hat, daß die Tochter zur Abhängigkeit erzogen wird und nur ein sehr verschwommenes Ichgefühl entwickelt.

Andererseits werden Mädchen mehr als Jungen dazu angehalten, sich zu ›sozialisieren‹, mit ihren Müttern zu ›schwatzen‹, während die kleinen Brüder unterdessen etwas ›unternehmen‹, und dieser frühe, zwischen zwei Personen stattfindende Austausch hilft ihnen, die Fähigkeit zu entwickeln, tiefgehende Beziehungen zu anderen Menschen zu knüpfen. Die Knaben, die dazu ermuntert werden, selbstbewußt und unabhängig zu sein, entwickeln ihrerseits eine eher starre persönliche Identität, die sie daran hindern kann, enge Beziehungen zu anderen Menschen herzustellen.

Viele junge Mütter sehen sich der schwierigen Frage gegenübergestellt, wie sie ihren Töchtern zu einem starken Ichgefühl verhelfen können, damit sie nicht in der Erwartung heranwachsen, sich in Beziehungen zu anderen Menschen zu ›verlieren‹, nur weil sie sich in der Beziehung zu ihrer Mutter niemals ›selbst gefunden‹ haben. Sie erkennen, wie Denise und Monika, daß sie ihren eigenen Stil des Mutterseins finden müssen, wie Denise es ausdrückte. Die Umwelt, in der sie groß wurden, vermittelt aber nach wie vor ausdrücklich oder andeutungsweise sowohl ihnen als auch ihren Töchtern Instruktionen darüber, was unter Mutterschaft und Tochterschaft zu verstehen sei. Zwar bemühen sich junge Mütter darum, den Stil des Mutterseins und auch die Art und Weise

des Verhaltens zu ihren Töchtern zu ändern, das geht aber nicht ohne Konflikte und Verwirrung ab.
Denises Tochter Hannah ist jetzt ein Jahr alt. »Bislang habe ich nicht den Eindruck, als verhielte ich mich ihr gegenüber, wie meine Mutter sich mir gegenüber betrug. Ich habe eine starke Beziehung zu Hannah als einer Person, und das war vom ersten Tag an so. Ich empfand mich sozusagen als ein Gefäß, durch das ihre Geburt bewirkt werden sollte. Es gibt vieles an ihr, das ich so nicht gewollt habe, und vieles, wovon ich nichts weiß; ich glaube, Kinder werden mit einem bestimmten Temperament geboren. Hannah hat von Anfang an viel geweint, hat wenig geschlafen und war sehr energisch. Ihr Körper fühlt sich hart an, während die meisten kleinen Mädchen doch einen weichen Körper haben. Ihr Temperament ist ganz anders als meines; ich gehe Konflikten aus dem Wege, ich weine nicht und zeige meine Gefühle wenig. So wie sie ist, gefällt sie mir, und deshalb glaube ich, daß ich sie gefördert habe, aber ich bin davon überzeugt, daß sie von Anfang an eine ausgeprägte Persönlichkeit war.
Von Leuten, die sie zum erstenmal sehen, wird sie oft für einen Jungen gehalten, zum einen weil sie noch nicht viele Haare hat, und für die meisten Leute bedeuten lange Haare automatisch Mädchen. Außerdem kleide ich sie blau. Sie trägt die Sachen ihres älteren Bruders auf. Sie ist auch aggressiver als Mädchen ihres Alters. Als Geschlechtswesen sehe ich sie eigentlich noch nicht. Sie spielt noch mit allem, mit Puppen und Autos, mit Töpfen und Pfannen. Ich sehe sehr wohl die Gefahren, die mit der Vorstellung von einem ›lieben Mädchen‹ verbunden sind, denn meine Mutter hat versucht, mich dazu zu machen, und seit ich erwachsen bin, gebe ich mir große Mühe, keins zu sein. Ich glaube, es gibt Spielzeug für Kinder, das nicht auf die Geschlechter abgestimmt ist, sagen wir natürliches Spielzeug statt Puppen oder Feuerwehrautos.«
Komischerweise liegt die Verwirrung hier nicht etwa bei Denise oder Hannah, sondern bei der Gesellschaft, den Mit-

menschen, denen es schwerfällt, in dieser energischen kleinen Person ein Mädchen zu sehen. Monika hingegen weiß nicht genau, was sie von ihrer Tochter erwartet: »Besonders weiblich wollte ich sie eigentlich nicht erziehen, aber dann stellte sich heraus, daß es mir Spaß machte, sie hübsch anzuziehen, und da habe ich mich zur Ordnung gerufen. Ich komme langsam zu der Einsicht, daß sie die gleichen Chancen haben soll wie mein Sohn, daß ich ihr in jeder Hinsicht ihren Willen lassen sollte, aber ich glaube doch, daß es Unterschiede zwischen Jungen und Mädchen gibt und man sehr wohl seinen Spaß daran haben kann. Sie soll ruhig herumtollen, sie soll sich keinerlei Zwang antun, aber sie soll genauso gut Rüschen tragen können, wenn ihr danach zumute ist. Es macht mir jetzt Spaß, sie niedlich anzuziehen, denn ich weiß, daß sie in einem oder zwei Jahren in der Sandkiste spielen und dann bestimmt keine Kleidchen mehr anziehen will. Der Unterschied ist nur: sie kann Rüschen tragen, wenn sie Lust hat, meinen Sohn würde man aber auslachen, wenn er es täte.
Mein Junge ist drei Jahre. Er hat Puppen, guckt sie aber nicht an. Er ist ganz wild auf alles, was als männlich gilt. Meine Tochter ist erst acht Monate und ganz das, was man weiblich nennt. Sie kokettiert und lächelt. Sie ist auch stiller und besser um sich zu haben. Mein Junge ist dauernd in Bewegung. Meine Tochter hat gewiß einen ausgeprägten Charakter, sie ist sehr kräftig und wird wohl nicht mehr lange still sitzen. Ich hatte aber angenommen, daß die beiden als Babys ähnlicher sein würden.«
Monika sagt zwar, sie möchte ihrer Tochter die Möglichkeit geben, ohne die weiblichen Beschränkungen heranzuwachsen, doch wenn die Kleine lacht und brabbelt, dann nennt die Mutter das ›kokettieren‹. Hätte ihr Sohn sich als Baby so verhalten, hätte sie dieses Wort gewiß nicht benutzt. Im folgenden Kapitel wollen wir untersuchen, welche Folgen solche widersprüchlichen Urteile für Töchter haben.

II Umwelt und eigenständiges Ich

Eines Tages begleitete ich eine Frau in den Stadtpark, eine Großmutter, die das Kind von Bekannten hütete. Sie stammte aus Jamaica. Vor uns tollte eine Gruppe von Kindern aus der Nachbarschaft, die sich uns unterwegs angeschlossen hatten, weil Pat Kinder gern hat und von ihnen vergöttert wird. Ich fragte Pat, ob sie meine, daß es heute schwieriger sei, Mädchen aufzuziehen, als zu der Zeit, da ihre Tochter in Jamaica aufwuchs. Sie antwortete lachend: »O ja, und ich will Ihnen auch sagen, warum. Ich bin jetzt 65 und meiner Mutter sehr ähnlich. Sie sind 33 und etwas anders als Ihre Mutter, aber einige Ähnlichkeiten gibt es doch noch zwischen Ihnen beiden. Diese Kinder aber »– und sie deutete auf die Gruppe von Vorschulkindern, die meisten davon Mädchen – »die sind völlig anders. Wer will sagen, wie die mal werden? Sie werden nur sich selber ähnlich.«

An diese Bemerkung von Pat habe ich häufig gedacht, wenn ich mit Müttern von Mädchen im Vorschulalter über ihre eigenen Mütter sprach, über ihr Leben und darüber, wie sie ihre Töchter erziehen. Allmählich bekam ich den Eindruck, daß so etwas wie ein Umschwung im Gange ist. Bislang hat jede Generation für ihre Kinder ein besseres Leben erhofft, doch heute scheint es, als ob viele Mütter mit kleinen Töchtern entschlossen seien, mit Hilfe ihres Verhaltens als Mütter sowohl die Mutter-Tochter-Beziehung zu ändern als auch das Verständnis, das ihre Töchter von sich als Mädchen und Frauen entwickeln sollen. Das gilt natürlich nicht für alle Mütter, und die, die es tun, sind bis zu einem gewissen Grade von der Frauenbewegung dazu angeregt worden. Viele reagieren damit auf die neu erhobene Forderung, irgendeine Aufga-

be zu übernehmen, die sie als eigenständige Personen bestätigt, und zwar über ihre Rollen als Mütter und Ehefrauen hinaus. Doch ob sie nun arbeiten oder nicht, die Haltung, die sie sich selbst gegenüber einnehmen, hat sich geändert. Der Hauptunterschied zwischen ihnen und früheren Generationen von Müttern besteht vielleicht darin, daß diese sich auch dann primär als Mütter verstanden, wenn sie arbeiteten. Heute begreifen die jungen Mütter das Muttersein als Teil ihrer Identität, nicht aber als die ganze. Sie bemühen sich um eine Form des Mutterseins, die auch noch Platz läßt für die Bedürfnisse der eigenen Person, die nicht mehr den Anforderungen der Familie aufgeopfert werden sollen, und bemühen sich außerdem, die Identität ihrer Kinder, insbesondere ihrer Töchter, nicht den eigenen Erwartungen unterzuordnen.
Dies ist es im wesentlichen, was viele Mütter meinen, wenn sie von dem neuen Muttersein sprechen, und eben jene Mütter, die sich darum bemühen, sind Gegenstand dieses Kapitels. Es sind dies die Mütter, die nach Methoden der Kindererziehung suchen, bei denen weder die Familie, noch sie selber zu kurz kommen. Verbündete in diesem Kampf sind in der Hauptsache andere Mütter; die Gesellschaft als solche bietet wenig Hilfe an, sei es in Form von Einrichtungen für die Betreuung der Kinder oder dadurch, daß sie andere Vorstellungen des Mutterseins bereithält. Erschwert wird diesen Müttern ihre Bemühung noch dadurch, daß sie Schuldgefühle auf sich nehmen müssen, nicht nur weil sie es ablehnen, Mütter nach Art ihrer eigenen Mütter zu sein, sondern weil die Umwelt, eingeschlossen viele Pädagogen, ihr Streben mißbilligt. Nicht nur haben sie die Verantwortung der Mutterschaft zu tragen, sondern sie müssen sich auch mit den häufig ganz ungewohnten neuen Forderungen auseinandersetzen, die sie an sich selbst als Individuen stellen. Es kann sein, daß sich hier der bisher größte Abgrund zwischen den Generationen auftut; viele Mütter schaffen als Erwachsene eine neue Identität für sich und, wie sie hoffen, für ihre Töchter, und darin ähneln sie den Kindern der Einwanderer, die sich in einem

fremden kulturellen Zusammenhang ganz neu finden mußten.

Diese Generation der mittelständischen Mütter von Vorschulkindern ist im großen und ganzen in sozialen Aufsteigerfamilien aufgewachsen, wo man entschlossen war, die Töchter das Abitur machen zu lassen. Danach allerdings sollte ihr Schicksal das gleiche sein, wie das der Mädchen aller Klassen: Ehe und Kinder. Ihre Mütter waren jene Frauen, die in der Literatur als ›Mama‹ figurieren und deren Beziehung zu ihren Söhnen von Autoren wie Philip Wylie und Philip Roth analysiert und kritisiert wurde, über deren Verhältnis zu den Töchtern aber kaum jemand etwas vermerkt hat, abgesehen von Margaret Mead in ›Mann und Weib‹[1] und, sehr knapp, Erik Erikson in ›Kindheit und Gesellschaft‹[2]. Falls Mama vor der Ehe gearbeitet hatte, gab sie die Arbeit meist auf, sobald Kinder kamen. Theoretisch mag sie Sexualität für etwas gehalten haben, dessen man sich nicht schämen muß, und doch war ihr nicht wohl dabei. Da sie außer der Mutterrolle keine andere wählen konnte, opferte sie sich für ihre Kinder auf und vermittelte an ihre Tochter in Form irreführender Anweisungen ihre eigene Verwirrung hinsichtlich der Sexualität und ihre ambivalente Haltung zu der eigenen Rolle als Mutter. Sie trimmte die Tochter sorgfältig auf Weiblichkeit, so wie sie selbst getrimmt worden war, gestattete ihrer Tochter aber unter dem Einfluß neuer Ideen zur Kindererziehung gleichzeitig erhebliche Bewegungsfreiheit, erlaubte ihr vielleicht sogar, zum Wildfang zu geraten, falls die Tochter dies wünschte. Solches Gewährenlassen schloß aber nicht die offene Bezeugung der Sexualität ein, wie etwa das Masturbieren oder das ›Arztspielen‹; beides wurde vielmehr mißbilligt oder gar bestraft. (Mamas Söhne unterlagen denselben Restriktionen, doch wieder einmal sind die Folgen, die daraus für Knaben entstanden, viel ausführlicher erörtert worden als die bei den Mädchen.) Mamas Energien wurden hauptsächlich ins Muttersein gelenkt; sie strebte danach, eine ideale Mutter zu werden, denn ein anderes Modell für ihr Leben hatte sie nicht.

Mamas Töchter wurden gerade rechtzeitig mit Beginn der sexuellen Revolution mündig, doch ihre Kindheit hatte sie so gut wie gar nicht auf die neue Freiheit vorbereitet, die ihren Körpern jetzt angeboten wurde. Sie sind jetzt ausgerüstet mit der Kenntnis eines guten Teils der umfangreichen Literatur über Psychologie und Kindererziehung, die in den vergangenen zwanzig bis dreißig Jahren entstanden ist, und sind entschlossen, ihre Töchter anders zu erziehen, als sie selbst erzogen wurden.
Zum Beispiel Joyce Calisher. Sie bewohnt mit ihrem Mann und ihrer dreieinhalbjährigen Tochter Carol eine hübsche Stadtwohnung. Joyce ist sehr darauf bedacht, sich als Mutter anders zu verhalten als ihre eigene Mutter; zusammen mit mehreren anderen Müttern richtete sie eine Kindertagesstätte ein, als Carol achtzehn Monate alt war. Carol geht dort regelmäßig hin, und auch Joyce engagiert sich weiterhin für diese Einrichtung. Anfangs gab sie abwechselnd mit anderen Müttern Vorschulunterricht, doch ist die Tagesstätte dann von der Verwaltung für subventionswürdig befunden worden und hat seitdem professionelle Betreuer. Joyce gehört nach wie vor dem Elternbeirat an, und ihre Arbeit in der Tagesstätte hat sie dazu bestimmt, für ihre Dissertation ein Thema aus der Entwicklungspsychologie zu wählen. Joyce beschreibt den Gegensatz zwischen der herkömmlichen Art mütterlichen Verhaltens und der neuen Art so:
»Ich habe zwei Vorstellungen davon, wie eine Mutter sein sollte, eine Idealvorstellung und eine realistische. Das Ideal wäre eine Mutter, die sozusagen ständig im Einsatz ist, sich ganz den Kindern und der Familie widmet, die absolut selbstlos ihre eigenen Wünsche denen aller anderen unterordnet. Sie wendet ihre ganze Kraft darauf, ein Zuhause zu schaffen, in dem der Mann wie auch die Kinder sich liebevoll umsorgt und gut aufgehoben fühlen. Sie beklagt sich nie. Nebenher hat sie auch ein eigenes Leben, sie ist in der Gemeinde tätig, die ihr als ein vergrößertes Abbild des eigenen Zuhause erscheint.« Joyces ideale Mutter ähnelt verblüffend der Mama.

»Die zweite Vorstellung entspricht meiner eigenen Realität. Ich bin der Meinung, eine Mutter sollte mehr ihren eigenen Bedürfnissen nachgeben, unabhängig von den Kindern und anderen Menschen. Wenn ich einigermaßen ausgeglichen bin, was meine eigenen Wünsche und Bedürfnisse angeht, habe ich das Gefühl, daß ich meiner Tochter förderlicher sein kann, als wenn ich mir alles mögliche versage. Ich bringe es fertig, ihr zu sagen: ›Ich kann jetzt nicht mit dir spielen, weil ich anderes im Kopf habe.‹ Das fällt mir schwer, ich bringe es aber fertig. Mit der Zeit wird das leichter. Carol kann natürlich nicht einsehen, daß man auch mal was verschieben kann; ich als Erwachsene bin dazu durchaus imstande, aber ein kleines Kind kann das nicht ohne weiteres. Nach und nach kommen wir aber zu einer Zeiteinteilung, die für uns beide einigermaßen annehmbar ist.«

Die Vorstellung von der idealen Mutter läßt sich auch dann nicht ohne weiteres vertreiben, wenn sie als das erkannt wird, was sie ist, nämlich nicht als die Wirklichkeit, sondern als das Märchen von Mutters eigener Kindheit. Ellen Barbour ist Mitte Dreißig, sie hat eine Tochter, und es ist ihr gelungen, sowohl eine gute Ehe aufrechtzuhalten, als auch mit Erfolg in der Werbung tätig zu sein. Ihre Tochter Sally ist viereinhalb Jahre alt. »Mir liegt daran, daß Sally sich später gern an ihre Kindheit erinnert. Wir kochen oft gemeinsam, und ich möchte, daß ich ihr als ebensolche Mutterfigur in Erinnerung bleibe wie meine Mutter mir. Genau genommen war sie das eben gerade nicht, sondern saß meistens nur herum und backte höchstens hin und wieder Plätzchen. Aber das fand ich herrlich. Ich war begeistert, ihr zusehen und helfen zu dürfen, und fand das alles himmlisch. Ich glaube, das geht allen Kindern so, und ich möchte, daß Sally solche Erinnerungen auch hat. Obwohl es natürlich albern ist, von der Arbeit nach Hause zu hetzen und sofort mit dem Brotbacken anzufangen, das dann bis zwei Uhr früh dauert.«

Es gibt aber auch ein anderes Bild der idealen Mutter: Das ist dann jene Mutter, die nicht leben kann, ohne ihre Kinder zu beherrschen, da sie Macht nur innerhalb der Familie ausüben kann. Ihre wirksamste Waffe ist das Erwecken von Schuldgefühlen. Yvonne Glascock, die von ihrem Mann getrennt lebt, Lehrerin ist und eine fünf Jahre alte Tochter erzieht, erinnert sich: »Egal was ich unternahm, meine Mutter fühlte sich stets davon betroffen. Hatte ich Erfolge, dann kam sie sich großartig vor. Was ich auch tat, sie faßte es immer als gegen sich persönlich gerichtet auf.«

Yvonne müht sich darum, eine sehr feste Beziehung zu ihrer Mutter aufzulösen, die offenbar zu gleichen Teilen aus Liebe und Haß besteht. Sie hütet sich, auf die Vorstellung von der idealen Mutter hereinzufallen, die von ihren Kindern Perfektion verlangt, weil sie glaubt, selber danach streben zu müssen. Die Schwierigkeit liegt für Yvonne darin, daß sie sich nicht völlig freimachen kann von dem Gedanken, diesem Vorbild doch irgendwie gerecht werden zu müssen, und sie brachte das zum Ausdruck, während sie mit mir über ihr Verhältnis zu ihrer Tochter Vicki sprach:

»Wenn Vicki sich albern benimmt, obwohl ich finde, sie sollte bestimmte Dinge ernst nehmen, dann merke ich, wie ich wütend werde. Ich möchte sie dann unbedingt dazu bringen, daß sie mir gehorcht. Ich weiß aber, daß ich das nicht durchsetzen kann, und mir wird dann klar, daß dieser Konflikt darauf zurückzuführen ist, wie ich selbst erzogen wurde. Mein Wunsch ist, daß sie sich vorbildlich benimmt, und es fällt mir oft schwer, mir das auszureden. Man erlebt immer Überraschungen, und nichts ist ganz so wie es sein soll. Ich fühle mich immer irgendwie gedrängt, alles so gut wie möglich zu machen, und es ist bestimmt verkehrt, daß ich sie ebenfalls dazu dränge. Spüren tut sie das aber sicher.«

Ideale Mütter wünschen sich ideale Töchter, denn die Stärke ihres Identitätsgefühls ist abhängig davon, was sie aus ihren Töchtern ›machen‹, und von jeher erwartet man von ihnen, daß sie das Verhalten ihrer Töchter als unmittelbar auf ihr eigenes Verhalten zurückgehend betrachten. Manche Schwierigkeiten bei der Loslösung des Kindes von der Mutter mögen einfach daher rühren, daß Töchter eben auch weibliche Wesen sind. Der Psychologe David B. Lynn von der Universität Kalifornien und andere haben nachgewiesen, daß es kleinen Mädchen besonders schwer wird, sich von ihren Müttern zu lösen, weil beide das gleiche Geschlecht haben und sich deshalb besonders eng mit eben jener Person identifizieren, von der sie sich psychisch lösen sollen.[3] Wie schon im ersten Kapitel erwähnt, sehen alle Kleinkinder sich anfangs als Teil der Mutter. Das Wachstum in den ersten Lebensjahren verlangt eine allmähliche Auflösung dieser Symbiose; dieser Prozeß wird den Knaben durch die Tatsache erleichtert, daß sich ihr Identifikationsbedürfnis auf den Vater verlegt.

Ferner erfahren die Töchter, wie wir schon gesehen haben, zuerst von ihren Müttern, was die Gesellschaft von ihnen als weiblichen Wesen erwartet, was unter ›Weiblichkeit‹ zu verstehen ist. Weiblichkeit bedeutet in unserem Kulturkreis Abhängigkeit, einen Mangel an Durchsetzungsvermögen, die Neigung, in anderen und durch andere zu leben, kurz: sich mehr auf Beziehungen zu anderen zu stützen als auf ein ausgeprägtes Selbstbewußtsein.

Für die Entwicklung der Persönlichkeit ist es von größter Wichtigkeit, welcher Art die Erwartungen sind, die in den ersten Lebensjahren an das Verhalten des Kindes gestellt werden. Es überrascht nicht, daß die Psychologen Kagan und Moss in ihren Untersuchungen an Kindern vom Säuglingsalter bis zum Ende der Pubertät festgestellt haben, eine strenge und sehr behütende mütterliche Einwirkung im frühen Kindesalter bringe passive und abhängige Töchter hervor, weil abhängiges Verhalten belohnt und jeder Versuch, Unabhängigkeit zu beweisen, entmutigt oder sogar bestraft wurde.[4] Bei heranwachsenden Mädchen, die ein passives, abhängiges Verhalten an den Tag legten, ließ sich fast immer nachweisen, daß sie als Kleinkinder übermäßig behütet worden waren.

Umgekehrt war festzustellen, daß ein abweisenderes Verhalten seitens der Mütter oder »das Fehlen erdrückender Mutterliebe«, wie Lois Hoffman von der Universität Michigan das nennt, bei Mädchen die Wirkung hat, daß sie als Frauen besser imstande sind, dem Streß und den Enttäuschungen standzuhalten, welche meist die Folge unabhängigen Verhaltens sind.[5]

Abhängigkeit hat für die soziale Rolle der Frau eine besondere Bedeutung; eine Tochter, die von ihrer Mutter abhängig bleibt, wird ihr Abhängigkeitsbedürfnis auf den Ehemann übertragen und erwarten, daß die Tochter wiederum abhängig von ihr wird, womit sich der Kreis dann schließt. Das Weiblichkeitstraining wirkt also der Entwicklung vom Bewußtsein der eigenen Identität des kleinen Mädchens entgegen; da sie in der Identität der Mutter aufgeht, bleibt sie ihr nahe. Diese Nähe ist aber nicht die von zwei durch echten Austausch verbundenen Personen, sondern mehr die Nähe von zwei Menschen, die eigentlich eine Person sind und nicht genau wissen, wo die eine aufhört und die andere anfängt.

Nur zu oft bleibt die Beziehung zwischen Tochter und Mutter in jenem ungeklärten Zustand, in dem es der Mutter nicht gelingt, sich von der Tochter zu lösen, und die Tochter es nicht fertigbringt, sich aus der kindlichen Abhängigkeit von der Mutter zu befreien. In der Tochter wird sie dann bis zu einem gewissen Grade ihr eigenes Kindheits-Ich von neuem erleben und auch die Identität mit ihrer Mutter, wie sie sie in der Kindheit übernommen hat; sie wird also zugleich ihre eigene Mutter und ihr eigenes Kind.

Nancy Chodorow meint, Mütter hätten in unserer Gesellschaft ein Interesse daran, daß ihre Töchter infantil bleiben, weil sie selber kein ausgeprägtes Ich-Bewußtsein besitzen und weil ihnen die Möglichkeit fehlt, ihre Energien anderswo zu investieren als in andere Menschen, in erster Linie natürlich in ihre Kinder.[6] Auch Knaben bekommen diese ›Grenzverwirrung‹ zu spüren, doch sie werden in gewisser Weise durch die Identifizierung mit dem Vater und die andere Rollenerwartung geschützt. Nancy Chodorow meint weiter, dort, wo die Existenz der Mutter nicht so strikt eingegrenzt sei, könnten Töchter leichter ein Ich-Bewußtsein und Durchsetzungsvermögen erwerben, ohne zugleich die Fähigkeit zu verlieren, tiefgehende, enge Beziehungen anzuknüpfen. Sie bezieht sich dabei auf matriarchalische Gesellschaften, in denen Frauen innerhalb der Gruppe konkrete ökonomische Funktion und Verantwortung haben. Solche Frauen, sagt Nancy Chodorow, könnten kein Interesse daran haben, daß ihre Töchter infantil bleiben. Die Töchter, die dort aufwachsen, könnten ihre Mütter und andere Frauen in wechselnden sozialen Zusammenhängen beobachten. Da Frauen dieser Kulturkreise noch andere Rollenfunktionen außer der Kindererziehung haben, wird eine übermäßige emotionale Bindung, wie sie bei Müttern und Töchtern unserer Gesellschaft verbreitet ist, durch äußere Faktoren verhindert.

1950 hat Erik Erikson vorausgesagt, die Töchter von Mama würden ihre Krise erleben, wenn sie, selbst Mütter kleiner Töchter, die frühkindliche Identifikation mit der eigenen Mutter wieder durchmachten.[7] Ellen fand das nur allzu wahr: »Sally ist für mich eine Kombination von meiner Mutter und mir, und zwar in einer Person, die ihrerseits einzigartig ist. Wenn ich mit ihr streite, übernehme ich ihr gegenüber den Part meiner Mutter, ich benutze sogar deren Wörter, und meine Stimme klingt wie ihre. Dann wieder ist der Teil von Sally, mit dem ich es zu tun habe, der Teil, der am meisten meiner Mutter gleicht, und dann komme ich mir vor, als wäre ich das Kind. Das ist richtig unheimlich. Es kommt mir vor, als würde ich mit Hilfe von Sally alles mögliche verarbeiten, was meine Mutter und mich selbst betrifft, als ich noch klein war. Die einzige fehlende Person bin ich als Erwachsene.«

»Was meinen Sie damit? Kommen Sie denn in dieser Situation als Person gar nicht vor?« fragte ich.

»Ich empfinde mich jedenfalls nicht so, wenn ich es mit Sally zu tun habe. Wenn ich sie anschreie, dann bin ich das entweder selbst in viel jüngeren Jahren, oder es ist meine Mutter.«

»Was wollen Sie damit sagen, daß Sie mit Hilfe von Sally alles mögliche verarbeiten?«

»Zum einen versuche ich, mit mir selbst in Verbindung zu

treten, wie ich früher war, weil ich immer noch nicht begreife, warum ich dies oder jenes getan habe, und das möchte ich sozusagen von ihr erfahren, indem ich versuche, ausfindig zu machen, wie ich mich von Sally unterscheide; ich möchte wissen, wie sie sich in bestimmten Situationen verhält, in denen ich mich anders verhalten hätte.«

Ellen bemüht sich augenscheinlich darum, eine Perspektive für die Beziehung zu ihrer Tochter zu gewinnen. Was eine Tochter von einer Mutter hält, die dazu offenbar unfähig war, hörte ich in einem Arbeitskreis von Müttern eine Frau erbittert so ausdrücken: »Meine Mutter war Zeit ihres Lebens eine Dreijährige, während ich doch glaubte, es mit einer Erwachsenen zu tun zu haben. Hätte ich gewußt, daß sie immer drei Jahre blieb, hätte ich nicht soviel von ihr erwartet.«

Auf der anderen Seite kann es einer Mutter, die im Umgang mit ihrer Tochter von den Schwierigkeiten der eigenen Kindheit bedrängt wird, aber auch gelingen, diese Probleme dank der eigenen Tochter zu überwinden, anstatt immer weiter darin verstrickt zu bleiben. Manche Frauen sind imstande, eigene Kindheitsprobleme ›gutzumachen‹, indem sie ihre Tochter erziehen. Eine Sozialarbeiterin, die auch Mutter ist, schilderte mir ihre eigene Mutter als sehr distanziert; indem sie nun ihrerseits eine sehr herzliche Beziehung zu den eigenen Töchtern unterhält, verschafft sie sowohl denen als auch sich selbst das Gefühl, umsorgt zu werden, das sie früher so vermißt hat.

Kate Pulaski hat eine Tochter von fünf und einen Sohn von sieben Jahren. Es fällt ihr schwer, sich als freie Journalistin durchzusetzen und gleichzeitig ihre Kinder großzuziehen, noch dazu ist sie im Begriff, sich von ihrem Mann zu trennen. Denn der ist entweder nicht fähig oder nicht willens, ihr mit den Kindern zu helfen, was ihr Zeit gäbe für ihre Arbeit, noch unterstützt er sie emotionell bei ihren Bemühungen. Je ernster sie ihre Arbeit nimmt, desto mehr hat sie unter negativen Empfindungen zu leiden, die sich gegen sie selber richten und die aus der frühen Kindheit, aus der Beziehung zu ihrer

Mutter herrühren. Kate meint: »Daß ich ein Mädchen habe, ist für mich wie eine Therapie, denn meine Beziehung zu ihr ist ganz anders als die zwischen meiner Mutter und mir. Ich mache da richtig etwas gut.«

»Und wie sieht das aus?« fragte ich.

»Meine Tochter bringt gewisse Seiten von mir zum Vorschein, die ich selbst nie ausdrücken konnte. Die Autorität der Erwachsenen macht ihr gar keinen Eindruck. Das wäre bei meiner Erziehung undenkbar gewesen. Außerdem weiß sie mit ihrem Körper etwas anzufangen. Sie prügelt sich. Davor hatte ich immer Angst. Sie scheint auch viel mutiger, als ich war, und überdies sieht sie ganz anders aus, wie ich als Kind aussah. Ich bin froh, daß sie nicht meine Haare hat, und ihr Gesicht ist auch anders.«

Wäre Kates Tochter ihr ähnlicher im Aussehen, im Temperament und im Typ, dann fände Kate vielleicht weniger Freude an der Beziehung zu ihr. Ellen jedenfalls glaubt, die Tatsache, daß Sally in Betragen und Aussehen ihr sehr gleicht, als sie in Sallys Alter war, mache es ihr schwerer, sie als eigenständige Person zu betrachten. Mütter, die mit sich selbst als Personen im Einverständnis leben, schließen sich gern Töchtern an, die ihrer Ansicht nach große Ähnlichkeit mit ihnen haben. Um den Kreis zu druchbrechen, um der Tochter zu erlauben, ja sie anzuhalten, eine eigenständige, unabhängige Person zu werden, muß die Mutter sich psychisch von der eigenen Mutter lösen, denn erst dann kann sie sich auch von ihrer Tochter lösen.

Aus Joyces Beschreibung wird ersichtlich, daß Mütter, die sich als Mütter neuen Stils verstehen, den Versuch machen, ihre Macht als Mutter zu trennen von dem, was man die Macht der Person nennen könnte. Mamas Töchter empfinden ihre Mutter als übermächtig und beklagen oft, daß sie sich von ihnen nur teilweise lösen konnten. Ihr Bewußtsein von sich als Individuen ist also nicht vollständig. Paradoxerweise hatten sie aber auch den Eindruck, daß ihre Mütter sich *als Personen* oft schwach, wenn nicht gar hilflos fühlten und sie dies wütend machte, was sich wiederum niederschlug in den irreführenden Anweisungen, die sie an ihre Töchter weiterreichten. Dieses Paradox illustrieren sehr schön die unterschiedlichen Ansichten von Mama, wie sie einerseits bei Betty Friedan im ›Weiblichkeitswahn‹ und bei Philip Wylie in ›Generation of Vipers‹ zum Ausdruck kommen.[8] Wylie, der als Mamas Sohn schreibt, sieht in ihr ein machtvolles, allumfassendes, kastrationslüsternes Wesen. Betty Friedan, die sich Mama als einer Person nähert, sieht, daß sie sich ohnmächtig fühlt, eingesperrt in den Käfig des Hauswesens, in dem ihre Kraft und ihre Möglichkeiten sich so gut wie nicht entfalten konnten.

Weil sie dem gleichen Geschlecht angehörten, hatten Mamas Töchter andere Schwierigkeiten als die Söhne. Töchter identifizieren sich mit der Mutter, sie übernahmen mithin die verwirrten Vorstellungen, die Mama von sich selbst hatte. Dabei war ihnen oft sowohl die Macht zuwider, die Mama kraft der Mutterrolle über sie ausübte, wie auch das verschwommene Bild von sich selbst, das sie ihnen übermittelte. Diese Töchter wollen die eigenen Töchter nicht mit dem Zwang belasten, den Erwartungen ihrer Mütter gerecht zu werden, und versuchen zugleich die unterdrückten Bedürfnisse und Wünsche auszuleben. Mamas Töchter gehen daran, ihre persönliche Identität zu entwickeln, und dabei reduziert sich zugleich das Bedürfnis, mütterliche Macht über die Töchter zu haben. Sie möchten, daß ihre Töchter sich von Anfang an zu Personen entwickeln, sie sollen vor allem starke, eigenständige Persönlichkeiten werden, bereit und fähig, sich mit der Wirklichkeit auseinanderzusetzen.

Joyce bringt ihre eigenen Gedanken in Zusammenhang mit jenen irreführenden Anweisungen, die von der Mutter an sie weitergegeben worden waren: »Carol soll mal ein freimütiger, unkomplizierter Mensch werden, der für sich einstehen kann. Sie soll frei heraus reden und sich nicht duckmäuserisch anpassen. Uns hat man dazu gezwungen, aber im Grunde führt das nur zu feigen Ausflüchten. Ich möchte, daß sie ein aufrichtiger Mensch ist, daß sie ihr Leben nach ihren Wün-

schen einrichten lernt, daß sie die Möglichkeiten hat, zu tun, was sie möchte, und auch innerlich dazu befähigt ist. Meine Mutter hatte keinen Beruf, sie hat sich meist irgendwie innerhalb der Gemeinde betätigt. Sie ist eine sehr energische Person. Sie hat meinem Vater durch ihre Arbeit als Sekretärin das Studium ermöglicht, und ich habe es immer für selbstverständlich gehalten, daß ich auch mal Sekretärin sein würde.«
Daß die neuen Mütter ihre Auffassung von sich selbst und ihren Töchtern ändern, führt zwangsläufig dazu, daß sie auch ihre Haltung zu der Beziehung zwischen Männern und Frauen neu überdenken. Schon die Vorstellung, Frauen könnten ein Bewußtsein von sich haben, ist verhältnismäßig neu. Die Idee vom Ich wird in unserer Kultur Männern zugeordnet, ebenso wie die Vorstellung von Leistung mit der männlichen Rolle verbunden wird. Auch heute noch meinen die meisten Frauen, die beruflich etwas leisten, sie identifizierten sich mehr mit der Rolle ihres Vaters als mit der ihrer Mutter. Die neuen Mütter sind besonders darauf aus, ›Ich‹ und ›Leistung‹ mit weiblich zu verbinden, damit ihre Töchter sich nicht etwa genötigt fühlen, ›wie Männer‹ zu werden, nur um eigenständige Personen zu sein. Dabei muß man nicht zwischen den Extremen wählen, also einer übermäßig starren Bestimmung des Ich einerseits und dem völligen Aufgehen des Ich in Beziehungen andererseits. Es gibt vielmehr eine dritte Möglichkeit, die Forderung nämlich, die Persönlichkeit von Knaben und Mädchen in unterschiedliche Richtungen zu entwickeln: für Mädchen hin zu größerer Unabhängigkeit, für Knaben zu mehr gegenseitigem Austausch.
Stellt sich ein Gefühl für die eigene, unabhängige Persönlichkeit ein, so bedeutet dies, daß die Abhängigkeit von der Billigung durch Männer schwindet. Kate ist sehr daran gelegen, ihrer Tochter zu einem solchen Selbstgefühl zu verhelfen, das es ihr ermöglichen soll, nach eigenem Gutdünken in der Welt der Männer und Frauen zu handeln, und zwar ohne die Schwierigkeiten, die Kate gehabt hat, die in dem Glauben aufgewachsen ist, ihre Selbstachtung hänge davon ab, inwie-

weit sie den Männern gefiele. Sie sagte mir folgendes: »Sowohl Jungen als Mädchen haben in unserer Welt ihren Platz, Ann soll aber mehr Möglichkeiten haben, als ich hatte. Sie soll die Welt anders sehen als ich und soll sich auch anders darin verhalten. Ich glaube, daß ich in dieser Hinsicht meiner Tochter mehr zu sagen habe als meinem Sohn. Mein Sohn ist jetzt sieben, aber es kommt mir schon vor, als gehörte ich nicht mehr zu seiner Welt. Bei Ann ist das anders, da habe ich noch Möglichkeiten. Als sie geboren wurde, hatte ich mit der Frauenbewegung noch nichts zu schaffen, aber schon damals habe ich mir gesagt: sie soll mehr wissen als ich, sie soll bessere Chancen haben. So, wie unsere Gesellschaft eingerichtet ist, wird mein Sohn es in dieser Hinsicht nicht schwer haben. Ist er ein starker Charakter, kann er sich ausdrücken, weiß er, was er will, dann kann er es schaffen. Wie aber die Tochter einmal zum Leben stehen wird, darauf hat die Mutter großen Einfluß.«
John Money, der an der Johns Hopkins Klinik medizinische Psychologie lehrt und seit Jahren mit Hermaphroditen arbeitet, also Menschen mit nicht eindeutig ausgebildeten Geschlechtsorganen, hat immer wieder auf den starken Einfluß hingewiesen, den die Umwelt auf Säuglinge und Kleinkinder ausübt.[9] Ein Mädchen, das ohne Vagina, mit einem verkümmerten Penis oder einer vergrößerten Clitoris geboren wird, kann eine durchaus gefestigte Geschlechtsidentität entwikkeln, wenn die Eltern sie konsequent als Mädchen behandeln. In einem Fall war ein völlig normal geborener Junge bei der Beschneidung versehentlich kastriert worden. Nach Beratung mit einem Arzt wurde der Säugling ›zum Mädchen gemacht‹; die Mutter kleidete ihn als kleines Mädchen, ließ sein Haar wachsen, und das Kind wurde schon bald viel adretter und war mehr auf Reinlichkeit bedacht als sein Zwillingsbruder. Man unterwarf es den Beschränkungen, denen man gewöhnlich die kleinen Mädchen unterwirft; zog es auf der Straße die Höschen aus, hieß es, »das tut man nicht«, während man gleichzeitig dem Bruder gestattete, nach Belieben an Bäume zu

pinkeln. Die Mutter erklärte, wie schön es doch sei, ein Mädchen zu sein, und es wurde angehalten, der Mutter in der Hausarbeit nachzueifern. Es wünschte sich Puppen und hatte mit fünfeinhalb Jahren ausgesprochen weibliche Zukunftspläne, es wollte heiraten, wollte Lehrerin oder Ärztin werden, der Bruder hingegen wollte zur Polizei oder zur Feuerwehr.
Nichts könnte besser den Einfluß der Einübung einer Geschlechterrolle illustrieren als dieser Fall, in dem die Hormone, die Erbanlagen und sonstige biologische Merkmale offenbar völlig übertölpelt wurden: man sagte dem Kind, es sei ein Mädchen, und da wurde es eben ein Mädchen.
Money stellt fest, daß eine derartige Neuzuweisung des Geschlechts nach dem achtzehnten Lebensmonat psychisch äußerst schwierig wird, weil das Kleinkind bereits zu viele Informationen besitzt, die sich auf seine Rollenidentität beziehen.
Money glaubt, für gewöhnlich sei eine extreme Geschlechtsrollenunterscheidung nicht erforderlich: »Solange wenigstens die Geschlechtsfunktionen, soweit sie mit der Vermehrung und mit Erotik zu tun haben, klar herausgearbeitet werden, spielt es keine Rolle, wenn der Vater das Essen kocht und die Mutter den Traktor fährt . . .« Ein klares Bewußtsein der Geschlechtsidentität reicht aber nicht aus; bis zu welchem Grade das Kind eine echte Autonomie entwickelt, hängt von Kontrolle und Spielraum ab.
Den neuen Müttern kommt es für ihre Töchter mehr auf die persönliche Identität an als bloß auf deren Geschlechtsidentität. Es scheint, daß es ihnen wichtiger ist, den Töchtern zu einer ganz allgemein unabhängigen Persönlichkeit zu verhelfen, als ein anderes Geschlechtsrollenverhalten zu fördern, und damit haben sie gewiß recht. Eine Mutter kann sich bei dem Versuch, der Tochter statt Puppen ausgesprochen männliches Spielzeug aufzudrängen, als ebenso eigenmächtig und zudringlich erweisen wie nur je eine Lesebuchmama, die darauf besteht, daß die Tochter ein ganz bestimmtes Kleidchen mit Rüschen anzieht und sich nicht schmutzig macht. Die mehr oberflächlichen Merkmale der Geschlechtsrolle sind

weniger wichtig als die Gewißheit des Kindes, daß es als eigenständige Person geachtet wird. Dazu muß es sicher sein, daß es innerhalb vernünftiger Grenzen und der ihm gegebenen Möglichkeiten die Freiheit der Wahl hat. Dazu gehört ferner bei einer Tochter die Gewißheit, daß ihr Körper ihr gehört, daß sie frei ist, die Freuden zu erkunden und zu erfahren, die er ihr bereitet, daß sie selbst und nicht ihre Mutter seine Funktionen überwacht und daß sie entschieden ermutigt wird, den Körper auszubilden, zu physischer Leistung zu befähigen und die Welt zu entdecken. Es muß ihr weiter erlaubt sein, nach emotionaler Unabhängigkeit zu streben; sie soll erfahren, daß man ihre Gefühle zur Kenntnis nimmt und sie respektiert, eben weil es die ihren sind, und daß die Erwachsenen, insbesondere ihre Mutter, diese Gefühle nicht als Bedrohung empfinden.

Joyce verhilft unter anderem dadurch ihrer Tochter Carol zu Unabhängigkeit, indem sie ihr die Möglichkeit der Wahl läßt. Joyce erinnert sich, wie ihre Mutter ihr jeden Tag vorschrieb, was sie anzuziehen habe, denn sie hielt darauf, daß Joyce immer ›passend‹ angezogen wäre; die Erscheinung des Kindes entschied darüber, ob sie sich als gute Mutter fühlen durfte, eine Rolle, die ihr Bewußtsein von sich selbst fast völlig absorbierte. Carol hingegen bestimmt mit dreieinhalb Jahren selber, was sie anziehen will.

»Bei mir war alles ganz anders«, berichtet Joyce, »und deshalb fällt mir das schwer. Wenn ich sage: ›Das paßt nicht zusammen‹, dann sagt Carol: ›Doch, es paßt, das ist rot und dies ist rosa.‹ Also gut, was kommt es auch schon darauf an, ob es paßt? Sie möchte es eben anziehen.« Das ist vielleicht eine Bagatelle, doch wenn Joyce ihre Tochter in diesem Alter und in solchen Dingen selbst wählen läßt, stärkt sie deren Vertrauen in die eigene Fähigkeit, eine Auswahl nach den eigenen Vorstellungen, nicht nach denen von Joyce zu treffen. Soweit Joyce sich erinnert, war ihre Mutter nicht der übertrieben beschützende Typ, und trotzdem »hing ich an ihr wie eine Klette«. Noch als junge Frau fragte sie ihre Mutter unablässig um Rat, sogar als es sich um die Wahl des Verlobungsringes handelte. »Ich wollte hören, daß es richtig war, was ich dachte; sie sollte mir das bestätigen.«

Bislang ist Joyce zufrieden mit dem Ergebnis, das ihre Versuche gehabt haben, Carol innerhalb gewisser Grenzen möglichst viel Spielraum zu lassen. »Sie hat ein erstaunliches Verantwortungsgefühl. Sie hat ihren eigenen Kopf, aber trotzig ist sie nicht, und echte Machtkämpfe gibt es bei uns nicht. Leider jedoch«, fügt sie kleinlaut hinzu, »hat ihre Unabhängigkeit zur Folge, daß sie mir manchmal viele gute Gründe dafür anführt, warum sie etwas tut, was mir ganz und gar nicht gefällt.«

Kleine Kinder beiderlei Geschlechts sollten unbedingt in einer behüteten und liebevollen Umgebung ein Gefühl von körperlicher Autonomie entwickeln können. Für Mädchen jedoch mag es besonders wichtig sein, daß man sie darin ermutigt, die Möglichkeiten des eigenen Körpers zu erkunden. Sie können dann nämlich begreifen, daß sie zwar so gemacht sind wie ihre Mütter, aber einen eigenen Körper besitzen, mit einer eigenen Ausstattung und den Fähigkeiten, sich zu bewegen, etwas zu entdecken, etwas zu leisten.

Margaret Mahler, eine Psychoanalytikerin, deren Theorie der Ablösung und Individuation schon im vorigen Kapitel erwähnt wurde, weist darauf hin, daß die Freude des gehenlernenden Kindes an seiner neugewonnenen Unabhängigkeit direkt proportional ist dem Grad von Interesse, das es in seiner Mutter erwecken kann, und ihrer Lust, an seiner Aktivität teilzunehmen.[10] Die Unterstützung durch die Mutter vermittelt dem Kind das Gefühl, die zunehmende Trennung von ihr werde gebilligt, und so wird das Fundament gelegt für das spätere Selbstbewußtsein.

Es ist wahrscheinlich, daß Mütter dazu neigen, ihre Töchter bei solchen erstmaligen Leistungen weniger zu ermuntern als ihre Söhne. Lois Hoffman meint, wenn die Mutter auf die ersten Schritte der Tochter angstvoll reagiert – und man weiß, daß Mütter ihre Töchter für zerbrechlicher halten als Söhne, obwohl die Töchter im allgemeinen besser koordiniert sind –, dann vermittelt sie damit dem Kind den Eindruck, es sei unfähig. Dieser Mangel an Ermutigung sowie die Tatsache, daß die Tochter sich später und weniger vollständig von der Mutter lösen mag als ein Sohn, weil sie dem gleichen Geschlecht angehört, wie auch die Neigung der Mädchen, einem Konflikt mit den Eltern häufiger aus dem Weg zu gehen als Jungen, bewirken, daß die Mädchen weniger Vertrauen zu sich als Individuen haben. Hoffman ist der Auffassung, Mädchen setzten sich nicht gern unmittelbar mit der Welt auseinander, sondern vertrauten mehr auf ihre Beziehungen zu anderen Menschen, wenn es sie nach Geborgenheit verlangt oder nach dem Gefühl, eine Rolle zu spielen. Dies zeigt sich daran, daß die Mädchen mehr dazu neigen, abhängig zu sein, und nun entsteht jener Teufelskreis, in welchem Mädchen, die niemals die Lust an Leistung, an Tüchtigkeit und Herrschaft kennengelernt haben, ›weiblich‹ bleiben und leistungsunfähig.[11]

Dieses Faktum wird nicht gesehen, weil in unserer Gesellschaft die Betonung auf der Geschlechtsrolle liegt. Es besteht die alberne, aber tief sitzende Überzeugung, Mädchen, denen körperliche Freiheit gewährt werde, würden sich nicht nur ›wie Jungen benehmen‹, sondern würden auch Jungen sein wollen, würden als Heranwachsende sowohl die weibliche Rolle als auch die sexuelle Identität verleugnen. Dieses ist eine komplizierte Angelegenheit, weil sie teilweise zu tun hat mit der irrigen Auffassung, die Geschlechtsidentität sei das gleiche wie die persönliche und die sexuelle Identität. Im nächsten Kapitel werden wir sehen, daß biologisch normale Mädchen von ihrem Körper Informationen bekommen, die geeignet sind, das Bewußtsein von ihrer sexuellen Identität zu stärken, vorausgesetzt, sie erfahren keine negativen Reaktionen auf ihren Wunsch, ihren Körper zu entdecken und zu erproben. In Moneys Fall war ein ziemlich strenges Geschlechtsrollentraining gewiß notwendig für die soziale Entwicklung eines Kindes, dessen Körper ihm bestenfalls mehrdeutige Informationen zu liefern imstande war. Normale Mädchen jedoch, denen große physische Freiheit gelassen wird, möchten vermutlich weniger gern Jungen sein als Mädchen, die einen passiven Eindruck machen.

Sally war niemals im Laufstall; noch ehe sie gehen konnte, kletterte sie gerne auf Leitern, und ihr ist genug Spielraum gelassen worden, ihren Körper, ihre Wohnung und die Nachbarschaft zu entdecken. Mit viereinhalb Jahren tanzt und schwimmt sie leidenschaftlich, und wenn sie im Freien spielt, zieht sie meist das Kleidchen aus. Als ich fragte, was sie mal werden möchte, sagte sie zuerst ›arbeiten‹ und erst danach ›Kinder kriegen‹. Gleichzeitig hat sie es aber auch sehr mit ganz stereotypen Attributen der Weiblichkeit; sie liebt Kleider, Schmuck und Make-up und verlangt diese Dinge zum Geschenk, was ihre Mutter einigermaßen verblüfft, denn sie selbst trägt meist lange Hosen, kaum je Schmuck und hat nie versucht, Sally in die traditionell weibliche Rolle zu drängen. Immerhin meint Ellen: »Sally hat nie Angst gehabt, sie war immer frech. Wahrscheinlich, weil ich ihr viel Bewegungsfreiheit gelassen habe.«

»Sie empfindet also keinen Widerspruch zwischen Frechsein und der Tatsache, daß sie ein Mädchen ist?« fragte ich.

»Nein. Sie ist viel angriffslustiger als alle Kinder, die sie kennt, auch als die Jungen. Sie geht ohne weiteres auf Leute los, sagt: ›Tag, ich heiße Sally‹, und fängt ein Gespräch an. Sie prügelt sich unbedenklich mit Kindern, die sechs Jahre älter sind als sie. Ihre liebste Freundin weigert sich zwar, Röcke zu tragen, ist aber überhaupt nicht frech. Das ist ein ganz süßes, stilles Mädchen, das am liebsten bei irgendwem auf dem Schoß sitzt. Im herkömmlichen Sinn ist sie viel weiblicher als Sally, ganz passiv, wenn man sie aber fragt, sagt sie unfehlbar, sie wäre lieber ein Junge.«

Emotionelle Unabhängigkeit läßt sich schwerer definieren als physische Unabhängigkeit, sie ist aber ebenso bedeutsam. Die Emotionen einer Mutter können stark auf ihre Tochter wirken und zu jenem Leim aus Schuldgefühl und Angst werden, mit dem die Mutter ihre Tochter an sich bindet. Kleine Kinder beziehen alles, was um sie her vorgeht, auf sich selber, und wenn die Mutter einen Wutanfall bekommt oder weint, denkt die kleine Tochter gleich, sie sei daran schuld. Erlaubt man ihr nicht, ihren Gefühlen Ausdruck zu geben, dann weiß sie um so viel weniger, wer sie ist und ob überhaupt erlaubt ist zu fühlen, wie sie fühlt.

Yvonne beschrieb anschaulich, welche Erfahrungen sie gemacht hat und auf welche Weise sie den Teufelskreis zu durchbrechen versucht: »Ich ermuntere Vicki dazu, ihren Gefühlen Ausdruck zu geben, und ich finde, das ist das Beste, was ich tun kann. Ich versuche auch, ihr klar zu machen, was ich empfinde, denn bei uns zu Hause sagte meine Mutter immer zu mir: ›Du darfst nicht sagen, daß du jemand nicht leiden kannst.‹ Ich sagte: ›Ich hasse dich‹, und darauf sagte sie: ›Ich verbiete dir, so zu mir zu sprechen.‹ Ich haßte sie wirklich, aber sie tat, als wollte ich sie umbringen. ›Du bringst mich noch um!‹ Das erzeugte natürlich Schuldgefühle; mir war immer so, als hätte ich was Schreckliches begangen. Meine Mutter bekam auch Wutanfälle, dann heulte sie und schloß sich in ihr Zimmer ein. Ich trat dann gegen die Tür und rief: ›Laß mich rein, Mutti, laß mich rein!‹ Sie sagte aber bloß: ›Nein, geh weg, geh weg!‹ Dann kam ich mir immer völlig verloren vor. Sie sollte mir sagen, daß alles gut war. Ich fragte meine Mutter ständig: ›Hast du mich lieb?‹ Und sie sagte: ›Natürlich hab ich dich lieb, wie kannst du daran zweifeln?‹ Und wie ich daran zweifelte! Sie hat mich doch abgewiesen.

Wenn ich wütend auf Vicki bin, dann explodiere ich, und ihr Gesicht schrumpft richtig ein. Dann nehme ich sie in die Arme und sage: ›Mama ist wütend‹, und sie sagt: ›Ich fürchte mich.‹ Dann sage ich: ›Ja, ich weiß. Manchmal geht die Wut eben mit Mama durch. Eigentlich dürfte das nicht sein, aber du bekommst ja auch mal Wutanfälle.‹ Sie soll dann wissen, daß ich weiß, sie fürchtet sich, denn ich habe mich auch immer gefürchtet, wenn meine Mutter wütend wurde. Es bedeutet

Abweisung, Verlassenwerden. Ich vermute, es kommt nur darauf an, sie als Person ernst zu nehmen. Ich habe sie auch früher schon als kleine Person behandelt, und ich nenne sie auch ›kleine Person‹, denn sie ist eine, und sie hat ihre eigenen Gefühle. Ich kann sie nicht bloß benutzen, um meine Frustration an ihr auszulassen, wie meine Mutter an mir, ohne daß sie überhaupt gemerkt hätte, was sie da tat. Wenn sie sich so gehenließ, war das entsetzlich für mich, weil sie völlig die Beherrschung verlor.«

Von anderen Erwachsenen als der Mutter versorgt zu werden und mit ihnen Kontakt zu haben, kann es der Tochter erleichtern, den Ablösungsprozeß von der Mutter einzuleiten und ein klareres Bewußtsein der eigenen Identität zu gewinnen. Für Mädchen ganz besonders wichtig sind Tagesstätten und andere Einrichtungen, wo das Kind in ständiger Obhut ist. Eine physische Trennung von Mutter und Tochter garantiert nicht notwendig auch die emotionelle Trennung; tritt eine räumliche Trennung zu früh ein oder ist sie zu groß, dann kann genau das Gegenteil passieren. Die meisten Mütter jedoch, die gemeinsam Kindertagesstätten unterhalten, sind nicht der Meinung, daß die Pädagogen recht haben, die heute verkünden, jede Trennung von Mutter und Kind vor dessen drittem Lebensjahr sei unbedingt schädlich. Zumindest eine Untersuchung hat ergeben, daß die Zuneigung zwischen Müttern und Kindern, die vom ersten Lebensjahr an Kindertagesstätten besuchten, ebenso stark war wie die zwischen Müttern und Kindern, die gemeinsam zu Hause blieben.[12] Eine andere Untersuchung kommt zu dem Ergebnis, daß Kinder mit achtzehn Monaten meist fähig sind, starke zusätzliche Bindungen zu entwickeln, während die primäre Neigung nach wie vor der Mutter gilt.[13]

Joyce beschreibt, wie die Trennung auf sie wirkte, als ihre Tochter die Tagesstätte besuchte: »Das schlimmste an dieser Trennung war, daß ich innerlich wünschte, Carol solle noch völlig abhängig von mir sein und glauben, ich könnte nichts verkehrt machen. Ich hatte immer noch das Verlangen, vergöttert und idealisiert zu werden. Inzwischen weiß ich natürlich, daß es viel vernünftiger ist, als Mensch betrachtet zu werden. Damals aber bekam ich Schuldgefühle. Ich dachte oft: ›Lieber Himmel, was tust du eigentlich? Du möchtest etwas Neues machen, das kann aber viel schlimmer werden als das Alte. Wenn du deine Zeit nicht mit ihr verbringst, wird ihr das bestimmt schaden.‹ Es fiel mir schwer, wirklich darauf zu vertrauen, daß Erfahrungen, die sie ohne mich machte, wichtig und positiv für sie sein könnten und daß ich mit meinem Geschöpf nicht alles und jedes selber machen müsse.« Joyce war aber auch der Ansicht, es sei wichtig, »daß meine Identität nicht davon abhängig ist, was aus ihr wird und wie unsere Beziehung zueinander ist. Sie wird schließlich das Ergebnis der unterschiedlichsten Einflüsse sein, wenn auch mein Einfluß auf sie stark bleiben wird.«

Ein Besuch in Carols Kindertagesstätte war aufschlußreich; die Kinder waren in keiner Weise verlassen. Carol begrüßte ihre Mutter, schwätzte mit ihr und kehrte dann eifrig zu ihren Freunden und ihrer Beschäftigung zurück. Die Tagesstätte war ein warmer, angenehmer Ort, in hellen Farben gehalten; vier Frauen und ein Mann kümmerten sich um achtzehn Kinder. Es kam häufig zu Einzelkontakten zwischen Erwachsenen und Kindern. Joyce war hier gut bekannt und wurde sogleich in ein Spiel verwickelt; ich hatte den Eindruck von lebhaften, wachen, in eifrigem Austausch stehenden Menschen, Kindern wie Erwachsenen. Man hat geschätzt, daß die Nur-Hausfrau mit ihren Kindern im Vorschulalter täglich nicht mehr als fünfzehn bis zwanzig Minuten einen sinnvollen Austausch hat.[14] Da scheint es doch, als wäre die Lösung von Joyce hinsichtlich der Kinderbetreuung unbedingt vorzuziehen.

Kindertagesstätten und Kindergärten sind auch insofern für kleine Mädchen wichtig, als sie ihnen dabei helfen, ein Gefühl für die Möglichkeiten des eigenen Körpers zu bekommen. In den Tagesstätten wird es mehr und mehr üblich, daß die Mädchen sich in allen möglichen Fertigkeiten erproben, darunter in traditionell männlichen Tätigkeiten wie dem Umgang mit Hammer und Nägeln, dem Spiel mit Autos. In einer Tagesstätte hat man die Erfahrung gemacht, daß besonders der Umgang mit realistischen Modellen einen guten Einfluß ausübt. Einige Mädchen, die eine Baumeisterin bei der Arbeit beobachtet hatten, errichteten zum erstenmal selber aus Bauklötzen Gebäude.[15] Eine Mutter, die Zimmermannsarbeit verrichtet, hat für die Mädchen einen Kletterbaum gebaut, und sie werden eifrig ermuntert, auf ihm herumzusteigen. Mütter, deren Kinder eine andere Tagesstätte besuchen, beklagten sich, dort sei den Jungen wie auch den Mädchen nahegelegt worden, sie sollten mit beidem, mit Puppen und Autos spielen, doch hätten die Kinder, sich selbst überlassen, sich wieder dem traditionell ihrem Geschlecht zugeordneten Spielzeug zugewandt.

Im Vorschulalter scheint der Einfluß kultureller Klischees, wie sie vom Fernsehen, von Büchern, oft auch von Großeltern und anderen Verwandten geliefert werden, mindestens so stark wie das Vorbild aktiver, arbeitender Mütter zu sein, vielleicht sogar stärker, wenn man bedenkt, wie versessen die drei- bis fünfjährigen Mädchen auf Kleider sind, einerlei welchen Bekleidungsstil die Mütter bevorzugen. Töchter wie Sally wissen genau, daß Arbeit zum Leben der Mutter gehört, und doch ist Kinderschwester als Berufsziel bei Vorschulmädchen so verbreitet wie eh und je, dies sogar im Fall eines Mädchens, deren Tante Ärztin ist. Mütter können aber solche Klischeebilder auch unterlaufen, indem sie den Töchtern Impulse geben, die wichtiger sind, nämlich solche, die auf ihre persönliche und sexuelle Identität zielen. Wenn eine Mutter mit sich selbst im Einklang ist und ihrer Tochter den Eindruck vermittelt, daß sie auch mit ihr zufrieden ist, dann sind die oberflächlicheren Aspekte der Rollenidentität nicht mehr so entscheidend, eine Tatsache, auf die wir in diesem Buch immer wieder hinweisen werden.

Viele Mütter sind ganz verblüfft, weil ihre Töchter so wild auf Kleider sind, meinen aber, man solle sie ruhig Kleider tragen lassen, wenn sie unbedingt wollen, dies wohl in der Überlegung, daß Verweigerung oder Abmahnung nur eine Trotzreaktion hervorrufen würden. Kate sagt: »Ann putzt sich rasend gern, wenn sie auf eine Party geht. Meist trägt sie rosa. Ich finde rosa scheußlich, lasse sie aber, weil ich nicht will, daß sie Widerwillen gegen meinen Geschmack entwickelt.«

Kate faßte wohl die Gefühle vieler Mütter zusammen, wenn es um den Versuch geht, kulturellen Klischeebildern entgegenzuwirken. Sie sagt, viele ihr bekannte Eltern hätten mit den Töchtern über die geschlechtsspezifischen Rollenvorstellungen gesprochen, sie sei aber der Meinung, ihre Tochter Ann würde das entweder nicht verstehen oder genau das Entgegengesetzte tun wollen, wenn sie davon anfinge. Ann läßt sich von ihrer Mutter am liebsten eine Geschichte erzählen, in der die Heldin nicht den Helden heiratet, sondern allein auf Entdeckungsreisen geht. »Am Ende sagt sie aber immer: ›Und ich finde, sie hätte ihn doch heiraten sollen.‹ Sie ist eben vielen Eindrücken ausgesetzt, ohne daß ich das verhindern kann. Vieles kommt bestimmt vom Fernsehen. Ich kann wahrscheinlich nichts Besseres tun, als ihr ein Vorbild zu sein.«

Yvonne hingegen achtet darauf, was ihre Tochter liest, und wenn sie vor dem Fernsehen sitzt oder spielt, macht sie ihre Tochter darauf aufmerksam, daß solche Klischeefiguren nicht die einzige Art der Existenz zeigen, daß sie selbst ja zum Beispiel anders lebt. Die Zukunft wird erweisen, ob solche Versuche, Rollenstereotypen entgegenzuwirken, Erfolg haben. Kinder zwischen drei und fünf Jahren sind damit beschäftigt, Antworten auf die wichtige Frage der sexuellen Unterschiede und der Identität zu finden, und zweifellos haben Typenklischees für sie großen Reiz, weil sie die Dinge vereinfachen: Mädchen tragen Kleider, Jungen nicht! Ich bin ein Mädchen, also will ich ein Kleid tragen. Später werden subtilere Unterscheidungen möglich, doch nur, wenn sie als reale Möglichkeiten angeboten werden.

Kleine Mädchen, die Kinderschwester werden wollen, reagieren damit vermutlich auf die Vorstellung von Pflege als einer

Tätigkeit, mit der enge persönliche Betreuung verbunden ist, also eine mütterliche Funktion. Sie sind in einem Alter, wo sie sich außerordentlich für das Bemuttern interessieren, und es kann sein, daß Kinderschwestern gut in ihre derzeitige Vorstellung von der Wirklichkeit hineinpassen. Erst wenn die Umwelt viele andere Frauenbilder anbietet und damit entsprechend mehr Möglichkeiten der Wahl, wird man sagen können, inwieweit die Vorstellungen kleiner Mädchen und ihre Ideale auf vorgeführten Bildern beruhen oder inwieweit sie unter dem Gesichtspunkt ausgewählt wurden, daß sie in die reale Welt passen, wie sie sich Vierjährigen darbietet. Wie dem auch sei, wer Mädchen dabei hilft, in Bereichen Fähigkeiten zu erwerben, die ihnen traditionsgemäß verschlossen sind, also etwa im Umgang mit Hammer und Nägeln, im Erklettern von Bäumen und bei der Selbstbehauptung, der macht sie keineswegs weniger weiblich, wenn dadurch vielleicht auch die stereotype Vorstellung von Weiblichkeit verändert wird.

III Körper und eigenständiges Ich

Der Körper: Die Tochter lebt in ihm, mit ihm, und sie muß ausfindig machen, was das bedeutet, diesen besonderen Körper zu bewohnen, mit einer Vagina, ohne Penis. Wir haben bereits gesehen, daß die Reaktion der Mutter auf das frühkindliche Verhalten der Tochter wesentlich mit darüber entscheidet, ob die Tochter ihren Körper als Instrument zur Entdeckung der Umwelt und als ein Mittel betrachtet, sich erstmals als eigenständige, kompetente Person zu empfinden. In diesem Kapitel wird gezeigt, wie die sexuelle Identität in sehr ähnlicher Weise davon betroffen wird.

Ich habe schon gesagt, daß es nützlich sein wird, die persönliche Identität, die Geschlechtsrollenidentität und die sexuelle Identität als drei Erscheinungsformen dessen zu betrachten, was am Ende das umfassende Selbstgefühl einer Tochter ausmachen wird. In Kapitel II wurde bereits ausgeführt, daß es sonderbarerweise möglich ist, daß Mädchen sich zwar als Mädchen identifizieren, ohne aber zugleich ein klares Bewußtsein von sich als eigenständiger Person zu haben. Es ist vielleicht schwerer, die sexuelle Identität von der geschlechtlichen Identität zu trennen, weil sie in einer nicht ohne weiteres durchschaubaren Weise miteinander gekoppelt sind. Das Geschlecht ist selbstverständlich stärker als jedes Rollenspiel; es erklärt ganz einfach: »Ich bin ein Mädchen.« Die Geschlechtsrollen sagen: »Ich muß mich so und so verhalten, um zu zeigen, daß ich ein Mädchen bin«, oder »Wenn ich mich so und so verhalte, empfinde ich mich als Mädchen«. Die sexuelle Identität hingegen gibt anfangs zu verstehen: »So und so empfinde ich meinen Körper«, und später: »So und so empfinde ich meinen Körper und meine Sexualität in Bezug zu mir selber, zu anderen Frauen und zu Männern.«

Wenn das Kind heranwächst, verschmelzen diese Erscheinungsformen der Identität. Margaret Mahler vertritt die Meinung, der Prozeß der Ablösung und Individuation sei mit dem dritten Lebensjahr meist abgeschlossen.[1] Das Kind hat dann im allgemeinen ein klares Bewußtsein von seinem Geschlecht, das Mädchen weiß, daß es eines ist. Die – psychoanalytisch ausgedrückt – ödipale Phase ist aber erst mit dem fünften oder sechsten Jahr abgeschlossen, und erst dann herrscht Klarheit über die sexuelle Differenzierung. Ob die sexuelle Identität eines Mädchens gestärkt wird, hängt davon ab, inwieweit sie das Gefühl hat, über ihren Körper verfügen zu können und ihn als Teil von sich begreift. Danach erst kann sie ihren Körper als speziell weiblichen Körper erkennen lernen, im Unterschied zum männlichen Körper, und eben darin besteht der Prozeß der Differenzierung.

Die Geschlechtsrollen können helfen, die Identifizierung der Tochter mit der Mutter zu fördern, doch Mütter, die nur eine verschwommene oder negative Vorstellung von der eigenen sexuellen Identität haben, vermitteln diese ihren Töchtern, da mögen die Geschlechtsrollen noch so scharf definiert sein. Eine Mutter, der es nicht gelungen ist, personelle und sexuelle Reife zu erlangen, eine Mutter, die ein Interesse daran hat, ihre Tochter infantil und abhängig zu erhalten, wird ihr auch nicht dabei helfen, ein Bewußtsein der eigenen sexuellen Identität zu erlangen. Sie wird vielleicht besonderen Wert auf die nebensächlicheren Aspekte der Geschlechtsrollen legen, weil sie innerlich unsicher ist und keine gefestigte sexuelle Identität besitzt.

Ein wachsendes Gefühl der sexuellen Identität trägt aber auch zur Stärkung des Selbstgefühls bei, und wer sich in dieser Hinsicht sicher fühlt, für den mögen die Geschlechtsrollen weniger wichtig sein. Eine Sechzehnjährige sagte mir: »Wenn ich weiß, daß ich eine Frau bin, drückt sich meine Weiblich-

keit in allem aus, was ich tue, denn die wurzelt in meiner Sexualität.«
Das soziale Klima, in welchem Mädchen entdecken, welcher Wert dem Mädchen – im Unterschied zum Knaben – zugemessen wird, wirkt sich ebenfalls stark auf ihr sexuelles Identitätsbewußtsein aus. Das soziale Klima wird aber im wesentlichen von der Mutter vermittelt. In der Beziehung zur Mutter erfährt die Tochter nämlich, ob ihr erlaubt ist, ihren Körper zu entdecken und sich seiner Möglichkeiten zu erfreuen. Von der Mutter kommen auch die ersten Hinweise darauf, wie sie sich ihrer Sexualität gegenüber verhalten soll, Hinweise, die sie unter Umständen erst in reiferen Jahren richtig versteht.

Mit etwa achtzehn Monaten beginnt die Erziehung zur Sauberkeit, das Kind kann jetzt selbst Nahrung aufnehmen, es wird sich mehr und mehr seines Körpers bewußt und auch des Unterschiedes der Geschlechter. Für die künftige Einstellung der Tochter zu sich selber und zu ihrem Körper ist es von ausschlaggebender Bedeutung, wie die Mutter sich in dieser Entwicklungsphase verhält.
Erik Erikson beschreibt die Erziehung zur Sauberkeit und die physische Entdeckungsphase (sowohl die Entdeckung des Körpers als auch die Entdeckung der Umwelt vermittels des Körpers) als Phasen, in denen das Kind entweder Unabhängigkeit und Initiative entwickelt oder Schuldbewußtsein und Beschämtheit.[2] Ich habe schon erwähnt, daß man Mädchen gewöhnlich nicht dazu ermuntert, unabhängig zu werden, indem sie die Welt mit ihrem Körper erkunden. Möglicherweise ist es die frühe Erziehung zur Reinlichkeit, die auf subtile Weise den kleinen Mädchen zu verstehen gibt, daß sie sich zu schämen hätten, weil sie die eigenen Körperfunktionen nicht beherrschen. Bevor die Welt 1945 von Dr. Spock hörte, war man der Ansicht, die Erziehung zur Sauberkeit müsse so zeitig wie möglich beginnen, und das glauben auch heute noch viele Eltern. Nicht selten beginnen Mütter damit schon im sechsten Lebensmonat ihrer Kinder. Unter solchen Theorien

haben kleine Mädchen möglicherweise mehr zu leiden als kleine Jungen, denn Mädchen sind bekanntlich leichter abzurichten. Dazu mag ihre bessere körperliche Koordinierung beitragen, doch ist unbestritten, daß man von Mädchen eher Sauberkeit, Adrettheit und Selbstbeherrschung erwartet als von Jungen, was sich anhand des von Money erwähnten Falles von dem in ein Mädchen umfunktionierten kleinen Jungen sehr schön demonstrieren läßt.

Yvonne erinnert sich: »Meine Mutter sagt, ich sei mit zwölf Monaten sauber gewesen. Ich kann mich noch erinnern – das war natürlich später –, daß man mir Prügel androhte, falls ich in die Hosen machte. Um mich zu rächen, habe ich nachts ins Bett gemacht, dafür habe ich mich dann aber auch wieder schrecklich geschämt, weil ich glaubte, ich könnte mich nicht beherrschen.«

Auch die strenge Einhaltung der Mahlzeiten war bis 1945 oder 1950 üblich. Das Kind wurde nach Fahrplan gefüttert, ob es Hunger hatte oder nicht, auch dann, wenn es vom Brüllen jeden Appetit verloren hatte.

Sauberkeit und selbständig essen lernen Kinder nur langsam. Das kleine Mädchen hat sich darauf umzustellen, daß es nicht mehr gefüttert wird, daß es sich nicht mehr impulsiv entleeren darf, vielmehr an vorbezeichneten Orten zu festgelegten Zeiten allein oder kontrolliert diese Tätigkeiten zu verrichten hat. Erwartet die Mutter zu früh, daß es ›etwas macht‹, also bevor die erforderliche Kondition der Muskeln vorhanden ist, wird das Mädchen nicht lernen, daß es seinen Körper beherrschen kann. Möglich, daß es ›etwas macht‹ der Mutter zuliebe. Erlaubt die Mutter ihr keine Selbständigkeit, wenn sie dazu bereit ist, kann es dahin kommen, daß die Tochter sich auch dann noch auf die Mutter verläßt, wenn sie längst für sich selber sorgen könnte.

Kate berichtet: »Bis zum zehnten Lebensjahr hat man mich zum Essen zwingen müssen. Meine Mutter fütterte mich mit dem Löffel, bis ich sieben oder acht war, danach sagte man, wenn ich nicht aufäße, dürfe ich dies oder jenes nicht tun oder haben. Ich mußte immer mehr essen, als ich vertragen konnte, und erbrach dauernd.«

Es sind aber nicht nur die Mädchen, die Opfer von unsinnigen Sauberkeitspraktiken und Zwangsfütterungen werden, warum also sollten solche ›Eingriffe‹ schlimmere Folgen für Mädchen haben als für ihre Brüder? Die Antwort liegt schon im Wort ›Eingriff‹. Erik Erikson hat entdeckt, daß kleine Mädchen schon ganz früh ein Gefühl für ihren körperlichen Innenraum entwickeln, dafür, daß die Vagina offen und der Leib aufnahmebereit ist. Offene Räume sind verletzlich, und deshalb sind kleine Mädchen möglicherweise besonders empfindlich gegen jede Art des Eindringens in ihren Körper.[3]

Stures Sauberkeitstraining, willkürliche Fütterungszeiten und zwangsweise Ernährung sind Phänomene, die der Tochter deutlich vor Augen führen, daß ihr Körper nicht ihr gehört, daß vielmehr die Mutter das Kommando behält. Das macht es der Tochter nur noch schwerer zu erkennen, daß sie ein von der Mutter getrenntes Wesen ist, zu lernen, sich ihres Körpers zu freuen, stolz darauf zu sein, daß sie seine Funktionen beherrscht.

Es ist ein Gemeinplatz der psychoanalytischen Literatur, daß Störungen in der frühen Mutter-Tochter-Beziehung mit späteren Störungen oder Unsicherheiten über sexuelle Identität in Zusammenhang stehen, denn um diese zu erlangen, muß die Tochter die Bedeutung ihrer Vagina kennen. Fürchtet sie später, ihre Vagina könnte als Einbruchsstelle in den Körper dienen, so kann diese Angst im Säuglingsalter oder im frühen Kindesalter entstanden sein, als das kleine Mädchen erfahren mußte, daß es nicht selbst bestimmen durfte, was es in seinen Körper aufnehmen und was es aus ihm abgeben wollte.

Schaden richtet außerdem eine bestimmte Art der Mystifizierung des weiblichen Körpers an. Nur zu oft wird die Tochter durch die Mutter daran gehindert, ihr Körperbewußtsein zu klären und dem Körper Lustgefühle abzugewinnen. Ellen

weiß noch genau, wie ihre Mutter darauf reagierte, als Ellen masturbierte und Fragen über Sexualität stellte:
»Als ich anfing, mich nach sexuellen Dingen zu erkundigen, ich war damals so vier oder fünf, da wich sie aus, und ich spürte sehr genau, daß meine Fragen ihr unangenehm waren. Ich weiß, daß ich sehr daran herumrätselte, wie man ein Kind bekommt. Ich fürchtete, dies könne einfach so geschehen, völlig ohne eigenes Zutun, und auch mir könnte das passieren. Ich fragte also, woher man weiß, ob man ein Kind kriegt, und darauf antwortete sie bloß: ›Das weiß man eben.‹ Das war keine Antwort, und ich fürchtete nach wie vor, mir könnte das jeden Moment zustoßen. Überdies hatte ich den Eindruck, sie mit meinen Fragen mächtig verwirrt zu haben.
Wann ich anfing zu masturbieren, weiß ich nicht mehr, ich weiß aber noch, wie außer sich sie war, als sie es merkte. Damals war ich sechs. Sie badete mich, und ich rieb mich, und da fragte sie: ›Warum machst du das?‹ Ich sagte: ›Es juckt so.‹ Sie sagte, es sei ganz schlimm, wenn es da jucke, ich wäre vielleicht krank. Das machte mir richtig Angst. Von da an glaubte ich, wenn ich masturbierte, stimmte was nicht mit mir, ich fürchtete mich vor dem eigenen Körper.«
Die traditionelle Unterdrückung der weiblichen Sexualität beeinträchtigt das Bewußtsein von physischer Eigenständigkeit und die Freude am eigenen Körper noch mehr. Mütter, die auf bestimmte, die Sexualität betreffende Fragen ängstlich reagieren und die Selbstbefriedigung mißbilligen, helfen einem kleinen Mädchen nicht im mindesten, eine positive Auffassung von der eigenen Sexualität zu entwickeln. Diese Tochter wird dann zwar lernen, daß sie ein Mädchen ist, aber sie lernt nicht, sich in ihrem Körper wohlzufühlen. Wieder wird sich das Gefühl einstellen, den Körper nicht beherrschen zu können, ihn als ›fremdes Territorium‹ zu betrachten und daher zu fürchten.
Kinsey vertritt die These, mehr kleine Mädchen masturbierten bis zum Orgasmus als kleine Jungen, nicht zuletzt wegen ihrer besseren körperlichen Koordination.[4] Die Erfahrung lehrt

aber auch, daß ein solches Erlebnis sehr erschreckend sein kann, wenn kein gefestigtes Körperbewußtsein vorhanden ist, und das hat selbstverständlich später Rückwirkungen.
Joyce beschreibt, wie sie als Kind den Orgasmus entdeckte: »Ich erinnere mich, einen Orgasmus gehabt zu haben, als ich noch klein war, vier oder fünf etwa. Ich saß vor einem Spiegel und habe mich wohl angefaßt. Verstanden habe ich nichts. Ich weiß noch, daß ich ganz überwältigt war und nicht ahnte, was da vorging. Der Gedanke, es nochmal zu tun, hat mir, glaube ich, Angst gemacht; es war eben etwas, das passierte und dann vorüber war.
Meine Mutter gab mir irgendwie zu verstehen, daß Sex etwas ist, wovon man erfährt, wenn man mit Jungen ausgeht, und meine Freundinnen berichten, daß es bei ihnen nicht anders war. Sex war irgendwas Unbestimmtes, das einen in der Ferne erwartete.
Mit Bewußtsein und Absicht habe ich mich erstmals selbst befriedigt, als ich zweiundzwanzig war, und da wurde mir erst klar, was passiert war, als ich klein war. Das war eine sonderbare Erfahrung – als ob man sich verliert oder vollkommen außerhalb von sich steht. Als Kind konnte ich damit nicht umgehen. Es hat sehr lange gedauert, bis ich mich in meinem Körper wohlfühlte. Die Frauenbewegung hat mir dabei geholfen – etwa die Bestätigung, daß Selbstbefriedigung nichts Schlimmes ist, die Erkenntnis, daß ich nicht die einzige war, die sich mit ihrem eigenen Körper nicht auskannte. Schließlich habe ich dann sogar an Sex Geschmack bekommen, habe eingesehen, daß das zu meinem Körper gehört, daß er das braucht.«
Nicht alle Mütter und Töchter, mit denen ich sprach, sind in solcher Unkenntnis ihres Körpers aufgewachsen, doch scheint diese Unerfahrenheit zumindest verbreiteter zu sein als das Gegenteil. Eine Ausnahme war die 75jährige Großmutter, die ganz offen mit mir über ihre und ihrer Tochter sexuelle Aufklärung sprach. »Meine Mutter war streng katholisch, doch sie ist schon vor fünfzig Jahren für die jetzigen Reformen

eingetreten. Sie wollte soviel persönliche Freiheit wie möglich, und sie war für die Geburtenkontrolle. Sie meinte, in kinderreichen Familien wäre die Mutter viel zu sehr beansprucht, um den Kindern die Beachtung schenken zu können, die diese brauchten. Sie hat meine Schwester und mich gründlich aufgeklärt, und das war damals nicht üblich.«

»Zu meiner Zeit auch nicht«, warf ich ein.

»Meine Tochter sagt das auch. Im College hat sie sich mit Freundinnen darüber unterhalten, woher sie eigentlich was über Sex wissen, und da war sie die einzige, die zu Hause richtig aufgeklärt worden ist. Ist das zu glauben? Wie kann man Kinder nur einem solchen Trauma aussetzen? Meiner Tochter habe ich von klein auf beigebracht, daß es so was gibt, habe ihr die Unterschiede bei Hunden gezeigt, habe sie zusehen lassen, wie eine Hündin Junge warf. Als sie sieben oder acht war, hatte sie jedenfalls eine recht zutreffende Vorstellung vom Geschlechtsverkehr.«

Viele der modernen Mütter sind schon darauf bedacht, daß ihre Töchter sich in ihrem Körper wohlfühlen lernen. Die Praxis der Sauberkeitserziehung hat sich geändert, seit man weiß, welche Bedeutung die körperliche Selbständigkeit hat. Seit man die kindlichen Entwicklungsprozesse besser kennt, befürwortet man auch ein schrittweises Erlernen der Körperbeherrschung. Allerdings sterben die althergebrachten Gewohnheiten nur langsam. Joyce erzählt: »Als wir noch nichts von der Frauenbewegung wußten, war es außerordentlich wichtig für uns, wie wir als Mütter auf andere wirkten. Die Frage, wie früh wir unsere Töchter zur Sauberkeit erzogen hatten, war ungeheuer wichtig. Jungen ließ man eher mal was durchgehen, die galten für impulsiver, schwerer anzulernen, aber Töchter? Mit Töchtern war es anders. Von anderen Müttern in der Kindertagesstätte habe ich gehört, daß manche Kinder erst mit drei Jahren zur Sauberkeit angehalten werden. Das hat mir dann Mut gemacht, und ich habe es mehr oder weniger Carol überlassen, wie sie es damit halten wollte.«

Auch die Selbstbefriedigung erzeugt heute nicht mehr solche

Bestürzung wie früher. Kate drückte nur eine sehr verbreitete Ansicht aus, als sie erzählte, wie sie sich Anns frühe sexuelle Erkundungen vorstellt:

»Zur Welt gekommen ist sie als ein offenes, freies Wesen wie wir alle. Ich fasse sie gerne an, sehe sie gern an, und sie fühlt sich wohl. Stellt sie Fragen über ihre Vagina, dann rede ich nie bloß vom Kinderkriegen, sondern auch von Sexualität, denn ich will nicht, daß sie ihren Körper ausschließlich als etwas sieht, womit man Kinder kriegt. Ich sage, es fühlt sich gut an, wenn man die Klitoris berührt, und sie findet das auch, sie sagt: ›Ich finde es himmlisch, es kitzelt so.‹ Wenn die Rede darauf kommt, erwähne ich möglichst immer, daß es Spaß macht. Ich mag meinen Körper jetzt auch gern, aber früher war das anders. Wer bei meiner Mutter aufwuchs, der hatte keine Sexualität zu haben. Ich finde es richtig aufregend, daß Ann an ihrem Körper soviel Freude hat und ganz unbefangen damit umgeht.

Bis vor kurzem pflegte sie so nebenher zu masturbieren, während sie mit anderem beschäftigt war, etwa beim Spielen. Mir hätte man das bestimmt nicht erlaubt. Ich erinnere mich nicht, vor dem elfen oder zwölften Jahr masturbiert zu haben, und ich habe es selbst entdeckt. Bei Ann finde ich es lustig, und bislang habe ich nichts dazu gesagt. Sie findet nichts dabei, Erwachsene nackt zu sehen, allerdings ist sie seit neuestem irgendwie scheu geworden und zeigt sich nicht mehr nackt, vor allem Männern nicht. Wenn ich nackt umhergehe, hat sie aber nichts dagegen.«

Indessen, Mütter mögen es noch so sehr wünschen, eine ganz unbefangene, entspannte Haltung der Sexualität ihrer Töchter gegenüber stellt sich so leicht nicht ein. Wer sich nicht erinnern kann, vor dem elften oder gar dem 19. oder 25. Jahr masturbiert zu haben, wer als kleines Mädchen weder von Vagina noch Klitoris wußte (oder dies Wissen verdrängen mußte), der muß damit rechnen, daß diesbezügliche Fragen der Tochter doch einige Beklemmungen verursachen. Es ist einfach unvermeidlich, daß die jungen Mütter bezweifeln, ob

sie auf die Fragen der Töchter nach der Sexualität richtig antworten und ob sie ihnen nicht unwissentlich die alten Vorurteile weiterreichen. Yvonne erzählt: »Meine Mutter war in mancher Hinsicht überaus aufgeklärt, und sie beschrieb mir genau, wie der Mensch sich vermehrt. Nur von Sexualität war nie die Rede. Vicki soll über Sexualität mal alles wissen.«
Und doch brachte Yvonne ihre Tochter Vicki in meiner Anwesenheit in eine unbehagliche Situation. Zuvor hatte sie gesagt, ihr mißfalle es, wenn Vicki ›Gossenjargon‹ benutze, z. B. »Pussi machen«, doch noch im Laufe dieses Gespräches forderte sie Vicky auf, zu beschreiben, wie sie »Pussi macht«. Vicki wurde stumm wie ein Fisch. Dann vertraute sie ihrer Mutter an, sie schäme sich, das zu sagen, weil ich dabei sei, und das leuchtete mir ein, zugleich war aber auch unverkennbar, daß dieser ganze Komplex von Yvonne übermäßig strapaziert wurde. Sie benutzte selber einen Ausdruck, den sie ablehnte, und wünschte sich, ihre Tochter könnte mit einer Fremden über Sexualität reden, als handele es sich ums Essen oder um Schulaufgaben. Sie war ziemlich verwirrt, und es kam mir vor, als gäbe sie ebensowenig eindeutige Hinweise an ihre Tochter, wie ihre Mutter es getan hatte.

Was eine Frau hinsichtlich des eigenen Körpers empfindet, kann man wahrscheinlich nicht von dem trennen, was sie hinsichtlich der Männer empfindet, also davon, wie sie Vagina und Penis sieht. Es kann sein, daß sie den Geschlechtsverkehr fürchtet als einen psychischen Eingriff, als Eindringen in ihr Innerstes. Vielleicht verwechselt sie gar die Vorgänge beim Geschlechtsverkehr mit ihrer Auffassung von den Geschlechtsrollen und findet Männer unverbesserlich brutal, weil sie, wie eine Lesbierin auf einer Zusammenkunft von Frauen erklärte, »die Frauen ficken«. ›Ficken‹ bedeutet dann soviel wie ›Drübersteigen‹, also die Frau gebrauchen.
Stimmt es, daß wir die Welt anfangs in bezug auf unseren Körper sehen, dann kann eine herrschsüchtige, sehr dreinre-

dende Mutter, die verhindert, daß die Tochter ihren Körper als autonom und sich selber als Person empfindet, sehr wohl ihr Selbstgefühl und ihr Bewußtsein von sich als Sexualwesen auf Dauer schädigen. Leider ist es Tradition geworden, die Sexualität von Mädchen und Frauen negativ zu bewerten, und diese Bewertung wird von Müttern an ihre Töchter weitergegeben. Der Zweck mag gewesen sein, die weibliche Sexualität so lange am Ausbrechen zu hindern, bis sie der von der Gesellschaft vorgeschriebenen Rolle der Ehefrau und Mutter dienstbar gemacht werden konnte; doch die verheerende Folge war, daß Frauen auf diese Weise gehindert wurden, eine klare persönliche und sexuelle Identität zu entwickeln, was sie wiederum für ihr Identitätsbewußtsein noch abhängiger von einer sehr eingeschränkten Geschlechtsrolle machte.

Freud erkannte sehr wohl, was die konsequente Unterdrükkung der Sexualität bei seinen männlichen Patienten anrichtete – sie erzeugte intellektuelle Zaghaftigkeit und mangelndes Durchsetzungsvermögen. Weil er jedoch, ebenso wie die damalige Gesellschaft, Weiblichkeit mit dem fast völligen Fehlen von Sexualität gleichsetzte, sah man in jenen Eigenschaften bei der Frau nichts weiter als eben typische Merkmale des Weiblichen.[5] Man führte sie zurück auf biologisch bedingte Entwicklungsstörungen, die eintraten, weil von den Mädchen verlangt werde, in einer bestimmten Phase die ›männliche‹ Sexualität zugunsten einer ›weiblichen‹ Sexualität aufzugeben, und der Weg dahin raubte ihnen offenbar die letzte Kraft, ließ sie total erschöpft zurück, zu entkräftet, um noch die Entwicklung zur eigenständigen Persönlichkeit in Angriff zu nehmen. Erst spätere Analytikerinnen wie Karen Horney und Clara Thompson, auch Sexualforscher wie Masters und Johnson, haben dann erklärt, Sexualität sei für Mädchen ebenso ›weiblich‹ wie sie für Knaben und Männer ›männlich‹ ist.[6]

Die Vorstellung, die Beziehung der Tochter zur Mutter bilde die Basis für ihre späteren Beziehungen zu Männern, ist nicht neu. 1931 schreibt Freud in ›Über die weibliche Sexualität‹: »Die Phase der ausschließlichen Mutterbindung ... beanspruсht also beim Weib eine weitaus größere Bedeutung, als ihr beim Mann zukommen kann . . . Wir haben z. B. längst bemerkt, daß viele Frauen, die ihren Mann nach dem Vatervorbild gewählt oder ihn an die Vaterstelle gesetzt haben, doch in der Ehe an ihm ihr schlechtes Verhältnis zur Mutter wiederholen . . . Die Mutterbeziehung war die ursprüngliche, auf sie war die Vaterbindung aufgebaut . . .«[7]

Interessant ist, daß sowohl Kate als Yvonne, die beide ihre Mütter als bestimmend und sich in alles einmischend beschrieben, hinsichtlich ihrer Beziehung zu Männern das gleiche empfanden. Kate berichtete sehr anschaulich: »Jeder Mann, mit dem ich zu tun hatte, ist in mich ›eingedrungen‹. Ihre Anwesenheit habe ich mit Abhängigkeit und einer Beschränkung meiner Bewegungsfreiheit bezahlen müssen. Ich kenne keinen Mann, der nicht von mir was ›weggenommen‹ hätte.« Kate und einige andere Frauen empfanden ähnlich hinsichtlich der Geschlechtsrollen, die ja seit je die Abhängigkeit der Frau vom Mann fördern. Es scheint aber unbestreitbar, daß das Fundament für die sexuelle Identität wie für die geschlechtliche Identität in der frühen Kindheit gelegt wird, und zwar im Zusammenhang mit der Mutterbeziehung, und daß die Frau ihren Körper nur in Besitz nehmen und schätzen lernt, wenn sie sich selbst als Person in ihrer Umwelt schätzt, was natürlich wieder seinen Einfluß darauf hat, wie sie mit Männern umgeht.

Die Psychoanalytikerin Edith Jacobson weist darauf hin, daß bis zum Alter von drei Jahren bei Mädchen die Phantasievorstellung, sie gingen vollständig in der Mutter auf, weit verbreitet ist.[8] Jemand begehren und sich mit ihm identifizieren ist für sie noch das gleiche. Freud verstand, daß das erste Liebesobjekt der Tochter ihre Mutter ist und daß es ihr schwer fällt, ihre Neigung dem Vater zuzuwenden. In dem genannten Aufsatz macht er mehrere bedeutsame Beobachtungen.

Er bemerkt, daß der Wunsch des kleinen Mädchens nach ausschließlicher Bindung an die Mutter bis in ihr viertes oder fünftes Lebensjahr andauert und daß sie in diesem Alter den

Vater als Nebenbuhler um die Gunst der Mutter betrachtet. Erst allmählich verlagert sie ihre Neigung auf den Vater. Freud vermutet aber, daß viele Frauen die ursprüngliche Bindung an die Mutter niemals aufgeben.

In gewissem Sinn könnte man also alle kleinen Mädchen ›homosexuell‹ nennen. Nach Ansicht einiger Psychoanalytiker bringt es die Tochter nicht fertig, sich von der Mutter zu lösen und heterosexuelle Neigungen zu entwickeln, wenn die Mutter sich über die eigene sexuelle Identität nicht im klaren ist.[9]

Lynn Carson entschied sich nach jahrelanger Ehe und als Mutter von zwei Kindern, sich als Lesbierin zu verstehen, und ihre Erinnerungen bestätigen die genannte Meinung. »Sehr früh schon, noch ehe ich wußte, was das eigentlich bedeutet, spürte ich, daß meine Mutter in ihrer sexuellen Beziehung zu meinem Vater nicht glücklich war. Sexualität war ihr unheimlich und ihr eigener Körper ebenfalls. Sie brauchte und liebte mich viel mehr, als mir recht war. Zwischen uns herrschte eine gefühlsmäßige Intimität, die ich nicht begriff.«

Obwohl sie verheiratet gewesen sei, habe sie sich doch immer noch als Kind gefühlt, bis sie sich endlich mit siebenundzwanzig Jahren als Lesbierin bekannte. Ich fragte, ob dies bedeute, daß sie sich bis dahin auch nicht als eigenständige Person empfunden habe?

»Ganz richtig. Ich konnte mich nie entschließen, was ich tun und wer ich sein wollte. Ich klammerte mich an die konventionellen Vorbilder. Als ich mich dann doch entschied, war das wie eine Demonstration meiner Kraft, ich machte sozusagen eine definitive Aussage über mein Leben.«

Welche Neigung und welche Umstände es auch sein mögen, die bewirken, daß eine Frau homosexuell wird, die Wurzeln liegen wohl doch in »einer unerschütterlichen Treue zur Mutter«, wie Marjorie Taggart White es ausgedrückt hat.[10]

Die Psychologin Barbara Sang hat mich allerdings darauf aufmerksam gemacht, daß es alle möglichen psychischen Konstellationen gibt, die man als lesbisch bezeichnen kann; eine Frau, die sich überhaupt nie zu Männern hingezogen gefühlt hat, dürfte einen anderen Standpunkt haben als Lynn. Und Edith Jacobson meint, Homosexuelle könnten sehr wohl ein ausgeprägtes Selbstgefühl haben, es sei nur ihre Auffassung von der eigenen oder der sexuellen Identität der Mutter, die von der heterosexueller Frauen abweiche.[11]

Ellen war als kleines Mädchen ebenfalls ihrer Mutter sehr nahe, erinnert sich aber, daß die Mutter in ihren Liebesbezeigungen unberechenbar war. Ellens Eltern scheinen ein befriedigendes Sexualleben geführt zu haben. »Als mein Vater aus dem Krieg kam, war ich unerhört eifersüchtig auf ihn. Meine Mutter gehörte ganz allein mir, und nun drängte er sich dazwischen. Ich erinnere mich, daß meine Mutter meist sehr distanziert war, daß sie mich aber manchmal ganz überraschend in den Arm nahm, mich drückte und abküßte. Ich weiß, daß ich nie genug Liebesbeweise kriegen konnte, solche Vorfälle allerdings machten mir Angst. Mir war, als könnte ich nicht atmen, ich erstickte richtig.

Ich schlief bis dahin bei meiner Mutter, und man hat mich wohl nach der Rückkehr meines Vaters nicht gleich ausquartiert. Ich weiß, daß ich ihn mit einer Erektion gesehen habe, ich sah, daß er ihr sehr nahe sein konnte, und war überzeugt, sie machte sich mehr aus ihm als aus mir. Ich stellte mir vor, sein Penis bestehe aus Kot, den er behalten dürfe, während meine Mutter meinen wegschmiß. Er kam mir vor wie ein Stock, den er vor sich hertrug und mit dem er mich totschlagen könnte. Ich glaubte, er hasse mich und sei auf mich ebenso eifersüchtig wie ich auf ihn. Ich wollte nichts weiter, als meine Mutter bei mir haben, denn ohne sie war ich überhaupt nicht vorhanden. Aber er drängte sich da ein.«

Diese Erinnerung von Ellen illustriert sehr gut, wie kleine Mädchen ihre Gedanken ganz um das versammeln, was sie gerade bewegt; wenn das kleine Kind zur Sauberkeit angehalten wird, kann es seine Unabhängigkeit dadurch beweisen wollen, daß es seinen Kot behalten, mindestens selbst darüber verfügen will, weil es ihn als Teil des Körpers betrachtet. Ellen stellte sich vor, ihr Vater könnte seinen Kot behalten, und daraus wurde sowohl eine Waffe wie auch ein Mittel, sich der Mutter zu nähern. Einerseits identifizierte Ellen sich stark mit dem Vater als dem Besitzer eines Penis, weil ihr das die Möglichkeit gab, etwas anderes zu sein als die Mutter und so das ›Ersticken‹ abzuwenden, gleichzeitig aber die Mutter zu behalten. Andererseits jedoch projizierte sie ihre Wut auf die Eltern auf den Vater, der ihr dadurch furchterregend erschien; sein Penis wurde zum Stock.

Clara Thompson meint: »Als ein Symbol der Aggression bedeutet der Penis die Freiheit, zu sein, seinen Weg zu erzwingen, zu bekommen, was man will. Dies sind die Eigenschaften, derentwegen die Frau den Mann beneidet. Wird der Neid krankhaft, erscheint der Mann der Frau als Feind und der Penis wird symbolisch zur Waffe, die er gegen sie richtet.«[12]

Man erinnere sich der Lesbierin, für die ›Koitieren‹ zum ›Drübersteigen‹ wurde.

Derartige Empfindungen und Phantasien hat wohl jedes kleine Mädchen, in Ellens Fall war das aber schlimm, weil die Mutter sie meist von sich fernhielt, dann aber wieder beängstigend nahe kam. Ellen jedenfalls hatte das Gefühl, daß sie selbst kaum vorhanden war.

Wenn sie heranwachsen, erkennen die meisten Menschen, daß sie sich in die Tatsache schicken müssen, entweder dem einen oder dem anderen Geschlecht anzugehören, und daß ihrer künftigen sexuellen Betätigung bestimmte Grenzen gezogen sind. Sehr kleine Kinder können offenbar die sozialen und biologischen Eigentümlichkeiten beider Geschlechter phantasieren; erst allmählich, indem sie nach und nach erkennen und akzeptieren, wem welche Geschlechtsteile zuzuordnen sind und wie es sich mit den Rollen der Geschlechter, was Vermehrung und Erotik angeht, verhält, werden sie auch willens, ihre eigene sexuelle Identität anzunehmen.[13] Ob dies einer Tochter leicht wird, hängt sehr davon ab, inwieweit die Mutter den sich entwickelnden Sinn für die eigene Weiblichkeit fördert. Eine Mutter, die ihre eigene Sexualität bejaht und stolz darauf

ist, die sich in ihren Beziehungen zu Männern einigermaßen sicher fühlt, kann der Tochter eine große Hilfe sein.
Sally hat vor einem halben Jahr die klassische Frage gestellt: »Mama, wo ist dein Penis?« Ellen erwiderte, sie habe keinen.
»Hast du nie einen gehabt?«
»Nein.«
»Kriege ich einen?«
»Nein.«
»Was habe ich denn?«
»Du hast eine Vagina«, sagte ihr die Mutter.
»Aha.«
Das wußte Sally schon. Ellen berichtet, sie habe das schon als Einjährige entdeckt; als sie zwei Jahre alt war, habe sie gelegentlich Süßigkeiten oder andere kleine Gegenstände hineinstecken wollen. Jetzt allerdings hat dieser Umstand an Bedeutung gewonnen, denn Sally ist sehr damit beschäftigt, den Unterschied zwischen den Geschlechtern und letzten Endes die eigene sexuelle Identität zu erkunden. Es geht jetzt nicht mehr nur um den eigenen Körper, sondern um die Frage, wie kann es zwei verschiedene Geschlechter geben und wie verhalten sie sich zueinander? Die Mutter hat zwar von Anfang an sexuelle Fragen offen mit Sally besprochen und ihr gleich erklärt, was ihre Vagina ist, als sie fragte, und doch herrscht bei Sally immer noch keine Klarheit darüber, wem welche Organe zuzuordnen sind. Ellens Offenheit wird Sally Antworten finden lassen, die Frage bleibt aber. Sie ist Teil des Ablösungsprozesses von der Mutter, und die Tatsache, daß Sally solche Fragen unbefangen stellt, läßt hoffen, daß die Ablösung gelingen wird.
Freud meinte, daß das kleine Mädchen zornig auf die Mutter wird, wenn es merkt, daß es keinen Penis hat und die Mutter daher nicht besitzen kann und weil sie es der Mutter verargt, daß diese ihr das magische Organ vorenthalten hat. Zum Teil sei es dieser Zorn, der sie veranlasse, sich von der Mutter abzuwenden und dem Vater als ihrem Liebesobjekt zuzuwenden.

Mildred Moskowitz vom Child Guidance Institute sagte mir, in der Normalfamilie fingen die Töchter meist im Alter von zweieinhalb Jahren an, sich im Hinblick auf die Eltern neu zu orientieren, und machten den Versuch, den Vater zu verführen. Rivalität und Konkurrenz mit der Mutter wären nun Teil des Ablösungsprozesses von der Mutter, während der Vater im Mutter-Tochter-Duell ein Gegengewicht darstelle. Was Joyce mit ihrer Tochter Carol erlebt, ist hierfür ein gutes Beispiel. »Als Carol etwa zweieinhalb Jahre alt war, wurde sie plötzlich sehr zärtlich zu meinem Mann, und ich war völlig abgemeldet. Jetzt zählte nur noch ihr Vater. Ich war eifersüchtig und auch etwas schuldbewußt. Ich glaubte nämlich, sie wiese mich ab, weil ich etwas verkehrt machte. Weil sie die Kindertagesstätte besucht, kam mir natürlich gleich der Gedanke, ich ließe sie zuviel allein, schließlich begriff ich aber, daß das eine Phase ihrer Entwicklung ist, und ich bemühte mich nicht mehr besonders um ihre Aufmerksamkeit. Seit kurzem sind wir wieder dicke Freunde.«
Die Liebe der Tochter zum Vater und ihr Zorn auf die Mutter in dieser ödipalen Phase sind aber nicht absolut. Wenn die Tochter sich von der Mutter ablöst und mit ihr um die Liebe des Vaters wetteifert, identifiziert sie sich doch gleichzeitig mit ihr als einem weiblichen Wesen. Wie sehr sie das tut, hängt auch hier wieder davon ab, welche Hilfe ihr die Mutter gibt, die möglichst ein deutliches Bewußtsein von der eigenen Sexualität haben und die eigene Weiblichkeit wie auch die der Tochter hoch einschätzen sollte. Das wiederum wird es der Tochter ermöglichen, ein Bewußtsein von sich als einer vollständigen Person zu entwickeln.
Bei Clara Thompson lesen wir: »Ich glaube, in der Psyche der Frauen spielt der Penisneid eine wesentlich geringere Rolle als ihre Reaktion auf die Unterbewertung der eigenen Geschlechtsorgane. Man darf wohl annehmen, daß Selbstachtung und Selbstbewußtsein sich nur entwickeln, wenn man seinen Körper und alle seine Funktionen voll akzeptiert.«[14]
Hat aber die Mutter zur eigenen Sexualität eine negative,

unklare oder schwankende Einstellung, dann wird sie der Tochter bei der Erlangung der sexuellen Identität kaum behilflich sein können. Es kann sein, daß die Mutter sich in einer unbefriedigenden Rollenbeziehung zu einem Mann eingesperrt fühlt. Es kann ferner sein, daß sie sich übermäßig mit dem Ödipuskonflikt ihrer Tochter identifiziert und durch die Tochter den unaufgelösten Konflikt mit der eigenen sexuellen Identität austrägt. Ist dies so, wird sie der Tochter vielleicht nicht erlauben wollen, sich von ihr zu lösen. Edith Jacobson weist darauf hin, daß es zwar normal ist, wenn ein kleines Mädchen sich ausmalt, ganz mit der Mutter zu verschmelzen, die Mutter jedoch müsse genau wissen, daß sie von der Tochter getrennt ist, sonst könne sie das Kind nicht ermutigen, sich von ihr zu lösen.[15]

Yvonne berichtet: »Meine Mutter hatte einen großen Busen, an den ich mich gern kuschelte. Zwischen uns ging etwas beinahe Inzestuöses, Lesbisches vor sich. Sie streichelte meinen Hals, und ich spielte mit ihren Haaren; das war sehr sinnlich. Sie ließ das zu, als sei das vollkommen in Ordnung, weil ja zwei Frauen beteiligt waren.

Über meinen Körper erfuhr ich nichts; daß ich ein Loch hatte, war mir überhaupt nicht bewußt. Daß Schamhaare auch Haar sind, war mir nicht klar; wofür ich sie gehalten habe, weiß ich nicht. Ob ich als Kind masturbiert habe, weiß ich auch nicht. Als ich älter wurde, merkte ich aber, daß meine Mutter über meinen Sexualtrieb sehr bestürzt war. Ich bekam den Eindruck, daß es mit ihrer Weiblichkeit nicht sehr weit her war. Sie war nicht gerne Frau, sexuell schon gar nicht. Ich glaube jetzt, daß sie vor Männern Angst hat. Ich kann mich nicht erinnern, daß sie zu meinem Vater je zärtlich war, und nachdem er gestorben war, hat sie keinen Mann mehr an sich herangelassen.«

Als Yvonne schließlich heiratete, geschah dies, wie sie sagt, hauptsächlich ihrer Mutter zuliebe, und wie viele andere getrennt lebende Frauen, mit denen ich mich unterhalten habe, empfand sie die sexuellen Beziehungen zu ihrem Mann als unbefriedigend. Sie lebt jetzt mit Vicky allein und hat aufgrund ihrer Arbeit und ihrer Bewährung im täglichen Leben eine Unabhängigkeit gefunden, die ihr vielleicht die wirkliche Lösung von der Mutter erlauben wird. Da man sie als Kind nicht dazu anhielt, ihren Körper als von dem Körper der Mutter getrennt zu empfinden, entwickelte sich bei ihr eine Art Pseudoheterosexualität, die dem Vorbild zu entsprechen schien, das die Mutter bot. Daß sie von ihrer Vagina als von einem ›Loch‹ spricht, läßt darauf schließen, daß Yvonnes sexuelle Entwicklung zurückgeblieben ist und daß ein Gefühl der Verletzlichkeit sie daran gehindert hat, zu lernen, an ihrer Sexualität Vergnügen zu empfinden.

Welche Wirkung verführerisches Verhalten der Mütter bei Söhnen hat, ist mannigfach untersucht worden; allgemein wird angenommen, daß eine Mutter, die unbefriedigende Beziehungen zu ihrem Mann unterhält, dazu neigt, dem Sohn gegenüber die Verführerin zu spielen, was nachteilige Folgen für die Entwicklung des Bewußtseins von seiner eigenen sexuellen Identität hat. Wie solches Verhalten der Mütter gegenüber Töchtern sich auswirkt, ist weniger häufig bedacht worden – vielleicht darum, weil man die Sexualität von Frauen nur in ihrer Beziehung zu Männern sichtbar werden ließ. Aber gerade solches Verhalten könnte zur Intensität vieler Mutter-Tochter-Beziehungen beitragen. Wenn es nur ein Mann ist, der zwischen Mutter und Tochter steht, die sich beide als Individuen unsicher fühlen, dann verwandeln sie sich unmerklich zu austauschbaren, miteinander verknüpften Persönlichkeiten, die sich nicht anders voneinander unterscheiden können als insofern sie zu Männern in Beziehung treten. Dies kann zu einer Verwechslung der sexuellen und persönlichen Identität mit den Geschlechtsrollen führen, so daß bei vielen Frauen eine Zurückweisung der traditionellen Geschlechtsrollen eine Unsicherheit hinsichtlich der sexuellen Identität verursacht. Die ungefestigte sexuelle und persönliche Identität läßt sie um so eher in besonders starre Geschlechtsrollen flüchten. Lynn berichtet: »Ich mußte die Rolle lernen; der ganze Weiblichkeitskram war nur aufgesetzt. Meine Mutter lernte und befolgte dieselben Regeln, und auch bei ihr war das nur aufgesetzt. Zwischen dem, was sie im Beruf, und dem, was sie als Frau sein sollte, sah sie einen Widerspruch. Das Gefühl dafür hat sie an mich ebenso weitergegeben wie ihre eigenen Schwierigkeiten mit der Sexualität.«

Hiermit soll nicht gesagt sein, daß Väter bei der Entwicklung des Bewußtseins der sexuellen Identität ihrer Töchter keine Rolle spielen. Doch weil die Tochter sich mit der Mutter identifiziert, empfängt sie sehr viele Hinweise darauf, wie die Mutter sich in ihrer Beziehung zur Umwelt und zu Männern fühlt.

In der traditionellen Kleinfamilie, wo die Mutter Hausfrau ist, gehört es unter anderem zu der Funktion des Vaters, eine ›Brücke‹ zur Außenwelt herzustellen. Seine Anwesenheit und die Neigung, die die Tochter zu ihm empfindet, helfen ihr dabei, die enge Bindung zur Mutter zu lösen. Mildred Moskowitz ist aber der Meinung, eine berufstätige Mutter könne diese Brücke zur Außenwelt ebenso gut darstellen.

Geschiedene Mütter stehen vor der Frage, wie sie es mit Liebhabern halten sollen, ob sie sie in der Wohnung schlafen lassen oder eher versuchen sollen, sie von der Mutter-Tochter-Beziehung fernzuhalten. Yvonne läßt ihren Freund nicht bei sich übernachten, weil sie glaubt, sie wird ihn nicht heiraten. Falls Vicki sich an ihn anschlösse, würde sie wieder einen Verlust erleiden, wenn er dann vielleicht eines Tages ausbliebe. Zugleich macht Yvonne sich Sorgen, daß Vicki die Vaterfigur fehlt: »Ich frage mich immer, was sie von mir wohl für einen Eindruck hat, wenn sie nie einen Mann im Haus sieht? Ich frage mich, ob es gut für sie ist, daß ich sie ohne Mann um sich herum aufwachsen lasse. Ich glaube nicht.«

Mildred Moskowitz vertritt dagegen die These, ein Heim ohne Vater müsse nicht unbedingt eine nachteilige Situation für die Tochter bedeuten. Eine Mutter, die selbst ihren Lebensunterhalt verdient oder von Freunden, einem Partner oder auch der Familie unterstützt wird, kann sehr wohl dafür sorgen, daß ihre Tochter sich von ihr löst. Darüberhinaus kann eine beständige, gesicherte Umgebung emotionelle Schwierigkeiten ausgleichen, während andererseits ein ständig anwesender Vater, der die Mutter emotionell nicht unterstützt, sowohl auf die Mutter wie auf die Tochter einen schädlichen Einfluß ausüben kann.

Wie verhält es sich nun mit jenen immer zahlreicheren alleinstehenden Müttern, die ihre Töchter allein erziehen? Wie verhält es sich mit Müttern, die nicht wissen, wo die Grenze ist zwischen freimütiger Erörterung der Sexualität ihrer Tochter und einer zu intimen Beziehung? Kate leidet unter Zweifeln, sie komme damit nicht zurecht: »Ich fasse Ann dauernd an, um ihr meine Liebe zu beweisen, und sie ist sehr körperbewußt. Lange Zeit habe ich mir deshalb Sorge gemacht, besonders weil auch sie mich anfassen wollte. Ich dachte, ›lieber Himmel, sie ist homosexuell!‹ Als sie alt genug war, mit mir zusammen zu duschen, wollte sie immer meinen Busen anfassen und meinen Körper betrachten, und das fand sie aufregend. Ich habe es zugelassen, denn ich selber bin in einer außerordentlich prüden Atmosphäre aufgewachsen. Sie sollte nicht den Eindruck haben, daß der erwachsene weibliche Körper etwas Geheimnisvolles wäre, das sie nichts anginge, oder am Ende etwas Negatives. Es gibt aber eine Grenze, an der ich haltmache, und das spürt sie, denn sie hört dann auch auf, und dann wird es leichter für mich. Aber ich weiß nie, was ich ihr zu verstehen gebe, wenn ich halt sage.«

Diese Frage läßt sich wohl nur beantworten, wenn man weiß, worauf die Energien der Mutter in Wahrheit gerichtet sind. Findet sie außerhalb der Beziehung zu ihrer Tochter Befriedigung, wird sie ihre Tochter nicht so leicht dadurch in Verwirrung bringen, daß sie sich verführerisch oder eigenmächtig gibt. Daß Kate an einem bestimmten Punkt Einhalt gebietet, läßt auf eine gesunde Einstellung schließen. Indem sie halt sagt, zeigt sie Ann die Grenze zwischen Erkundung und erotischer Verstrickung.

IV Woraus bestehen kleine Mädchen? Rollen und Wirklichkeit

Immer mehr Frauen richten ihr Leben so ein, daß nicht nur ihr Heim darin Platz findet, sondern auch ihre Arbeit. Die Mütter, die wir in Kapitel II kennenlernten, suchen neue Wege im Umgang mit ihren kleinen Töchtern, indem sie sie schon früh zu Autonomie und Unabhängigkeit anhalten. Indem sie ihr eigenes Leben ändern, bieten sie den Töchtern neue Definitionen von Weiblichkeit; ihr Wunsch ist, die Töchter möchten sich mit ihnen nicht nur identifizieren, insofern sie Mütter sind, sondern auch insofern sie energische, leistungsfähige Frauen sind.

Es ist indessen nicht einfach, die Kluft zu überbrücken, die in unserer Gesellschaft Heim und Beruf trennt, und hinzu kommt, daß die Vorstellungen dessen, was angemessenes weibliches oder männliches Verhalten ist, sich nur sehr langsam ändern. Mütter sind gezwungen, die von den eigenen Müttern übernommenen Vorstellungen von Weiblichkeit zu überprüfen, und sie müssen sich mit der gesellschaftlichen Definition von Weiblichkeit auseinandersetzen, die erst nach und nach so erweitert wird, daß darin auch Leistung und Durchsetzungsvermögen Platz haben. Und dies alles gilt in wachsendem Maße auch für die Töchter.

Wenn Mädchen schulpflichtig werden und damit erstmals in die Welt hinaustreten, sehen sie sich widersprüchlichen Erwartungen gegenüber. Einesteils hält man sie in der Schule zu guten Leistungen an, andernteils besagen diese Leistungen aber sehr wenig darüber, welchen Platz sie künftig in der Welt einnehmen werden.

Ihre ›wirkliche‹ Erziehung findet anderswo statt. In Schulbüchern und vom Fernsehen werden ihnen Frauen vorgestellt, die noch weitgehend dem traditionellen Bild der Hausfrau und Mutter entsprechen. Zu Hause helfen sie meist der Mutter kochen, putzen und nähen, manchmal vertreten sie bei ihren Geschwistern Mutterstelle. Seit je ist die häusliche Rolle für Mädchen die, die sie auf die Wirklichkeit des Erwachsenendaseins einstimmt, in der dann ihre Identität als Frauen weniger von eigenständiger Leistung bestimmt sein wird als von der Anerkennung, die ihr als Ehefrau und Mutter zuteil wird.

Zugleich ist das Mädchen im späten Kindesalter von der Geschlechtsrolle weniger beengt als zu irgendeiner anderen Zeit ihres Lebens. Das Mädchen darf ein Lausbub sein, es darf radfahren, auf Bäume klettern, wenn es will, sogar Fußball spielen. Ein Lausbub sein bedeutet aber, ›sich wie ein Junge benehmen‹, sich eigenen Phantasien überlassen. In diesem Alter lernen Knaben den Wert von Tüchtigkeit, Herrschaft und Leistung kennen, die alle in ihrem künftigen Leben von ihnen verlangt werden. Sie erlernen die Regeln des Mannseins. Frausein ist ein ganz anderes Spiel.

Mädchen wird in diesen Jahren vor Beginn der Adoleszenz etwas mehr Bewegungsfreiheit eingeräumt, weil man sie noch nicht als Sexualwesen betrachtet – noch können sie keine Kinder gebären. Keine wirkliche Freiheit also, sondern ein Mißverständnis und eine Illusion. Mit Beginn der Pubertät werden sie wieder auf ihr eigenes Feld verwiesen und genießen nicht länger die Freiheit, männliche Rollen zu ›spielen‹.

Tatsache ist jedoch, daß Mädchen im späten Kindesalter großes Interesse an der Erkundung der Sexualität haben; allmählich versteht man ›Latenz‹ als einen Terminus, der nichts weiter besagt, als daß Kindern vor der Adoleszenz jene hormongesteuerte Aktivität fehlt, die mit der Pubertät einsetzt. Die Mädchen der Grundschulklassen lernen gesellschaftliche Einstellungen gegenüber der Sexualität kennen, ebenso wie sie bestimmte gesellschaftliche Einschätzungen übernehmen, die andere Aspekte ihrer Identität angehen.

Leider ist nur die ›öffentliche‹ Vorstellung von Sexualität, die ihnen von anderen Kindern vermittelt wird, allzu oft mit etwas Verbotenem oder ›Schmutzigem‹ behaftet. Wie schon erwähnt, können Mütter diese Wirkung noch verschlimmern, wenn sie den Erkundungstrieb ihrer Töchter mißbilligen, was wiederum zur Folge hat, daß der Tochter ihr Körper weiter entfremdet wird.

Ellen berichtet: »Ich weiß noch, daß ich und meine Freundinnen so etwa vom sechsten Lebensjahr an vor sexueller Wißbegier beinahe platzten. Als ich acht oder neun war, wurden meine Freundin und ich von ihrer Mutter erwischt, als wir nachsahen, ob uns schon Schamhaare gewachsen waren. Ihre Mutter sagte es meiner Mutter, und wir wurden beide bestraft. Meine Mutter war so wütend, daß ich es mit der Angst bekam. Es war richtig schizophren: wir Jungen und Mädchen spielten unentwegt Sexspiele und zeigten uns gegenseitig die Genitalien, dabei wußten wir aber ganz genau, daß unsere Mütter das auf keinen Fall erfahren durften.«

Liegt bei der Erziehung der Tochter die Betonung auf Sauberkeit und adrettem Aussehen, dann mag die Art, in der die Mutter ihre Tochter über Sexualität aufklärt, das Vorurteil der Straße, daß Sexualität etwas irgendwie Schmutziges sei, am Ende sogar noch bestärken. Eileen Johnson, die auf einer Farm in South Carolina aufgewachsen ist, hat dies mit ihrer Tochter Lacey erfahren. Frau Johnson ist sehr fromm, und wenn sie ›sauber‹ sagt, dann meint sie, ›in Übereinstimmung mit der Schöpfung‹.

»Wenn Lacey mich fragt: ›Wie kommt ein Kind in deinen Bauch?‹, dann erkläre ich ihr, daß dies nach Gottes Ratschluß so geschieht. Die Ehe ist heilig, denn in der Bibel heißt es, man soll heiraten. Wenn du das tust, sage ich ihr, dann vermehrt Gott den Samen von Mann und Frau, und wenn die Frau weiß, dies geschieht nach Gottes Willen, dann weiß sie, es kann nicht schmutzig sein. Meine Tochter hat gehört, wie ich mit einer Nachbarin über die Schwierigkeiten ihrer Schwangerschaft sprach und erzählte, daß Lacey mit dem

Kaiserschnitt geholt wurde, aber wir haben nicht in schmutziger Weise darüber gesprochen. Ich habe sie davor gewarnt, daß sie später von anderen Kindern schmutzige Geschichten zu hören bekommt, und gesagt, sie soll das nicht glauben.«
Diese Art von Nüchternheit und die gleichzeitige Betonung von Schmerz und ›Schmutz‹ können bestenfalls dazu führen, daß Lacey eine mäßig negative Einstellung zur weiblichen Sexualität gewinnt. Es wird darauf abgehoben, Sexualität nur als innerhalb der Ehe erlaubt vorzuführen und den Eindruck zu erwecken, Geschlechtsverkehr zum Vergnügen statt zur Vermehrung sei schmutzig und müsse unterbleiben.
Für eine Mutter jedoch, die der Sexualität unbefangen gegenübersteht und mühelos mit ihrer Tochter darüber sprechen kann, ist gerade diese Zeit besonders geeignet, gewissen Klischees und kindlichen Phantasien entgegenzuwirken und die positiven Aspekte des Geschlechtsverkehrs hervorzuheben.
Virginia Freeman erinnert sich besonders deutlich an eine Szene aus dem späten Kindesalter ihrer Tochter: »Schon als sie noch sehr klein war, stellte Amy mir Fragen über Sex, und ich habe darauf immer geantwortet. Offenbar nahm sie das alles unbefangen auf. Als sie neun war, fand sie bei mir die Pille und fragte: ›Sind das Antibabypillen?‹ Ich bejahte, worauf sie, wie mir schien, etwas ängstlich fragte: ›Willst du und Papa noch ein Kind?‹ Ich verneinte. Sie fragte, warum ich die Pille nehme, und ich sagte, ›damit Papa bei mir schlafen kann, ohne daß ich ein Kind bekomme‹. Nun brach sie in Tränen aus, und ich war völlig verblüfft. Daß sie von meiner Antwort entsetzt sein könnte, hatte ich nicht erwartet. Sie sagte dann: ›In der Schule finden alle Kinder, daß das dreckig ist, und das hat mich sicher angesteckt.‹ Sie hat sich eine ganze Stunde bei mir ausgeweint. In der Klasse hatten die anderen gesagt, man ›tue das‹ nur, um Kinder zu kriegen. Manche meinten auch, ihre Eltern gingen zum Arzt, und ganz allgemein lautete das Urteil, Sexualität sei etwas Schmutziges.«
Amy, die jetzt sechzehn ist, fügte hinzu: »Was ich über Sex weiß, stammt großenteils von meiner Mutter, obwohl ich

manches auch auf der Straße aufgeschnappt habe, zum Beispiel, daß der Mann in die Frau hineinpißt. Angeekelt hat mich das nicht, vielmehr dachte ich: wenn das so ist, schadet es auch nichts, Mutti hat gesagt, es macht Spaß, es ist also bestimmt nicht schlimm.«

Die Erlernung gesellschaftlicher Haltungen gegenüber der Sexualität ist aber nur ein Teil des umfangreichen Lernprogramms, das im späten Kindesalter absolviert wird. Die Mädchen nehmen den gesamten Bestand an gesellschaftlichen Einschätzungen gegenüber ihrem Geschlecht auf und entdekken, welches Verhalten von ihnen in ihrem zukünftigen Leben als Frauen erwartet wird. Beim Mittelstand sind diese Informationen mehr und mehr mit Konflikt besetzt, weil der Gegensatz zwischen dem Zuhause und der Arbeitswelt immer offensichtlicher wird. In der Arbeiterklasse wird dieser Gegensatz noch großenteils überbrückt, weil man hier die Arbeit nur als Arbeit, nicht aber als Berufung oder Möglichkeit zur Karriere auffaßt. Mütter aus der Arbeiterklasse mögen also ›auf Arbeit‹ gehen, sie bleiben aber im wesentlichen auf ihr Zuhause orientiert.
Eileen Johnson berichtet: »Meine Mutter hatte sieben Kinder. Es fehlte ihr an Zeit, uns richtig lieb zu haben. Ich weiß noch, daß es schwer war, ihr mal einen Kuß zu geben, weil sie unentwegt kochte, wusch, einmachte. Daß Frauen arbeiteten, wie das heute üblich ist, gab es damals nicht. Meine Eltern waren gut zu uns, wir kamen uns nie unerwünscht vor, ich kann mich aber nicht erinnern, daß meine Mutter uns einen Gutenachtkuß gegeben hätte.«
Eileen wohnt jetzt in einer Kleinstadt in West Virginia, wo ihr Mann im Sägewerk beschäftigt ist. Sie hat zwei ältere Söhne und eine zehnjährige Tochter, Lacey. Eileen geht in die Fabrik, weil sie zuverdienen will, und hat doch nichts weiter im Sinn, als aus ihrer Tochter eine gute Ehefrau und Mutter zu machen. Daß die Tochter schon jetzt im Haushalt tüchtig ist, macht sie ganz stolz.

»Meine Schwestern und ich haben immer bei der Hausarbeit geholfen. Meine Mutter hat uns nie beschimpft, wenn wir was falsch machten, sondern nur gesagt: ›Ich zeige es euch jetzt.‹ Beispielsweise richtig auskehren. Sie zeigte uns, wie man den Staub zusammenhält. Und das bringe ich Lacey auch bei. Wenn ich letzte Schicht habe, sage ich, sie soll mich nicht vor Mittag wecken, weil ich erst um sieben nach Hause komme. Sie soll fernsehen und zu Hause bleiben, dann stehe ich auf und mache ihr eine Mahlzeit. Es sieht immer aus, als hätte ich selbst aufgeräumt. Sie wäscht auch ab. Meine Mutter hätte gesagt: ›Wasch den Teller ordentlich ab, nicht so drüber weg.‹ So hab ich es auch mit Lacey gemacht. Sie soll abwaschen wie eine Erwachsene. Wenn sie sich auszieht, legt sie ihre Sachen ordentlich zusammen und alles wieder in die Schubladen, wo es hingehört. In ihrem Zimmer muß ich nie aufräumen, bloß manchmal staubwischen.«

Eileen nimmt die Hausarbeit ernst; sie bildet das Herzstück ihres Selbstgefühls, und das gibt sie als Botschaft an Lacey weiter. Sieben Kinder großzuziehen, dazu die ganze Hausarbeit, das war für Eileens Mutter gewiß Schwerarbeit und wäre in früherer Zeit auch so verstanden worden: Frauenarbeit, die ebenso ernst genommen wurde wie Männerarbeit. Wie sehr unsere Vorstellung von Arbeit sich geändert hat, ist daraus zu ersehen, daß Eileen Johnson sagen kann: »Damals haben Frauen nicht gearbeitet.« Die Arbeit, auf die Eileens Mutter sie vorbereitet hat, war durchaus real, nur ist sie seither durch technische Geräte und durch die kleiner gewordene Familie weitgehend überflüssig geworden. Trotzdem erwartet man von der Frau immer noch, sich durch Hausarbeit auszuweisen. Wie vielen anderen Frauen auch dämmert es Eileen Johnson, daß die Prioritäten sich verschoben haben, doch trimmt sie Lacey auf die alte Rolle, auch hierin anderen Frauen gleichend.

»Als ich jung war, wollte ich Hausfrau werden; immer und immer habe ich geputzt. Im Haus zu sein bedeutete mir alles. Als ich älter wurde, war ich nicht mehr so wild aufs Putzen.

Früher habe ich die Fenster jede Woche einmal geputzt, jetzt reicht's mir einmal im Jahr. Eigentlich ist das komisch. Es fing nach den Wechseljahren an. Ich wurde kribbelig und hatte Wallungen. Ich habe viel mit Lacey geschimpft. Dann ging ich auf Arbeit. Schon seit einem Jahr hatte ich keine Periode mehr, aber ich war noch keine zwei Wochen in der Fabrik, da kriegte ich sie wieder. Es machte mir dort richtig Spaß, denn zu Hause habe ich mich gelangweilt. Was ich in der Fabrik mache, ist eintönig, und trotzdem gefällt es mir. Ich arbeite an einer großen Maschine, die ich einstelle, ich prüfe die Teile, die gestanzt werden. Ich muß mich konzentrieren, und ich habe jetzt Kräfte wie eine Fünfundzwanzigjährige. Und ich kriege jeden Monat meine Tage. Bestimmt bloß, weil ich mich so wohl fühle.«
Lacey selbst hat sich entschlossen, ein ›braves Mädchen‹ zu werden. Sie ist aber ein sehr aktives Kind, genau betrachtet geradezu ein Lausbub, und ihre Vorstellungen von der Zukunft sind nicht ganz klar. Rebellion ist denkbar. »Ich bin ein Lausejunge. Ich bin genau wie die Jungen. Manche Mädchen mögen keine Schlangen, aber ich mag sie. Die meisten Mädchen wollen nicht Baseball spielen, sondern sitzen bloß rum und spielen mit Puppen. Ich mag Baseball und Fußball.«
»Wie stellst du dir die Zukunft vor?« fragte ich.
»Die kommt von allein, ob man will oder nicht.«
»Und wenn sie nun wirklich kommt?«
»Dann bin ich hoffentlich alt genug, um selbst für mich zu sorgen, verdiene mein Geld selber.«
Immerhin möchte sie heiraten, »und einen Jungen haben und ein Mädchen. Der Junge soll mit meinem Mann auf die Jagd gehen und das Mädchen mir zu Hause Gesellschaft leisten.«
Es kommen also Gegensätze zwischen der häuslichen und der Arbeitswelt zum Vorschein, aber nicht so, daß man daraus schließen könnte, hier würden Rollen gesehen, die einander strikt entgegenstehen. Eileen möchte, daß Lacey in der Nähe wohnt, wenn sie heiratet. »Ich sage ihr schon jetzt, sie muß eine gute Ehefrau sein. Wenn sie auf Arbeit gehen muß,

würde ich gerne auf die Kinder aufpassen, damit sie und ihr Mann was anschaffen können, und sie es nicht so schwer hat wie ich.«

Lacey und ihre Mutter sehen in der Arbeit keinen Lebensinhalt, und das haben sie mit vielen Frauen der Arbeiterklasse gemein. Die eigenliche Betätigung der Frau wird nach wie vor in der Hausarbeit und der Mutterfunktion gesehen. Man muß abwarten, ob es Lacey auch weiterhin gelingt, miteinander zu vereinen, was Frauen des Mittelstandes längst als zwei verschiedene Rollen sehen.

Rollen sind in diesem Alter wichtig, und obwohl Mädchen mehr und mehr von Einflüssen der Außenwelt erreicht werden, bleibt die Mutter doch immer noch die Hauptfigur in ihrem Leben, denn in den Müttern sehen die Töchter die eigene Zukunft vorgeprägt.

Susan Anspach ist in einem städtischen Mittelstandshaushalt aufgewachsen. Sie berichtet, daß sie sich als Kind der Mutter gegenüber hin und her gerissen fühlte. Die Mutter behauptete, eine zufriedene Frau könne man nur so wie sie werden, während Susan deutlich sah, wie schwer das Leben ihrer Mutter war, das eines Tages auch das ihre werden sollte.

»Meine Mutter war den ganzen Tag im Haus, die Hausarbeit machte ihr aber wenig Spaß. Es gibt wohl wenig Frauen, die der Meinung sind, ihren Müttern hätte die Hausarbeit Spaß gemacht, aber meine Mutter war dabei sicher besonders unglücklich. Sie vermittelte einem die Anweisung: eine selbstlose Frau heiratet und bringt Kinder zur Welt und hat damit ein erfülltes Leben. Nur war sie eben überhaupt nicht glücklich und kein bißchen ausgefüllt. Was sie mir so warm ans Herz legte, machte ihr selbst nicht den geringsten Spaß. Zugegeben hat sie das aber nie.

Meine Mutter litt darunter, daß es nichts gab, womit sie sich identifizieren konnte. Als ich jung war, fand ich nur Männer interessant. Nur Männer waren anregend, und meine Mutter war, glaube ich, besonders langweilig. Mit sieben Jahren fing ich an zu lesen, wahrscheinlich war das eine Flucht aus der Wirklichkeit. Ich wollte später mal Bücher schreiben, mehr fiel mir nicht ein; eine Zukunft als Frau sah ich überhaupt nicht vor mir. Meine Mutter gab mir unaufhörlich wortlos zu verstehen, eine Frau, die sich selbst nicht nur als Ehefrau und Mutter sähe, sei eine aggressive, selbstsüchtige und irgendwie ekelhafte Person.

Während des Krieges brachte meine Mutter mich zu einer Kinderärztin. Vor jedem Besuch dort wies sie mich eigens darauf hin, daß wir zu einer *Ärztin* gehen müßten, weil alle Männer eingezogen wären.

Nun hatte ich aber eine unverheiratete Tante, die das College besucht hatte; die wurde mir als schlechtes Beispiel vorgehalten: sie war jemand, der sich für klüger gehalten hatte als die Jungen, und was war aus ihr geworden? Genauso würde es mir ergehen, wenn ich zuviel lernte. Im Umgang mit Jungen darf man nicht zu klug sein. Diese unverheiratete Tante wirkte auf mich allerdings durchaus nicht unglücklich. Man hielt sie mir aber immer wieder vor, damit ich begreifen sollte, wie grauenhaft es sei, allein zu leben, nicht verheiratet zu sein, keine Kinder zu haben.

Auch heute noch werde ich von der Vorstellung heimgesucht, daß mit einer Frau, die mehr für sich fordert als eine eigene Familie, irgendwas nicht stimmt.«

Susan bringt hier ein Unbehagen zum Ausdruck, das bei vielen Töchtern von Mama anzutreffen ist: Die Rolle ihrer Mütter und die der Frauen allgemein wiesen in keine Zukunft, mit der man sich identifizieren mochte, es sei denn in negativer Weise. Wer sich ernsthaft vornahm, etwas zu leisten oder eine ›unweibliche‹ Rolle zu übernehmen, der identifizierte sich schon dadurch mit einer ›männlichen‹ Rolle.

Wenn eine Tochter nicht das große Glück hat, von der Mutter überzeugend versichert zu bekommen, die Übernahme einer von der Gesellschaft als ›männlich‹ bezeichneten Rolle brauche dem noch ungefestigten weiblichen Selbstgefühl keinen Abbruch zu tun, dann kann sich ihr Selbstgefühl in ein ›männliches‹ und ein ›weibliches‹ teilen, und dies kann zu ernsten Problemen führen. Starkes Selbstgefühl setzt die Freiheit der Wahl voraus und die Gewißheit, daß man sich bei richtiger Wahl selbst verwirklichen kann. Das Selbstgefühl ist im späten Kindesalter noch nicht voll entwickelt. Die sexuelle Identität und die Geschlechtsrollen werden jetzt Teil davon, und wenn das Mädchen meint, ernste Widersprüche zu sehen zwischen den Vorbildern, mit denen sie sich identifizieren soll, und dem Gefühl, das sie von sich selbst und ihren eigenen Möglichkeiten hat, dann bleibt das nicht ohne Rückwirkungen. Edith Jacobson meint denn auch, daß die Entwicklung des Selbstwertgefühls bei einer Tochter wesentlich von der Vorstellung mitbestimmt wird, die sie von ihrer künftigen Rolle in der Gesellschaft hat.[1]

Die meisten leistungsorientierten Frauen sind nach wie vor das, was Feministinnen männlich-identifiziert nennen würden. Ebenso wie Susan sind sie der Meinung, Männer und männliche Betätigungen wiesen den Weg in eine Zukunft, die auch für sie akzeptabel sei. So etwas bleibt bei Mädchen aber nicht ohne Folgen für das entstehende Selbstgefühl. Empfinden sie die Frauenrolle, ihre künftige Identität als Frau negativ, so wird die Voraussetzung für eine übermäßige Identifizierung mit Männern geschaffen. Dies geschieht entweder dadurch, daß sie, oft unter großen Opfern, eine männliche Rolle übernehmen, oder, wenn sie schon eine weibliche Rolle übernommen haben, sich zwar weniger direkt, aber doch ebenso verhängnisvoll mit den Interessen des Ehemanns identifizieren. In letztem Fall dürften sie dann der eigenen Tochter genau denselben Widerspruch zwischen offen verkündetem Programm und verdeckter Wirklichkeit vermitteln wie Susans Mutter: Die Anweisung stimmt nicht mit der Wirklichkeit überein.

Susan meint jetzt, ihre Mutter habe sie verstohlen darauf hinweisen wollen, daß es doch noch eine andere Rolle als die der Hausfrau und Mutter gäbe, indem sie ihr die unverheiratete Tante als warnendes Beispiel vorhielt. Doch geschah dies in der Form eines Entweder-Oder, und wie Susan auch wählte, verlieren würde sie in jedem Fall. Entschiede sie sich für die persönliche Leistung, bliebe sie als Frau ungeliebt und hätte ein einsames Leben zu führen. Folgte sie dem Beispiel der Mutter und wählte das der Tradition entsprechende Frauendasein, mußte sie ebenso unglücklich werden, wie die Mutter es ihrer Überzeugung nach war. Eben hierin besteht ja das Wesen der irreführenden Anweisungen, die an die Frauen in unserer Gesellschaft seit je ausgegeben werden: Wer etwas leistet, bleibt allein. Wer nicht allein bleiben will, muß sich aufgeben. – Kein Wunder, daß Susan sich ein Dasein als Frau nicht vorstellen konnte!

Indem die Mutter diese Botschaften an Susan weiterreichte, gab sie zu verstehen, daß auch sie das Opfer dieser Täuschung geworden war und unter der Wahl litt, die sie getroffen hatte. Ihr gelang es nicht, sich den Konflikt so bewußt zu machen, wie Susan es kann, aber geahnt hat auch sie ihn. Die Unzufriedenheit mit der alten Rolle nimmt seit einiger Zeit bei den Frauen zu, denn seit Entstehen der modernen Kleinfamilie und dem Wegfall produktiver, wirtschaftlich notwendiger Arbeit im Hause ist der Tätigkeitsbereich der Frauen mehr und mehr eingeengt worden.

In der vorindustriellen Gesellschaft des Westens waren Heim und Arbeitsplatz nicht so streng getrennt wie heute. Ann Oakley weist darauf hin, daß vor der Industrialisierung die Arbeit häufig im Haus ausgeführt wurde, wobei sich Mann, Frau und Gesellen in die Arbeit, die Kindererziehung und die häuslichen Pflichten teilten. Knaben und Mädchen wurden früh in die Lehre gesteckt, und daß Frauen unabhängig von ihren Männern Arbeiten ausführten, war nicht ungewöhnlich. Im 14. Jahrhundert werden solche Frauen in England als ›Brauerinnen, Bäckerinnen und Spinnerinnen‹ aufgeführt, und im 17. Jahrhundert besaßen arbeitende Ehefrauen den gleichen rechtlichen Status wie Männer.[2] In Amerika reichte die Tradition der Siedlerfrau, die ebensowohl pflügen und

schießen wie Kinder aufziehen konnte, bis weit ins 19. Jahrhundert hinein.
Je weiter die Industrialisierung fortschritt, desto weniger produktive Arbeit wurde innerhalb des Hauses geleistet. Philippe Ariès hat in ›Geschichte der Kindheit‹ gezeigt, daß das Heim, wie wir es jetzt kennen – ein Ort, abgetrennt von der übrigen Welt, wo die Frau ihre Kinder hegt und an den der Ehemann abends aus der Arbeitswelt zurückkehrt – geschichtlich gesehen ein ganz junges Gebilde ist.[3] ›Haus und Familie‹ ist erst mit der industriellen Revolution zu einer Idealvorstellung geworden. Heute verrichtet die Frau im Haus kaum noch sinnvolle Arbeit; entweder sie wird putzwütig wie Eileen Johnson, oder sie gibt – in der einen oder anderen Weise – das Hausfrauendasein auf.
In dem Maße, in dem das Betätigungsfeld der Frau schrumpfte, kam die müßige Ehefrau des Mittelstandes in Mode und ist es heute noch; der erfolgreiche Mann zeichnet sich dadurch aus, daß seine Frau es nicht nötig hat zu arbeiten, und viele Frauen haben dieses Ideal übernommen. Gleichzeitig entstand auch die Vorstellung von der Kindheit als eines eigenständigen Lebensabschnittes. Im Mittelalter hat man, wie Ariès zeigt, in Kindern kleine Erwachsene gesehen; erst die Heraufkunft der modernen Familie ließ auch den Begriff der Kindheit entstehen und damit die Kinderpflege besondere Bedeutung erlangen. Diese Aufgabe fiel selbstverständlich in erster Linie den Frauen zu.
Diese Tendenzen haben unter anderem bewirkt, daß wir heute höchst umständliche Rechtfertigungen für ›Geschlechtsrollen‹ erfinden, die etwa besagen, ›normale‹ Weiblichkeit drücke sich weniger in konkreter Frauenarbeit aus, sondern mehr in einer eher gefühlsbetonten Existenz mit und durch Ehemann und Kinder. Männer hingegen hätten ein individuelles, ›instrumentales‹ Leben zu führen. Anders ausgedrückt: Männer tun, Frauen sind. Dieses Ideal liegt unausgesprochen der modernen Familie zugrunde, die nur existieren kann, wenn die gesellschaftliche Identität der Frau in

der ihres Mannes und mehr und mehr auch in der der Kinder aufgeht.
Leistung, überhaupt das bewußte Verfolgen eigener Interessen, wurde zur Sache der Männer. Hingebende Abhängigkeit vom Gatten und die Erziehung seiner Kinder samt Anteilnahme an den Interessen des Gatten und am Leben der Kinder wurde zur Sache der Frauen. In der vorindustriellen westlichen Welt hat die Frau oft genug an der Arbeit des Mannes teilgenommen, und zwar sehr konkret und handgreiflich, nicht als interessierte Zuschauerin. Zog er in den Krieg oder ging auf Fischfang, erledigte sie seine Arbeit. Man stelle sich vor, die Gattin eines Managers führte seine Arbeit weiter, während er selbst an einer internationalen Konferenz teilnimmt!
Weiblichkeit bedeutete mit der Zeit mehr und mehr Mangel an Ich-Bewußtsein. Als Person galt gesellschaftlich und rechtlich der Mann. In ihrem Buch ›Man's World, Woman's Place‹ beurteilt Elizabeth Janeway diesen Zustand so: »Sind Frauen als Frauen normal, gelten sie als Personen für unnormal; gelten sie als Personen für normal, sind sie als Frauen unnormal.«[4]
Derartige Eindrücke werden der Tochter schon in frühen Jahren von der Gesellschaft vermittelt, und Töchter wie Susan empfangen sie obendrein von ihren Müttern. Die Zukunftsperspektiven, die sich ihr als einer Person, die vornehmlich durch andere lebt, auftun, führen bestenfalls zur Bildung eines recht verschwommenen Selbstbewußtseins. Sieht die Tochter in der Zukunft nichts als die Rolle der Mutter und Hausfrau, wird ihr Selbstgefühl schrumpfen, noch bevor es richtig entwickelt ist, denn sie hat eingesehen, daß sie als Erwachsene einen großen Teil der persönlichen Autonomie wird opfern müssen, die sie eventuell ausbildet.
Es ist paradox, doch im gleichen Umfang, in dem die den Frauen zugängliche produktive Tätigkeit eingeschränkt wurde, hat man dem Mädchen mehr Freiheit gelassen. Ariès hat nachgewiesen, daß die Idee der Kindheit für Mädchen später entwickelt wurde als für Knaben. Im 17. Jahrhundert

wurden Mädchen schon früh auf ihre Erwachsenenrolle als Hausfrau vorbereitet; mit zehn Jahren verrichteten sie die Arbeit einer erwachsenen Frau und mit zwölf oder vierzehn wurden sie verheiratet. Je nach Standeszugehörigkeit erwartete man, daß sie ein Handwerk erlernten, und auch Mädchen der unteren Schichten durften lesen und schreiben lernen. Die Führung des Haushalts konnte bedeuten, eine Produktion zu leiten und über Einkommen zu verfügen, etwa eine Geflügelzucht zu versorgen oder ähnliche Aufgaben. Im Leben der Frau herrschte eine gewisse Kontinuität, zwischen Erwartungen und Möglichkeit der Realisierung gab es keine Brüche. Geht man davon aus, daß diese Kontinuität ebenso Bestandteil der Frauenrolle war wie wirtschaftliche und kulturelle Betätigung in erheblich größerem Umfang als heute, dann ist es denkbar, daß sich das Bewußtsein von weiblicher Identität leichter einstellte und aufrechterhalten ließ als heute. Genau umrissene soziale und wirtschaftliche Funktionen bestimmten den Ablauf der Kindheit und die Erwachsenenrolle der Frau.

Mit dem Entstehen der modernen Gesellschaft verwandelte sich Kontinuität in Diskontinuität. Heutzutage genießen Mädchen fast die gleichen Freiheiten wie ihre Brüder, ihr Leben als Erwachsene ist aber in vielerlei Hinsicht viel eingeschränkter als bei den Frauen vergangener Zeiten. Im späten Kindesalter dürfen Töchter sich noch als Wildfang gebärden und gegen künftige Beschränkungen protestieren; sie lehnen die angeblich typisch weibliche Passivität und Abhängigkeit ebenso demonstrativ ab wie sekundäre Merkmale der ›Weiblichkeit‹, als da sind Bekleidungs- und Betragensvorschriften.

Für Ellen kam es, als sie die Rolle der Mutter mit der des Vaters verglich, zu einem Identifikationskonflikt, den sie erst allmählich abbauen konnte: »Damals wäre ich lieber ein Junge gewesen. Ich wollte weg von meiner Mutter, wollte auf der Seite meines Bruders und meines Vaters sein. Ich bemühte mich sehr darum. Bei den Männern gab es bestimmte

Regeln, zum Beispiel ›man weint nicht gleich, wenn es weh tut‹. Mit sechs Jahren wurde mir vom Daumen eine Warze entfernt, mit dem Messer und ohne Betäubung, aber ich weinte nicht. Ich verkniff mir die Tränen, und mein Vater sagte, ich sei ein richtiger Kerl, er sei stolz auf mich. Auf meinen Bruder machte das großen Eindruck.
Keiner von beiden nahm meine Mutter ernst. Ich wollte ebenso hart sein wie sie und nicht von ihnen belächelt werden wie meine Mutter.
Zur gleichen Zeit liebte ich aber auch vieles an ihr, zum Beispiel ihren Sinn für Humor. Mein Vater war meist schroff. Sie war auch sehr impulsiv und tat überraschende Dinge. Wenn sie abends mit meinem Vater ausging, zog sie sich phantastisch an, parfümierte sich und sah aus wie ein Filmstar. Als ich älter wurde, wollte ich eine verbesserte Ausgabe von ihr sein, damit man mich ernst nahm.«
Eine andere Frau erinnert sich, wie sehr es sie beeindruckte, als sie einmal für einen Jungen gehalten wurde:
»Ich war als Mädchen pummelig, im Turnen ganz schlecht, und kam daher nicht auf den Gedanken, den Wildfang zu spielen. Ich beneidete allerdings Mitschülerinnen, die das konnten. Mit zehn Jahren etwa wurde ich dünner, brauchte nicht mehr dauernd eine Brille zu tragen, ließ mir die Zöpfe abschneiden und trug das Haar kurz. Als ich einmal mit meiner Mutter einkaufen war, sagte eine Frau, die nicht sehen konnte, daß ich einen Rock trug, ›Junge‹ zu mir. Da kam ich mir ungeheuer stark und fabelhaft vor. Ich sah meine Mutter an und dachte: ›Du Ärmste, dich wird nie jemand für einen Mann halten.‹ Ich versuchte sogar, wie ein Mann zu gehen, doch lachten die Mädchen in der Schule mich deshalb aus.«

Nicht nur die Industrialisierung hat den im Leben der Frauen entstehenden Konflikt zwischen der öffentlichen männlichen Rolle und der privaten weiblichen Rolle verschärft, sondern auch das Bildungswesen. In Europa setzte sich die Schulbildung für Mädchen zwar erst im 19. Jahrhundert durch,[5] doch in Amerika gab es schon seit der ersten Besiedlung gewisse Ansätze dazu. Mit der Zeit blieben die schulischen Möglichkeiten für Mädchen zwar nicht mehr auf das Lesen und Schreiben beschränkt, sondern sie konnten dann die Oberschule und später das College besuchen, doch die Ziele, die sie anstreben durften, änderten sich erst merklich, als ausgebildete Frauen solche Änderungen forderten und einen Prozeß einleiteten, der noch im Gange ist. Mütter aller Schichten sind immer noch vornehm darauf bedacht, die Zukunft ihrer Töchter als Ehefrauen und Mütter zu sichern. Manche Eltern sehen in der Bildung ihrer Tochter ein Mittel, den eigenen Status zu demonstrieren, andere sehen darin die unerläßliche Vorbereitung auf eine Ehe mit einem gebildeten Mann. Nur wenige Mädchen wachsen in der Erwartung auf, daß ihre Bildung sie auf die Ausübung einer künftigen selbstgewählten Tätigkeit vorbereitet.

Gleichwohl erwartet man von ihnen, daß sie sich in der Schule bewähren. Es ist nachgewiesen, daß Mädchen in der Schule mehr leisten als Knaben; sie bekommen durchweg bessere Zensuren, insbesondere im Lesen und Schreiben. Aber auch diese Leistungen sind nicht zukunftsweisend. Mädchen, die in der Oberschule bessere Zensuren bekommen als Knaben, haben meist dennoch weniger ehrgeizige Berufspläne, sie sehen sich eher als Sekretärinnen oder Krankenschwestern denn als Ärztinnen oder leitende Angestellte. Besuchen sie das College, legen sie oft geradezu Angst vor dem eigenen Erfolg an den Tag, denn Erfolg beim Studium widerspreche allem, was man von ihnen als Frauen erwartet.[6]

»Als ich heiratete, war ich gerade zwanzig«, sagt die jetzt 37 Jahre alte Mary O'Reilly. »Meine Schwester hat mit sechzehn geheiratet. Sechs oder sieben Jahre war ich bei den Stadtwerken angestellt; als das zweite Kind kam, habe ich aufgehört zu arbeiten. Das erste ist bei meiner Großmutter aufgewachsen.«

Ich fragte, wie es ihrer zwölfjährigen Tochter in der Schule ergehe.

»Sie ist sehr gescheit. Als kleines Mädchen hat sie unaufhörlich geplappert, man konnte richtige Gespräche mit ihr führen. Als sie in den Kindergarten kam, riet man mir, sie in eine Schule für begabte Kinder zu schicken, das habe ich aber nicht getan.«

»Soll sie mal aufs College gehen?«

»Wenn sie unbedingt will, meinetwegen. Meiner Meinung nach ist das College aber nichts für Mädchen. Sie heiraten doch und kriegen Kinder, und die ganze Bildung ist für die Katz. Sehen Sie mich an: als die Kinder kamen, habe ich aufgehört zu arbeiten. Man kann unmöglich Kinder großziehen und gleichzeitig arbeiten.«

Mary O'Reilly ist stolz darauf, daß ihre Tochter eine gute Schülerin ist, zwischen deren jetzigen Leistungen und Plänen für die Zukunft sieht sie aber keinen Zusammenhang. Die Tochter will eine höhere Handelsschule besuchen und dann vielleicht Sekretärin sein, bis sie heiratet. Zwischen ihrer Intelligenz und ihrer Weiblichkeit sieht sie keinen Konflikt, denn ihr fällt gar nicht ein, daß sie ihre Intelligenz auf traditionsfremde Weise nützen könnte. Sie lebt in einer Familie und einer Umwelt, deren Erwartungen an Frauen fest gegründet und unveränderlich sind. Ihre Angehörigen könnte man zum unteren Mittelstand rechnen, sie halten sich aber noch an die durch die irisch-katholische Tradition zementierten Ideale der Arbeiterklasse.

Ob Mary O'Reillys Tochter auch weiterhin Konflikte erspart bleiben, muß abgewartet werden. In einem anderen Haushalt sind sie schon ausgebrochen. Betty Giles ist fünfundvierzig und wohnt in einem der bevorzugten Vororte der Ostküste. Sie macht sich Sorgen wegen des Verhaltens ihrer Tochter, insbesondere darüber, wie diese sich dem Erwachsenendasein anpassen wird.

Claire ist jetzt elf und möchte in ihrem Leben zweierlei erreichen: sie will ein Genie werden und zur Olympiamannschaft der amerikanischen Reiter gehören. Um das zweite Ziel zu erreichen, nimmt sie derzeit Reitstunden, um das erste zu

erreichen, will sie in der Schule nur die besten Noten bekommen. Die Mutter, eine umgängliche Frau, behauptet, keinerlei Druck auf die Tochter auszuüben. Claire erzählte mir, sie hätte großen Kummer, weil sie im letzten Zeugnis statt lauter Einser auch einen Zweier habe, und die Mutter sagte dazu: »Wir brauchen kein Genie, wir wünschen uns ein ausgeglichenes Kind.« »Ich will aber ein Genie sein«, widersprach Claire. »Und ich will kein übermäßig gescheites Frauenzimmer, das später im Leben unglücklich ist«, entschied ihre Mutter, die mir dann in Gegenwart von Claire sagte: »Sie hat einen außerordentlich hohen Intelligenzquotienten. Ich glaube nicht, daß gescheite Mädchen es im Leben unbedingt schwerer haben als andere, aber ich will, daß sie glücklich wird, einerlei was ihr bevorsteht. Eine sehr kluge und gebildete Frau gibt sich vielleicht mit Mann und Kindern nicht zufrieden, und ich will nicht, daß es ihr so geht. Sie ist ein Einzelkind. Ich wünsche mir für sie eine gute Ehe und Kinder. Sehr intelligente Frauen nehmen an gewissen ganz normalen Erscheinungen des Lebens Anstoß. Ich kann Kurse besuchen, Schlittschuhlaufen lernen, im Elternbeirat mitarbeiten, so etwas hält mich bei Stimmung. Claire hat mich daran nie gehindert. Das macht mich zwar nicht gerade glücklich, aber es füllt die Leere aus. Ich möchte gern, daß sie glücklich wird, als Individuum, als eine erwachsene Frau, die weiß, wohin sie gehört.«
Claire gibt jetzt an, daß sie nicht heiraten will. Sie meint, verheiratet sein und einen Beruf ausüben, ließe sich nicht vereinbaren. »Mütter gehören zwar zu ihren Kindern, aber du hast mich lange genug betreut. Du kannst jetzt machen, was du willst, Mama.«
»Wenn sie sich nun ganz und gar ihrem Beruf verschreiben möchte?« frage ich die Mutter.
»Wenn sie das glücklich macht, bitte sehr. Du kannst alles tun, was dich glücklich macht, Schatz.«
Die Doppelbödigkeit ist hier nicht einmal mehr verdeckt. Daß Claire erkennt, welche Wahl die Gesellschaft ihr anbietet, ist etwas Neues, es ist ein bewußtes Begreifen, das weder in

Bettys Generation anzutreffen war noch in der von Susan. Wofür Claire sich entscheiden wird, weiß man nicht, immerhin scheint sie zu sehen, welche Art von Wahl sie treffen kann. Möglich ist, daß Bettys offen eingestandene Unentschiedenheit ihr dabei geholfen hat. Betty selbst meint, sie habe spät geheiratet; fünfzehn Jahre lang war sie Chefsekretärin und hat nur allzu gern aufgehört. »Ich habe mir sehr ein Kind gewünscht. Ich wollte früher gerne einen Beruf haben, aber es fiel mir dann leicht, ihn aufzugeben. In sieben Jahren fange ich vielleicht wieder an zu arbeiten.«

»Finden Sie, daß man nicht gleichzeitig einen Beruf und Familie haben kann?« fragte ich.

»Ich sehe das bei meinen Bekannten. Die haben alle Mann und Kinder, aber dank dem Geschwätz der Frauenbewegung kommen sie sich jetzt wie Märtyrerinnen vor, weil sie keinen Beruf haben. Die tun mir leid.«

Das eigentliche Problem besteht darin, daß die meisten Frauen sich noch davor scheuen, endgültig zwischen Heirat und eigenen Kindern einerseits und einer Karriere oder mindestens einem Beruf andererseits zu wählen. Die Mütter in Kapitel II versuchten, diese Positionen zu verbinden, unter Zuhilfenahme bestimmter Institutionen wie Kindertagesstätten oder durch Hinzuziehung von Hausgehilfinnen. Von den Mädchen im späten Kindesalter, mit denen ich sprach, sagten die meisten, wie Claire, sie zögen es vor, wenn die Mutter für sie erreichbar sei. In diesem Alter befestigen die Mädchen ihre Identität und brauchen deshalb unbestritten viel Liebe und Unterstützung seitens der Mutter. ›Erreichbar‹ ist in diesem Fall ein vertracktes Wort; eine Mutter kann nämlich durchaus anwesend sein und trotzdem emotional keinen Beistand gewähren. Frauen, die für Kindertagesstätten optiert haben, sind der Meinung, es sei besser, für kürzere Zeit ihren Töchtern wirklich zur Verfügung zu stehen, als nur dauernd körperlich anwesend zu sein. Starke berufliche Beanspruchung kann aber dazu führen, daß die Mutter meist abwesend ist, sowohl körperlich wie mit ihren Gedanken und Gefühlen.

Mildred Moskowitz führt als Beispiel die neunzehnjährige Tochter einer beruflich sehr erfolgreichen Frau an, die von ihrer Mutter wissen wollte, was ihr wichtiger sei, sie oder die Arbeit. Die Mutter erwiderte, man könne die Arbeit nicht mit dem Kind vergleichen. Eine solche Unterscheidung zu machen, fällt einer Tochter aber schwer. Frau Moskowitz meint, das Kind müsse wissen, daß es für die Mutter das Wichtigste ist.

Falls die Ehemänner bei der Kindererziehung wirklich behilflich sind, können sie ihr Teil dazu beitragen, daß das Kind sich emotional jederzeit gestützt fühlt. Auch eine Hausgehilfin kann diesen Zweck erfüllen, sie kann aber nach Frau Moskowitz' Meinung die Mutter nicht ersetzen, es sei denn, sie nimmt praktisch deren Platz ein. Das ist aber nicht so einfach, denn Hausgehilfinnen wechseln gelegentlich den Arbeitsplatz oder werden von eifersüchtigen Männern entlassen.

Die meisten arbeitenden Frauen, mit denen ich sprach, übten einen Beruf aus, der ihnen einigen Spielraum gewährt; sie waren Lehrerinnen, Journalistinnen oder sonst irgendwie selbständig, hatten also noch Zeit, sich um ihre Familie zu kümmern. Manche Mütter berichteten, daß sie ihre Kinder mitnehmen, wenn sie außerhalb zu tun haben. Amy Freeman erzählt: »Meine Mutter hat lange Zeit zu Hause gearbeitet, konnte mir also helfen, wenn ich es in der Schule schwer hatte. In der Mittagspause konnte ich immer nach Hause gehen, mir von ihr raten lassen oder mich bei ihr ausweinen. Jetzt bin ich sogar stolz darauf, daß sie arbeitet. Ich glaubte, daß alle Mütter arbeiten. Ich kannte nicht viele Kinder, deren Mütter nur Hausfrauen waren, es wurde mir also nicht schwer. Ich glaube, meine Mutter hat sich darüber Gedanken gemacht, wie es für uns ist, daß sie arbeitet, und sie wußte wohl auch, daß es anders war, als wenn sie immer zu Haus geblieben wäre. Für Kinder ist das vielleicht besser, aber nicht auf die Dauer, denn sie wäre dann unglücklich gewesen, und das würde sich auch auf uns ausgewirkt haben, und es wäre keinem gut bekommen. Richtig vernachlässigt habe ich mich nie gefühlt.«

Ihre Mutter setzt den Bericht fort: »Zu meiner Zeit war es selbstverständlich, daß wir aus der Frauenbewegung arbeiteten, die Mutter blieb aber trotzdem die Hauptperson. Meine Beziehung zu meiner Tochter wäre sicher schlechter gewesen, wenn ich nicht gearbeitet hätte. Ich hatte eine prächtige Hausgehilfin, der die Kinder viel verdanken. Für mich wäre es fürchterlich gewesen, den ganzen Tag mit ihnen zu verbringen, denn so ein Leben kann ich nicht ertragen. Man fühlt sich wie im Ghetto. Ich hielt mich nicht für fähig, den ganzen Tag mit kleinen Kindern im Haus zu sitzen. In Wirklichkeit ist man doch nicht immer mit ihnen zusammen, man muß einkaufen gehen usw. Ich glaube übrigens, es hat ihnen gut getan, daß nicht nur ich sie beeinflußt habe, sondern auch noch jemand anderer.«

Diese Frau hat es fertiggebracht, für ihre Kinder die Hauptperson zu bleiben und gleichzeitig ihren Beruf auszuüben. Andere Frauen glauben, daß sie sich entscheiden müssen. Wer von ihnen die männliche Rolle wählt, hat vielleicht das Gefühl, dem weiblichen Ideal nicht gerecht geworden, für die Kinder nicht die Hauptperson zu sein, und läßt es die Tochter entgelten, weil sie sich schuldig fühlt oder indem sie von sich und ihrer Tochter zuviel erwartet. Eine erfolgreiche leitende Angestellte, deren Tochter im College einen Selbstmordversuch machte, berichtet von der Kindheit ihrer Tochter:

»Mit den Frauen geht etwas sehr Ernstes vor. Es spiegelt sich in der Literatur, zum Beispiel in ›The Bell Jar‹. Gebildete Frauen, die keine Gelegenheit haben, ihre Fähigkeiten aktiv einzusetzen, lassen dieses Ungenügen unbewußt an ihren Kindern aus. Ich selber hatte die Gelegenheit, ich litt aber darunter, daß ich nicht die gesellschaftliche Anerkennung fand, auf die ich Anspruch machen durfte. Ich bewegte mich gleichzeitig in zwei Richtungen und ließ meine Tochter entgelten, daß ich mich deshalb schuldig fühlte. Ich war genauso übermäßig kritisch wie meine Mutter. Meine Tochter konnte mich nie

wirklich zufriedenstellen, oder ich erwartete nicht, von ihr zufriedengestellt zu werden.
Ich glaube, wir wünschen uns *Dinge* für unsere Töchter, anstatt zu wünschen, daß sie glücklich werden, und wenden nicht die Zeit auf, die nötig wäre, um ihre wirklichen Bedürfnisse zu erkennen und für sie da zu sein. Das Wichtigste ist, ihnen dabei zu helfen, daß sie sich Stück um Stück entwickeln, bis sie wissen, wer und was sie sind und was sie wirklich mit ihrem Leben anfangen wollen, ob sie Hausfrau sein wollen oder beispielsweise Ärztinnen. Dies wäre unsere eigentliche Aufgabe als Eltern. Statt dessen verlangen wir nach gesellschaftlicher Anerkennung für uns selber. Berufstätige Frauen rebellieren zwar gegen die Gesellschaft, leben aber doch darin. Ich glaube, wer es mit seinen Kindern richtig machen will, muß genau prüfen, wer er ist und was er für sich selbst will, und dann mit den Kindern darüber sprechen, so daß das Kind sagen kann: ›Ich finde es prima, wenn du alle diese Sachen machst, ich finde es aber auch schön, wenn du für mich da bist, und gerade jetzt brauche ich dich besonders.‹ So hätte ich es gerne gehabt, ich wußte aber nicht, wie ich es anstellen sollte. Ich habe von meiner Tochter erwartet, daß sie das von mir verlangt, aber diese Fähigkeit hat sie nicht.«
Die Mutter muß also, kurz gesagt, persönliche und gesellschaftliche Forderungen, die oft verwirrend und widersprüchlich sind, auf einen Nenner bringen; verwirrend und widersprüchlich waren sie schon für die Mütter und werden es auch für die Töchter sein, wenn die Mutter nicht imstande gewesen ist, mit der Diskontinuität in ihrem eigenen Leben fertigzuwerden.
Der Beruf ist unter Umständen nicht das einzige, was die Mutter von der Tochter entfernt. Auch wenn die Mutter eine traditionell weibliche Rolle ausfüllt, kann sie als ›unerreichbar‹ empfunden werden. Viele Töchter aus dem oberen Mittelstand denken nur mit Bitterkeit an ihre Mütter. Caroline Lavalle hat zwei Töchter, die kurz vor der Pubertät stehen. Sie wuchs in einer Familie des oberen Mittelstandes im Süden

auf und wurde hauptsächlich von einem Dienstmädchen betreut.

»Meine Mutter war sehr elegant und sehr schön und abends meist außer Haus. Ich erinnere mich, daß wir einmal zusammen auf den Markt gingen, weil die Lieferanten nichts ins Haus bringen wollten. Das geschah *ein einziges Mal.* Sie war sehr elegant, schwebte immer in den Wolken, und daß ich geboren wurde, paßte ihr gar nicht. Ihr selbst war es wohl nicht bewußt, aber ich glaube, sie wäre gerne Rechtsanwältin geworden. Als Kind mußte ich mir immer wieder anhören, wie gescheit meine Mutter sei, geradezu wunderbar. Es klang so, als hätte sie einen furchtbaren Fehler begangen, indem sie mich zur Welt brachte.

Ich wollte kein Mädchen sein, ich war fest überzeugt, ein Junge zu werden. Ich fragte das Dienstmädchen immer wieder: ›Wann werde ich endlich ein Junge?‹ Und sie sagte dann: ›Wenn du deinen Ellbogen küßt, dann verwandelst du dich in einen Jungen.‹ Ich hätte mir dabei bald den Arm gebrochen.«

Carolines Mutter verwandelte sich in ein fernes Bildnis, so fern und strahlend, daß sie für Caroline unerreichbar wurde. Daß sie sich wünschte, ein Junge zu sein, war die Reaktion darauf, daß es ihr unmöglich schien, je ihrer Mutter zu gleichen.

Es gibt also zwei wesentliche Arten, wie Mütter die Entwicklung ihrer Töchter im späten Kindesalter beeinflussen können. Einmal können sie die Rolle des Vorbildes übernehmen, das die Tochter entweder als wünschenswert oder nicht wünschenswert empfindet. Oder, und dies ist wohl noch wichtiger, sie können stets für die Tochter da sein. Abstrakte Rollen bedeuten wenig für eine Tochter, die nur wünscht, daß die Mutter Anteil an ihr nimmt. Eine Mutter, die ihre Rolle als widersprüchlich empfindet – weil sie wie Susans Mutter widerstrebend die traditionell weibliche Rolle übernommen hat, oder weil sie die männliche Rolle übernommen, deshalb aber Schuldgefühle hat –, dürfte kaum imstande sein, jene Anteilnahme aufzubringen, welche die Tochter braucht. Fühlt sich die Mutter als autonome Persönlichkeit und ist es ihr gelungen, der Tochter eine Stütze zu sein, dann kann sie der Tochter dabei helfen, mit den irreführenden Anweisungen, welche die Gesellschaft immer noch ausgibt, fertig zu werden. Sie droht beispielsweise der Tochter, die ein Wildfang ist, nicht damit, daß sie ihre Zukunft als Frau gefährdet. Sie kann sich durchaus auch so verhalten, wenn sie für sich selber eine eher traditionelle Rolle gewählt hat. Eine Untersuchung der Lebensläufe beruflich erfolgreicher Frauen hat ergeben, daß deren Mütter ihnen zwar meist Vorbilder in der traditionellen Frauenrolle anboten, gleichzeitig den Töchtern aber völlige Freiheit ließen, Rollen zu erkunden, die damals für männliche Rollen galten.[7]

Amy Freeman berichtet: »Als kleines Mädchen war ich ein Rowdy. In der Schule mußten wir Kleider tragen, aber zu Hause zog ich sofort Jeans an, und die Kinder fragten: ›Bist du ein Junge oder ein Mädchen?‹ Das war schlimm für mich, denn sie wußten, daß ich ein Mädchen war, und sagten es nur, um mich zu ärgern. Meine Mutter hat mir geholfen, damit fertigzuwerden, indem sie mir nicht verbot, so zu sein, sondern mich darin noch bestärkte. Das wurde ihr gar nicht leicht, es war aber sehr wichtig, denn wenn sie diesen Teil meiner Persönlichkeit zu unterdrücken versucht hätte, wäre ich wahrscheinlich völlig durcheinander geraten.«

Virginia berichtet: »Meine Tochter Amy war zwar ein Lausbub, aber doch immer sehr freundlich und weiblich. Sie hatte viel für Kinder übrig, ganz im Gegensatz zu mir. Ich habe sie dazu angehalten, Sport zu treiben. Meine Mutter bestand immer darauf, daß ich weiblich wirkte; sie hat mir das Leben richtig schwer gemacht. Warum das so war, weiß ich nicht, denn sie hatte schließlich selbst einen Beruf und wurde wieder Lehrerin, als mein Vater starb. Ich sollte alles mögliche unternehmen, aber am wichtigsten war ihr, wie ich aussah und daß ich weiblich wirkte. Das große Ziel waren Ehe und Kinder, alles andere war Nebensache.«

Frau Freeman war immer berufstätig, sie bot ihrer Tochter also ein Vorbild, das in die Zukunft weist. Amys lausbübisches Benehmen wurde möglicherweise von ihrer Mutter akzeptiert, weil sie darin eine alte eigene Wunschvorstellung verwirklicht sah: »Ich habe Amy eingebläut, daß Frauen etwas unternehmen sollen. Sie war immer ein Wildfang, und ich habe das unterstützt, weil ich es für gesund hielt. Ich selbst bin nie einer gewesen; ich bewunderte das, hatte aber Angst, es selbst zu sein.«

Es ist jedoch nicht unbedingt erforderlich, daß die Tochter eine Range wird, weil sie sich anders von der Mutter nicht ablösen könnte oder als eine Vorübung für leistungsorientiertes Verhalten im späteren Leben. Falls die persönliche und die sexuelle Identität einigermaßen gefestigt sind, brauchen Rollen nicht mehr zu bedeuten als eben Rollen: Tätigkeiten oder Verhaltensweisen, in denen sich unterschiedliche Bereiche der Persönlichkeit des Mädchens ausdrücken, ohne daß sie das Gesamtbewußtsein der Identität widerspiegeln.
Martinsons sind eine ungewöhnliche Familie. Ich unterhielt mich ausführlich mit der Mutter, der elfjährigen Tochter und der Großmutter und bekam zu sehen, daß integriertes Identitätsbewußtsein von einer Generation an die nächste weitergegeben werden kann. Alle drei Generationen wohnen unter einem Dach, die Großmutter Alicia Blair hat allerdings eine abgeschlossene Wohnung im Haus. Ann Martinson ist hauptberuflich Journalistin, ihre Tochter Karen besucht eine Privatschule. Im folgenden soll jede von ihnen zu Wort kommen. Zuerst Ann:
»Karen ist eine großartige Gefährtin, ich unternehme gerne etwas mit ihr. Sie versteht es sehr geschickt, die Aufmerksamkeit auf sich zu lenken. Meine Tante hat mal gesagt: ›Sie ist die einzige Zweijährige, die ich kenne, die einen in Aufruhr versetzen kann.‹ Als sie sechs war, waren wir mal im Museum für Naturgeschichte, und weil sie so müde war, legte sie sich auf den Boden. Wir dachten, wenn wir um die Ecke ver-

schwinden, wird sie schon nachkommen, sie schlief aber ein. Sie hat einen sehr starken Willen und läßt sich nicht leicht etwas ausreden. Darin unterstütze ich sie. Eine Frau muß einen starken Willen haben, sie darf sich nicht manipulieren lassen, sie soll wissen, was sie will, und sagen, was sie will. Ich verlange immer, daß sie sagt, was sie auf dem Herzen hat, und nicht die stumme Märtyrerin spielt, wozu die Frauen in unserer Familie allesamt neigen, auch meine Mutter. Solche Sachen gibt man, ohne es zu merken, an die Kinder weiter.
Sie soll begreifen, daß man sich nicht durch die Menschen um sich her bestimmen lassen darf, besonders nicht durch Männer. Unsere Umwelt verlangt von den Frauen schon so lange, daß sie sich anhand bestimmter Rollen definieren, daß wir es ebenfalls erwarten. Wir erwarten z. B. nicht, daß Jungen uns bedienen, sondern kleine Mädchen. So groß ist der Unterschied zwischen Männern und Frauen aber nicht, und die Frauenbewegung finde ich gerade darum bedenklich, weil sie auch wieder auf Polarisierung aus ist. Sie tut genau das, was sie angeblich abschaffen will. Menschen sind Menschen, die Rollen sind doch nur übergestülpt.
Mein ältester Junge ist sehr gescheit und wortgewandt, und meine Tochter wollte anfangs mit ihm nicht auf Gebieten konkurrieren, die sie für speziell seine Gebiete hielt, z. B. bei der Lektüre. Dabei ist ihr Intelligenzquotient ebenso hoch wie seiner und sie sind auf den gleichen Gebieten begabt. Sie liebt Babys und kleine Kinder, findet es aber unverantwortlich, selbst mehr als zwei zu haben, und ich sage ihr, daß sie damit recht hat. Sie soll zwei haben oder nur eins. Sie fragt, was sie mit ihrem Leben anfangen soll, und ich sage: ›Tu, wozu du Lust hast. Du bist so gescheit und schön und willensstark und systematisch, daß du dir alles vornehmen kannst.‹ Sie ist richtig aufregend. Ich will sie nicht mit übergroßen Erwartungen belasten, aber ich spüre, daß sie ungewöhnliche Fähigkeiten hat, und ich sage ihr das viel öfter als dem Jungen, denn die Welt erwartet von Jungen ohnehin, daß sie mal was werden, nicht aber von einem Mädchen.

Ich wollte nicht arbeiten, als die Kinder klein waren, und es machte mir großen Spaß, sechs Jahre lang nichts anderes zu tun, als mich meinem Mann und den Kindern zu widmen. Dann fing ich an zu arbeiten, anfangs halbtags. Ich denke, daß alles seine Zeit hat. Ich wußte, daß ich irgendwann arbeiten wollte und daß ich es im geeigneten Augenblick auch tun würde, denn man hatte mir immer versichert, daß ich dazu imstande sei. Meine Mutter war bloß Ehefrau und Mutter, denn mein Vater wollte sie im Haus haben. Ich weiß, daß er zuletzt doch zugestimmt hat, als sie arbeiten wollte, aber wenn die Arbeit jemals in einen Beruf ausgeartet wäre und er nicht mehr ihre volle Aufmerksamkeit gehabt hätte, dann hätte es Krach gegeben. Solange ich klein war, hat meine Mutter mir aber nie zu verstehen gegeben, ich könnte dies oder jenes nicht werden, weil ich ein Mädchen wäre.

Meine Großmutter war sehr unabhängig. Sie arbeitete und zog ihre Kinder allein groß, als ihr Mann starb, und meine Mutter war auf ihre Art auch unabhängig. Sie fand, Frauen könnten alles besser als Männer, einfach weil sie Frauen sind. Weil ich ziemlich vorlaut war, hatte ich viel Ärger in der Schule, besonders in der Grundschule. Ich biß die Zähne zusammen und blieb trotzdem vorlaut, aber ich kam mir völlig fremd vor in der Welt. Das war schlimm. Ich wünschte mir, daß meine Kinder eine Schule besuchen könnten, wo man nicht dafür bestraft wird, daß man gescheit ist. Das wird man in ihrer Schule auch nicht.«

Alicia Blair erinnert sich an Anns Kindheit: »Meine Einstellung zu Kindern habe ich von meiner Mutter. Sie behandelte uns stets als Personen, nie als Kinder. Sie erwartete, daß wir uns wie verantwortliche Menschen verhielten, und das erwartete ich auch von Ann. Das wurde nicht ausgesprochen, sondern gehörte so zur Atmosphäre.

Als Ann zur Welt kam, freute ich mich darüber, weil ich glaubte, es würde mir Spaß machen, sie aufzuziehen. Meine Mutter lebte bei uns. Vor Anns Geburt ging zwischen meinem Mann und meiner Mutter immer alles glatt, doch dann wollte jeder das Kind auf seine Art erziehen. Ich merkte genau, was vorging und scheute mich nicht zu sagen: ›Sie wird so erzogen, wie ich das will.‹ Ann war für mich mehr ein Hobby als ein Kind. Wir drei kamen schließlich zu folgender Übereinkunft: Jeder von uns sollte einen Bereich ihrer Erziehung übernehmen und sich in die anderen nicht einmischen. Meine Mutter las ihr vor, ging mit ihr spazieren, erzählte ihr was – Geschichte war ihr Spezialgebiet. Ich wünschte mir, daß Ann sie selbst würde, daß sie sich ganz so entwickelte, wie sie angelegt war. Sollten bei ihrer Erziehung aber doch Fehler gemacht werden, dann wollte ich sie machen. Nur in diesem Punkt war ich eigensüchtig. Ich hatte zu oft gesehen, wie es ist, wenn man sich in das Leben anderer einmischt, und wie teuer es jemanden zu stehen kommt, wenn man auf seine Kosten Frieden halten will.«

Die elfjährige Karen hatte das Glück, von diesen beiden unabhängigen Frauen profitieren zu können. Ich fragte sie, was eine Frau mit ihrem Leben anfangen solle. Ihre Antwort ist ein schönes Beispiel dafür, daß eine Tochter, die eine Mutter mit gefestigtem Identitätsbewußtsein hinter sich weiß, nicht auf stereotype Rollen zurückgreifen muß, wenn sie sich ihren eigenen Platz in der Welt schaffen will.

»Ich fühle mich als Mädchen wohl. Wenn ich mit meinem Charakter ein Junge wäre, wäre ich ein richtiger Waschlappen. Ich bin nicht sehr aktiv. Ich spiele ein bißchen Baseball und Handball, aber nicht oft. Mädchen können mit Jungen machen, was Jungen mit Mädchen nicht machen dürfen. Mädchen können Jungen ohne weiteres ansprechen, umgekehrt aber nicht. Ich gehe zwar noch nicht mit Jungen, aber wenn es einmal soweit ist und der Junge ist schüchtern, dann mache ich eben den ersten Schritt. Mädchen können genau so viel unternehmen wie Jungen, kein Junge kann etwas werden, was ein Mädchen nicht auch werden könnte. Jungens machen manche Sachen besser als manche Mädchen, aber im allgemeinen können beide das gleiche.

Heiraten ist nicht mehr so wichtig. Früher mußte man heiraten, um versorgt zu sein, aber jetzt stehen uns alle Berufe offen. Ich möchte schon heiraten, denn das ist bestimmt lustig, aber nicht, bevor ich 25 oder 26 bin. Eine Frau muß mit ihrem Leben was anfangen. Vielleicht ist sie dabei glücklich, wenn sie zwei Kinder großzieht, aber eine gescheite Frau sollte ihre Zeit nicht nur damit zubringen, bloß Kinder aufzuziehen. Sie sollte nicht zur Arbeit aus dem Haus gehen und die Kinder einem Babysitter überlassen, sondern sich einen Beruf suchen, den sie zu Haus ausüben kann. Solange die Kinder klein sind, sollte man vielleicht besser keine leitende Stellung haben; wenn sie in der vierten oder fünften Klasse sind, ist das was anderes.

Manche Frauen wissen nicht, was sie anfangen sollen, weil sie überhaupt keine Ausbildung haben. Politiker oder Diplomaten oder so was sollen Frauen vielleicht lieber nicht werden, man erwartet höchstens, daß sie es bis zur Richterin oder Abgeordneten bringen. Wenn man eine Begabung für etwas hat, sollte man dafür auch ausgebildet werden.

Ich bin viel bei meiner Mutter, weil sie zu Hause arbeitet. Wenn ich in ihr Arbeitszimmer komme, reden wir miteinander, und auch beim Essen und manchmal vor dem Schlafengehen, bis zu einer Dreiviertelstunde. Manchmal gibt sie mir auch nur einen Gutenachtkuß und rennt aus dem Haus. Daß sie immer arbeiten muß, ärgert mich manchmal. Mein Vater arbeitet auch immerzu. Das einzig Gute daran ist, daß es ihnen beiden Spaß macht.

Ich bewundere an meiner Mutter, daß sie alles fertigmacht, was sie anfängt, auch wenn es noch so lange dauert.«

Ann und Karen haben Glück. Sie erfreuen sich einer Beziehung zu ihrer Mutter, die bestimmt wird von gegenseitigem Respekt und unbefangener Zuneigung. Karen entwickelt ihr Identitätsbewußtsein in einer Atmosphäre, die von der Überzeugung getragen ist, daß die widersprüchlichen Erwartungen, welche die Gesellschaft an Frauen stellt, zu vereinbaren sind. Man wird Kompromisse schließen, aber niemals solche, die das entwickelte Selbstgefühl noch gefährden könnten.

V Freundinnen und Feindinnen

Die Adoleszenz, das Jugendalter, ist für Mütter wie für Töchter eine schwierige Zeit. Bei der Tochter macht sich mehr und mehr die Sexualität bemerkbar, die integriert werden muß in die sich entwickelnde Identität. Der gesellschaftliche Druck, sich jetzt weiblich zu geben, wird voll spürbar: sie soll hübsch sein und beliebt und Leistung fortan als unweiblich betrachten. Die Mütter stoßen möglicherweise ins gleiche Horn: Das Durchsetzungsverlangen, das sie als Kind an den Tag legen durfte, ist jetzt unpassend geworden, und gute Zensuren in der Schule sind zwar noch immer wünschenswert, aber eben doch nicht mehr so wünschenswert, wie es jetzt ist, sich auf die Suche nach dem passenden Ehemann vorzubereiten. Nur in besonders günstigen Fällen haben Töchter schon jetzt von selbstbewußten Müttern gelernt, daß es wichtiger ist, den eigenen Gegebenheiten zu entsprechen, als auf die Signale der Umwelt zu achten, mit denen sie bombardiert werden.

In gewisser Weise macht sich bei der Tochter der Sexualtrieb bereits zum zweitenmal geltend. Der in Kapitel III erörterte Ödipuskomplex belebt sich erneut, und Mutter und Tochter treten wieder in scharfen Wettbewerb miteinander. Wie schon in der ödipalen Phase ist das Interesse der Tochter an Männern auch jetzt ein Zeichen dafür, daß sie sich von der Mutter löst. Die Trennung, die in der Adoleszenz eingeleitet wird, führt aber schließlich dazu, daß die Tochter aus dem Haus geht und sich dem Einfluß der Mutter entzieht. Wenn die Tochter solcherart nach und nach zur eigenen Identität findet, kann es passieren, daß ungelöste Konflikte bei der Mutter sich neu beleben.

Welche Haltung das Mädchen zur eigenen, nun zum Vorschein kommenden Sexualität einnimmt, wird großenteils schon bestimmt sein durch die Reaktion der Mutter auf Fragen des kleinen Kindes, durch kindliche Erkundungen der Sexualorgane, wie auch davon, ob das Mädchen den Eindruck hat, daß die Mutter mit der eigenen Sexualität in Übereinstimmung lebt oder nicht. In dieser Phase bildet die Menstruation einen Markstein. Es ist dies ein biologischer und psychischer Vorgang, der sowohl die Mutter als auch die Tochter angeht, denn er markiert den Beginn der Pubertät, den Übergang von der Kindheit zum Jugendalter. Je nachdem, wie die Mutter ihre Tochter auf diesen Moment vorbereitet hat, ängstigt sie sich davor oder freut sich darauf. Daran, wie die Mutter auf die erste Periode der Tochter reagiert, erkennt man, in welcher Atmosphäre sie selber herangewachsen ist, und ihre Reaktion bleibt nicht ohne Wirkung auf das sexuelle Identitätsbewußtsein der Tochter. Sieht sie in der Menstruation ein Elend, ein Kreuz, das zu tragen ist, wird die Tochter sie als Eingriff in einen bislang unbeeinträchtigten Körper empfinden und sie negativ bewerten. Die erste Periode führt dann zu einer Entfremdung vom eigenen Körper, statt als willkommenes Reifezeichen, als Beweis dafür gesehen zu werden, daß das Frausein beginnt.

Neben anderen Wissenschaftlern ist Natalie Shainess zu dem Ergebnis gekommen, daß erstaunlich viele Mütter negativ auf die erste Periode der Tochter reagieren.[1] Bei den alten Germanen soll es Sitte gewesen sein, daß die Mutter ihrer Tochter eine Ohrfeige gab, wenn die das Einsetzen der Periode meldete. Auch eine der von mir befragten Frauen hat dieses Ereignis als einen erschreckenden Moment in Erinnerung behalten.

Jede Tochter tritt mit gemischten Gefühlen in die Pubertät ein. Eine sportliche Elfjährige sagte mir, sie freue sich nicht auf die Periode, ihr sei ihr Körper lieb, so wie er jetzt sei, fügte dann aber gleich hinzu, sie wünsche sich einen größeren Busen, denn manche ihrer Freundinnen hätten bereits mehr aufzuweisen als sie. Welche Gefühle überwiegen, wird davon abhängen, wie das Mädchen sich das vor ihr liegende Frauendasein vorstellt, das für sie durch die Mutter verkörpert wird. Bis vor kurzem verfügten die Mädchen beim Eintritt in die Pubertät über gar keine oder nur sehr wenig Information, die ihnen verstehen half, was ihnen da zustieß. Was man wußte, verdankte man dem Gespräch unter Freundinnen. Die offene Erörterung dieser Dinge muß selbstverständlich Teil des Austausches zwischen Mutter und Tochter sein, auf den die Töchter zur Festigung ihrer Identität als Frau angewiesen sind.

Die aus Kapitel II bekannte Ellen Barbour erinnert sich an einen negativen Eindruck: »Ich weiß noch, wie meine Mutter von der Menstruation zu mir sprach. Ich ging in die fünfte Klasse und war einen Tag zu Hause geblieben, weil ich krank war. Meine Mutter kochte gerade Hirn, und die ganze Wohnung stank danach. Sie rief mich zu sich in die Küche, während sie dieses scheußliche Stinkzeug kochte, und sagte: ›Du wirst jetzt bald Blutungen bekommen.‹ Ich mochte kein Wort davon hören. Freundinnen hatten mir schon etwas angedeutet, aber ich glaubte ihnen nicht. Meiner Mutter war dabei so unbehaglich, das Ganze klang so ekelhaft, daß ich nichts hören wollte.

Ich ging schon in die sechste Klasse, als es dann so weit war. Ich sagte nichts. Sie entdeckte Blut in meiner Unterwäsche und sagte: ›Du hast jetzt wohl deine Periode bekommen.‹ Ich sagte: ›Das geht dich gar nichts an‹, aber sie brachte mir eine Binde und einen Gürtel und erzählte es gleich meinem Vater. Ich war außer mir. Sie machte eine große Sache daraus. Einen Büstenhalter durfte ich aber nicht tragen, obwohl ich einen ziemlich großen Busen hatte. Über Sex zu reden, brachte sie einfach nicht fertig. Die Mutter einer Freundin hat mich aufgeklärt.

Daß ich die Periode bekam, paßte mir überhaupt nicht. Daß es weh tat, hatte mir kein Mensch gesagt, und ich hatte Angst. Ich dachte wirklich, ich könnte verbluten. Dann stellte ich fest, daß meine Freundinnen allesamt unglücklich darüber waren. Man redete nur mit den verächtlichsten Ausdrücken davon.«

Diese Vorgänge liegen fünfundzwanzig Jahre zurück, doch scheinen sich die Verhältnisse auch heute noch nicht überall gebessert zu haben. Eine Achtzehnjährige aus einer ländlichen Gegend erzählte mir: »Meine Unterwäsche war schmutzig. Ich dachte, ich hätte mich nicht richtig abgewischt, aber dann habe ich das ganze Bett blutig gemacht, und ich schrie: ›Mama! Was fehlt mir?‹ Sie sagte bloß: ›Das kriegen alle Frauen‹, und gab mir eine Binde. ›Wozu ist das gut?‹ fragte ich, denn bevor das nicht in der Schule drankam, wußte ich nicht, was da passierte.«

Es ist nicht leicht zu sagen, warum ausgerechnet die Menstruation ein Thema ist, über das Mütter und Töchter so ungern miteinander sprechen. Immerhin läßt sich sagen, daß sie den Punkt bezeichnet, von dem an die Tochter durch ihre Sexualität definiert wird (d. h. durch die Fähigkeit, Kinder zu gebären), die nun in der weiteren Entwicklung der Persönlichkeit dominiert. Mütter, die es nicht verwinden können, die falsche Wahl getroffen zu haben, dürften negativ reagieren, wenn die Töchter an diesen Punkt der Entwicklung gelangen. Aber auch hier macht sich die herrschende Konvention bemerkbar: bis vor kurzem ging es einfach nicht an, daß Mütter sich als Sexualwesen bekannten, es war undenkbar, daß sie zu ihren Töchtern völlig offen davon sprachen.

Früher haben viele Mütter wohl selbst nicht gewußt, was bei der Menstruation vorgeht, auch nicht, welche Funktion sie hat, außer daß man schwanger werden kann, sobald man menstruiert. Claudia Nicholas entdeckte eine benutzte Binde ihrer älteren Schwester und stellte ihrer Mutter diesbezügliche Fragen: »Meine Mutter war sehr sachlich. Frauen fingen in einem bestimmten Alter an, Blutungen zu haben, sagte sie, es sei aber nichts Schlimmes. Von Eierstöcken hatte sie selbst bestimmt noch nie was gehört. Ich begriff natürlich nichts. Von meinen Freundinnen hörte ich dann, daß es was mit Sex zu tun habe, und als es bei mir schließlich so weit war, hatte ich ganz ulkige Gefühle gegenüber meinem Vater. Ich fühlte mich richtig als Frau und war ganz stolz, andererseits war es

aber auch etwas unbehaglich, mit der Binde und so. Am schlimmsten war eigentlich, daß ich nicht wußte, wieso ich blutete. Meiner Tochter werde ich jedenfalls sagen, daß es eine gute Sache ist, daß das Blut da ist, um das Kind zu nähren und damit weggespült wird, wenn kein Kind empfangen wurde. Kindern kann man allerhand Sachen erklären, wenn man es nicht gar so schrecklich technisch macht. Ich jedenfalls habe nicht gewußt, daß es sich um was Positives handelt.«
Claudias erste Erfahrung mit der Menstruation war trotzdem nicht ganz negativ; ihre Mutter konnte zwar nichts erklären, doch gelang es ihr immerhin, ihrer Tochter zu verstehen zu geben, daß Frau sein eben doch eine gute Sache ist. Das ist ein entscheidender Faktor. Die Mütter von Ellen und Claudia haben sachlich ungefähr das gleiche mitgeteilt, doch empfanden beide ihre erste Menstruation ganz unterschiedlich, weil die Art der Mitteilung und die dahinter spürbar werdende Haltung unterschiedlich waren.
Eines war aber für beide gleich: Sie erfuhren weiter nichts, als daß sie Blutungen haben würden. Bei dieser Gelegenheit lernten sie ihren Körper nicht besser verstehen, wurde ihnen ihre eigene Sexualität nicht vertrauter, wurde es ihnen nicht leichter gemacht, ihre sexuelle Identität mit anderen Aspekten ihrer Identität zu verbinden. Claudias Erlebnis war positiver, sie wurde sich selber nicht fremder, wenn auch ihr Körper ihr ebenso rätselhaft vorkam wie Ellen ihrer, und dieses wurde ihnen beiden durch die Mutter vermittelt. Es ist schwer, etwas Rätselhaftes als Bestandteil von sich selber zu akzeptieren, und ebenso schwer ist es, ein Geheimnis als Teil der eigenen Identität anzunehmen.
In dem Maße, in dem die Kenntnis vom eigenen Körper bei den Frauen zunimmt, fällt es ihnen leichter, mit den Töchtern über diese Dinge zu sprechen; die meisten der Kindheit entwachsenen Mädchen, mit denen ich sprach, hatten von ihrer Mutter erfahren, was ihnen bevorstand. Gleichwohl näherten sie sich der Menstruation mit gemischten Gefühlen, denn sie hatten nicht nur die Erklärungen der Mutter aufge-

nommen, sondern auch die Märchen, die darüber im Schwange sind.
Von einer Sechzehnjährigen hörte ich: »Mutter hatte mir alles über Eierstöcke gesagt, daß jeden Monat ein Ei reif wird und daß Blut übrigbleibt, wenn man kein Kind kriegt. Daß es nicht das gleiche Blut ist, das fließt, wenn man sich in den Finger schneidet, wußte ich also, und doch fürchtete ich mich, als ich blutete. Ich wartete aber ziemlich ungeduldig darauf, denn die Periode bedeutete, daß ich eine bestimmte Phase hinter mir hatte.
Ich war dreizehn damals. Ich wollte eigentlich zum Reiten gehen, ging aber zu meiner Mutter ins Schlafzimmer und sagte: ›Ich glaube, ich habe meine Periode, mein Schlafanzug hat Flecke.‹ Sie sah sich das an und nickte. ›Dann kann ich heute nicht reiten?‹ fragte ich, aber sie meinte nur, ich könnte selbstverständlich reiten. Und das war's.«
Die Befürchtung des Mädchens, nicht reiten zu dürfen, weil sie die Periode hatte, zeigt, daß die alte Angst, Mädchen seien zu Beginn der Pubertät besonders anfällig, immer noch vorhanden ist. Bis vor kurzem glaubte man, Frauen und Mädchen wären während der Menstruation irgendwie verletzlich. Dieses Ammenmärchen will nicht sterben, um so weniger als dabei auch die Tatsache in Betracht kommt, daß nach Einsetzen der Periode eine Schwangerschaft möglich wird. Wie zu Freuds Zeiten sieht so manche Mutter die Pubertät als Warnsignal: es wird Zeit, die Bewegungsfreiheit der Tochter zu beschränken. Selbstbehauptungswille, gekoppelt mit Interesse an Männern, wird zur Gefahr, und es ist Aufgabe der Mutter, die Tochter zu überwachen.
Mary O'Reillys Haltung gegenüber ihrer Tochter Patricia änderte sich, als diese in die Pubertät kam: »Es fing damit an, daß sie ihre Periode bekam. Jetzt fragte ich sie plötzlich, wohin sie ginge, wenn sie das Haus verließ, und verbot ihr, weiter als bis zur Eisdiele an der Ecke zu gehen.
Als Mutter kann man der Tochter nur sagen, sie soll aufpassen, stimmt's? Ich kenne eine Menge Gören, die mit sechzehn,

siebzehn schwanger werden und nicht mal heiraten. Die Kinder sind Waisen, und die kleinen Luder machen gleich wieder dasselbe. Ich hoffe nur, so was bleibt uns erspart. Zu viele von meinen Bekannten haben das erleben müssen. Gott sei Dank kenne ich Patricias Umgang, und ich weiß auch, daß sie auf sich achtet. Sie macht mir bestimmt keinen Kummer.«

War das kleine Mädchen eine Range, ist es jetzt, bei Beginn der Pubertät, Zeit, die Lausbubengewohnheiten abzulegen. Die Sexualität der Tochter wird jetzt ›wirklich‹ und zum bestimmenden Faktor ihres Lebens. Sie mag im Sport mit den Jungen konkurriert, sich nach Belieben in der Nachbarschaft herumgetrieben haben, doch jetzt erwartet die Gesellschaft von ihr, daß sie sich ins Rollenverhalten fügt. Die weibliche Rolle schreibt vor, daß sie nicht mehr mit Knaben wetteifert, sondern nur mit anderen Frauen konkurriert. Aggressivität, auch bloßer Behauptungswille, gelten als maskulin und passen nicht mehr für sie. Ihr Streben nach Ablösung, nach Selbständigkeit geht jetzt auf begrenztem Raum vonstatten. Wie sanft und behutsam die Kontrolle auch ausgeübt werden mag, daß das Mädchen sich nicht mehr so frei entfalten, daß es seine Welt nicht mehr auf eigene Faust erkunden darf, kann seinen Eindruck auf das Bewußtsein der eigenen Leistungsfähigkeit nicht verfehlen. Bei Knaben werden solche Bestrebungen im Jugendalter eher noch gefördert. Niemand kann als Erwachsener etwas leisten, der sich nicht zu behaupten und im Wettbewerb zu bestehen vermag. Kein Wunder also, daß Mädchen, je älter sie werden, Leistung immer geringer bewerten und vor dem Erfolg schließlich sogar Angst bekommen.[2] Wenn sie als Frauen Bestätigung finden wollen, müssen sie darauf verzichten, sich zu behaupten.

Eine Mutter beschreibt, wie dieses Problem ihr zu schaffen macht:

»Ich vermute, daß ich immer mit einem Konflikt gelebt habe, aber deutlich geworden ist mir das erst vor kurzem. Ich begriff nicht, daß die Ratschläge meiner Mutter nur deshalb so ausfielen, weil sie sich speziell an mich als Mädchen richteten. Als

ich meinen Doktor machen wollte, sagte sie: ›Was willst du bloß mit dem Doktor? Du wirst am Ende noch gescheiter als die Männer, die du kennenlernst.‹ Sie dachte an nichts anderes, als daß ich heiraten sollte. Schon als ich vierzehn war, betrachtete sie jeden Jungen, der ins Haus kam, als potentiellen Ehemann. Sie wollte nur, daß ich jemand kennenlerne, der mich versorgt. So geschah es denn auch, aber damit waren meine Probleme überhaupt nicht beseitigt. Glücklich wurde ich deshalb keineswegs.
Dank der Frauenbewegung habe ich begriffen, daß ich darunter leide, daß ich allein gelassen werde, wenn ich etwas leiste. Ich habe mich gefürchtet, Männer zu übertreffen, denn das können sie nicht vertragen.«
Marjorie Gordon und ihr Mann haben in ihrem geräumigen Landhaus in Connecticut fünf Mädchen großgezogen. Drei davon sind verheiratet und wohnen in der Nähe. Die jetzt dreißigjährige Sylvia schildert, wie sie von der Pubertät betroffen wurde. »Als Kind hatte ich viel Freiheit, ich radelte nach Herzenslust herum, aber als ich dreizehn wurde, kam es mir vor, als traute meine Mutter mir nicht mehr, sie schränkte meine Freiheit erheblich ein.«
»Das war auch nötig. Mit dreizehn hast du nämlich Partys veranstaltet, wir mußten wegen der Jungen vorsichtig sein, und um Radfahren handelte es sich überhaupt nicht mehr«, berichtigte ihre Mutter.
»Ich war in der Pubertät ziemlich dickköpfig«, fuhr Sylvia fort, »und das brachte eine Menge Ärger mit meiner Mutter. Ich wollte beispielsweise immer lange aufbleiben. Jetzt ist ja dank der Frauenbewegung alles anders, aber damals wurde uns beigebracht, daß die Männer die Welt regieren, und weil ich wilder war als die meisten kleinen Mädchen, wollte ich immer bei den Jungen mitmachen. Als Teenager kam ich mir dann schon richtig still vor. Das lag wohl am Alter. Ich litt plötzlich unter einer Unsicherheit, die ich immer noch nicht überwunden habe.« Sylvias kindliche Wildheit war ›jungenhaft‹; mit Beginn der Adoleszenz wurde dieser Tatendrang auf

eine persönliche, häusliche Welt eingegrenzt, in der sie immer noch lebt.

Die gelockerte Haltung gegenüber der Sexualität hat den Müttern das Leben nicht unbedingt erleichtert. Die sexuelle Revolution der sechziger Jahre hat sowohl Mütter als Töchter betroffen. Viele Mädchen beugten sich dem Druck Gleichaltriger, frühzeitig geschlechtliche Beziehungen aufzunehmen. Müttern, denen eingebläut worden war, daß es vor der Ehe keinen Geschlechtsverkehr geben darf, konnte es nicht leichtfallen, die eigene Haltung zu ändern, sobald die Töchter aus dem Kindesalter heraus waren. Viele Mütter sagen auf die Frage, wann ihre Töchter sexuell verkehren dürfen, nicht mehr »nach der Hochzeit«, sondern »sobald sie damit fertig werden können«. Diesen Maßstab anzulegen ist viel schwerer und stellt höhere Anforderungen an die Mutter-Tochter-Beziehung als die herkömmlichen Anschauungen oder die andere Möglichkeit, jede Verantwortung abzulehnen, um Ruhe zu haben.

Zur Sexualität muß sich Verantwortungsgefühl gesellen, wenn sie nicht bloß zur Arena werden soll, in der Mütter und Töchter ihren feindseligen Gefühlen freien Lauf lassen. Es ist hinreichend nachgewiesen, daß so manches Mädchen Geschlechtsverkehr und Schwangerschaft als eine Form der Rebellion begreift oder als eine Möglichkeit, sich die Liebe zu verschaffen, die sie zu Hause entbehrt. Die meisten Mütter jedoch bemühen sich, im Umgang mit der töchterlichen Sexualität Autorität und Verantwortungsbewußtsein mit der Sorge um das Wohl des Kindes zu verbinden. Sie fühlen sich für ihre Töchter verantwortlich und wünschen, daß diese ihre Sexualität auf positive Weise erleben.

Connie Maguire denkt folgendermaßen über ihre dreizehnjährige Christine: »Daß ich die ›Mama‹ bin, steht tatsächlich zwischen uns, und ich würde diese Position gern aufgeben, würde gern weniger weit oben rangieren und nur als Mensch betrachtet werden. Manchmal gelingt es, aber nicht oft. Und schließlich habe ich die Verantwortung. Bis zu einem gewissen

Alter ist es nämlich durchaus *meine* Sache, ob sie schwanger wird, und nicht die ihre – sowohl was meine Gefühle angeht, als auch rechtlich. Die Freiheit, die man einer Tochter lassen darf, ist begrenzt, solange man weiß, daß einem die ganze Sache auf den Kopf fällt, wenn sie zu weit geht. Mit den Nachbarn wird man schon fertig, aber mit dem Gericht . . .?
Im übrigen ist auch viel Theater dabei. Läßt ein Mädchen sich schwängern, möchte sie einem was damit beweisen. Ich mag aber mit ihr auch nicht über Verhütungsmittel sprechen, weil sie alles, was ich sage, so unheimlich wörtlich nimmt. Wenn ich ihr anbiete, ihr ein Pessar verschreiben zu lassen, dann hört sie gleich heraus: Warum besorgst du dir kein Pessar? Oder, schlimmer noch: Schläfst du etwa nicht mit Männern? Und das möchte ich denn doch nicht.
Zum Glück haben die Kinder in der Schule Sexualkunde. Meine Mutter brachte es nur schwer fertig, über Sexualität zu sprechen; ich kann es schon eher, aber ganz wohl ist mir dabei auch nicht. Ich spreche mit meiner Tochter darüber, fürchte aber, daß meine zwiespältige Haltung sich verrät. In der Schule wird ganz sachlich darüber gesprochen.«
Laura Harvey, deren Tochter Jennifer zwölf Jahre ist, erläutert ihre Einstellung zum Sexualkundeunterricht: »Jennifer soll über ihre Sexualität Bescheid wissen und Spaß dran haben. Aber nicht zuviel. Wenn sie sich auf homosexuelle Beziehungen einließe, würde mich das beunruhigen. Die Sache mit der Bisexualität ist mir unheimlich, und wenn ich dabei an meine Kinder denke, schaudert mich.
Über Sex wird bei uns offen geredet, und sie stellt ganz ulkige Fragen, auf die ich vor der Ehe nie gekommen wäre. Neulich erst war zwischen uns von oralem Verkehr die Rede. Sie streift so ein Thema wie zufällig. Ich fange natürlich nicht davon an.
Sie fängt gerade an, sich für Jungen zu interessieren, und ich finde das sehr niedlich. Daß sie jetzt einen Busen bekommt, ist geradezu himmlisch, denn ich hatte lange Zeit keinen. Ihre Figur ist jetzt schon besser, als meine je war.

Geschlechtsverkehr sollte sie meiner Ansicht nach erst haben, wenn sie begreift, daß das eine Form der menschlichen Kommunikation ist, so was wie eine Feier mit dem eigenen Körper. Die Pubertät scheint mir dafür etwas zu früh, und Sex soll für sie nicht wertlos werden. Mit siebzehn oder achtzehn mag sie ruhig daran denken, ich hoffe jedenfalls, daß sie es mit vierzehn oder fünfzehn noch nicht tut.«

Seit Verhütungsmittel es der erwachsenen Frau möglich gemacht haben, Geschlechtsverkehr gesondert von Fortpflanzung zu betrachten, bedrückt es die Mütter, daß die Töchter ihre Sexualität dazu benutzen könnten, sich Lust zu verschaffen und auf freierem Fuß mit Männern umzugehen. Für Heranwachsende ist der Umgang mit Verhütungsmitteln aber nicht unproblematisch, auch unter relativ liberalen Begleitumständen. Jennifer sagte mir: »Die elementaren Tatsachen habe ich von meiner Mutter, und die Lehrbücher zeigen alles, was man wissen muß. Es gibt also kaum etwas, was mir unbekannt ist. Jedenfalls weiß ich, was für Folgen eintreten können. Einmal mußte ich in der Schule über Abtreibung referieren, und dafür habe ich mich gründlich vorbereitet.

Ich halte es für blöd, zu früh mit Sex anzufangen, nicht vor sechzehn oder siebzehn jedenfalls. Was Verhütungsmittel sind, weiß ich und meine Freundinnen wohl auch alle, aber wie wir drankommen könnten, wissen wir nicht, auch nicht, wie man sie benutzt, ein Pessar zum Beispiel. Und keins ist absolut sicher. Wenn man mit fünfzehn schwanger wird, kann man sich das ganze Leben verpfuschen. Entweder man weiß sich nicht zu helfen, oder die Eltern zwingen einen, zu heiraten, und bevor man zwanzig ist, ist man schon wieder geschieden. Meine Mutter sähe es, glaube ich, nicht gern, wenn ich sexuelle Beziehungen hätte, bevor ich zwanzig bin, und ich finde, man kann auch so lange warten, bloß tut es keiner.«

Die sechzehnjährige Amy Freeman aus Kapitel III besucht in New York City eine Privatschule. »Bei uns lassen viele Mädchen die Finger von Sex, weil sie Angst haben, schwanger zu werden. Die Pille und die Spirale sind gefährlich, und ein

Pessar ist Mist. Da kann man es auch gleich sein lassen, wenigstens den richtigen Verkehr, jedenfalls sind meine Freundinnen und ich dieser Ansicht. Ich fühle mich nicht von außen gedrängt, Sex zu haben. Vor fünf Jahren war der Druck vielleicht noch schlimm, aber heute kümmert es keinen mehr, ob man hat oder nicht. Wir reden über Selbstbefriedigung, und wenn ich davon spreche, haut es meine Mutter jedesmal um. Eine richtige Alternative ist das nicht, aber man lernt seinen Körper wenigstens kennen. Wir experimentieren auch mit Bisexualität, darüber wird aber nicht öffentlich geredet. Wer es versuchen will, kann aber.«

Virginia Freeman berichtet, ihre Tochter stehe der Frauenbewegung sehr nahe. »Sie ist ganz radikal und findet Beziehungen zu Frauen lohnender als zu Männern. Mit Männern verbindet sie nur Sex, und sie behauptet, Selbstbefriedigung sei ebenso gut. Immerhin hängt sie derzeit sehr an ihrem ersten richtigen Freund, ich wäre nicht überrascht, wenn sie mit ihm schliefe. Wie ich das empfinde, weiß ich nicht recht. Daß sie mich als Person mit eigener Sexualität betrachtet, ist mir immer etwas fatal, und vielleicht wird es mir darum schwer, mir vorzustellen, daß sie ein richtiges Sexualleben haben soll.«

Es scheint, daß die Verbreitung von Verhütungsmitteln und die größere sexuelle Freiheit nicht bedeuten, daß die Mehrzahl der Mütter sich nicht mehr für das Wohl ihrer Töchter verantwortlich fühlt. Ihre Aufmerksamkeit richtet sich jetzt darauf, wann und mit wem die Tochter zum erstenmal verkehrt. In gewisser Weise hat das alles die Erziehung von Töchtern erschwert, denn die Probleme sind nun stärker unter dem Aspekt der individuellen Entwicklung zu sehen als unter dem der gesellschaftlichen Konvention.

Die Frauenbewegung hat auf Mütter und Töchter des Mittelstandes stark gewirkt, wobei ihr Einfluß auf die Töchter im Jugendalter wohl am augenfälligsten ist. Am Ende der Adoleszenz liegt die Schwelle zum Erwachsenenalter; die Mütter müssen mit sich über die Gefühle ins reine kommen, die mit dem Abschied von der Tochter verbunden sein werden, und damit ist eine Bilanz ihres eigenen Lebens verbunden. Konflikte, die zwischen heranwachsenden Töchtern und ihren Müttern nicht selten sind, können als Teil dieses Trennungsprozesses gesehen werden. Die Töchter geben zu erkennen, daß sie auf dem eigenen, separaten Ich bestehen, auf anderen Wertvorstellungen, kurz, daß sie unabhängige Menschen sein wollen. Und doch brauchen sie ihre Mutter noch, in mehr als einer Hinsicht. Die alten Abhängigkeiten und den erwachenden Drang nach Unabhängigkeit auseinanderzusortieren braucht Zeit. Die Mütter müssen sich an den Gedanken einer nicht nur psychischen Trennung gewöhnen, wie schon einmal in der frühen Kindheit der Tochter, jetzt steht eine tatsächliche Trennung bevor.

Viele Mütter reagieren darauf mit dem Wunsch, die Töchter möchten ein ebensolches Leben führen wie sie selber. Indem sie sich derart mit der Tochter identifizieren, brauchen sie sie nicht aufzugeben. Andere Mütter wünschen für die Tochter ein ganz anderes Leben, weil sie hoffen, sozusagen stellvertretend daran teilzunehmen und dabei zu erfahren, was ihnen selber versagt geblieben ist – die glückliche Ehe, der höhere Lebensstandard, vielleicht gar Erfolg im Beruf, den sie selber aufgegeben haben, weil sie nicht die Gelegenheit hatten oder niemand ihnen half, die traditionelle Rolle abzulehnen. Mütter, die sich in ihrer Identität als Frauen besonders frustriert fühlen, können sogar auf den Gedanken verfallen, die Tochter sollte jene Phantasievorstellungen von Auflehnung oder sexueller Freiheit ausleben, die sie selber nie verwirklichen konnten. Nur wenige Mütter sind so mit sich im reinen und fühlen sich in ihrer Haut so wohl, daß sie sich mit ihrer Tochter als einem anderen Menschen befassen können, ohne gleichzeitig die Rolle der Mutter abzulegen. Und dabei braucht doch die Tochter noch den Beistand der Mutter, will gelegentlich Autorität spüren, die sich auf die Urteilsfähigkeit eines älteren, erfahreneren Menschen stützt.

Mit Beginn der Pubertät wenden die Töchter sich meist von

der Mutter ab, und das ist eine natürliche Phase im Trennungsprozeß. Gleichzeitig scheinen sie auf der Suche nach einer Idealmutter, nach einer, mit der sie so sprechen können, wie sie mit der eigenen Mutter jetzt nicht mehr sprechen mögen.[3] Viele Teenager haben das mir gegenüber ausgesprochen: mit der Mutter einer Freundin könnten sie ihre Angelegenheiten leichter besprechen, und jede hatte eine Freundin, die mit ihrer Mutter jenes freundschaftliche (im Unterschied zum Mutter-Tochter-)Verhältnis unterhielt, das sie gern zur eigenen Mutter gehabt hätte. Aber eben das halten sie für ausgeschlossen, weil die eigene Mutter, wie Connie sich ausdrückt, zuviel Macht und Autorität ausübt. Wenn die Tochter ein Bewußtsein ihrer selbst entwickeln will, muß sie sich von dieser Autoritätsgestalt lösen, doch im eigentlichen Sinn des Wortes ist sie für die Unabhängigkeit noch nicht bereit. Daher die Unentschiedenheit. Im Verlauf eines Gesprächs mit der vierzehnjährigen Lucy Miller kamen beide Seiten der Medaille zum Vorschein. Einmal hieß es: »Mütter und Töchter sollten sich gegenseitig beraten, und das tun sie gelegentlich auch. Die Mutter sollte der Tochter nicht nur Anweisungen geben, sondern sie informieren und selbst entscheiden lassen. Allerdings sollte die Mutter in gewisser Weise auch streng sein. Sie kann nicht erlauben, daß die Tochter bis spät in die Nacht von zu Hause wegbleibt, es könnte ihr ja was zustoßen. Eine Mutter muß immer Mutter sein.«
Andererseits heißt es: »Ich habe anderen Menschen mehr Beistand zu verdanken als meiner Mutter. Mit meiner eigenen Mutter habe ich nicht sprechen mögen, ich rede mit der Mutter meiner Freundin. Ich habe meiner Mutter gesagt, ich kann mit ihr nicht reden, weil sie meine Mutter ist und nicht meine Freundin. Die Mütter meiner Freundinnen sind mit ihren Töchtern richtig befreundet.« Den Freundinnen dürfte es im Hinblick auf die eigene Mutter nicht anders gehen.
Die Suche nach der idealen Mutter ist Teil der Suche nach dem idealen Ich, dem, das schon ›angekommen‹ ist. Es ist die

Phantasievorstellung von einem fix und fertigen erwachsenen Ich, das nicht mehr die Tochter ihrer Mutter zu sein braucht, sondern deren Freundin sein kann. Indem man diese Idealvorstellung vom Ich anprobiert, vielleicht auch mehrere Spielarten davon, versucht man, sich ins Erwachsenendasein zu versetzen, und auch das ist eine Erscheinungsform des Lösungsprozesses. Nur wer sich gelöst hat, kann zur Mutter ›zurückkehren‹, sich damit abfinden, daß das Erwachsenwerden ein langwieriger Prozeß ist, in dessen Verlauf die Tochter erfahren muß, daß sie mit sich selbst erst Frieden schließen kann, wenn sie mit der Mutter Frieden geschlossen hat und letztlich die Unvollkommenheiten der Mutter und die eigenen akzeptiert. Töchter, die sich nach idealen Müttern umsehen und ein ideales Ich von sich entwerfen, stellen damit die Wirklichkeit auf die Probe. Indem sie ihre Mutter abweisen und fremde Mütter idealisieren, können sie sich schließlich mit der Wirklichkeit aussöhnen.

Unsere Gesellschaft hat ein gewisses Maß an pubertärem Aufbegehren hinzunehmen gelernt, doch muß eine Mutter stets Mutter bleiben, wie Lucy Miller sagte. Wenn pubertäre Mädchen ihre Vorstöße in die Unabhängigkeit unternehmen, möchten sie genau wissen, wo die Grenzen verlaufen, damit sie jederzeit sehen, wo der Ausgangspunkt liegt, von dem sie sich entfernen wollen.

Viele Mütter sagten mir, sie hätten das Gefühl, die Töchter rebellierten deshalb so heftig, weil die Beziehung zur Mutter so eng sei. Söhne sind meist weniger an die Mutter gebunden, weil sie ihr Identifizierungsbedürfnis auf den Vater verlegt haben, und die Beziehung zu ihm ist weniger intensiv, weil Väter und Söhne meist seltener beieinander sind als Mütter und Töchter. Selbst wenn die Mutter ganztags arbeitet, was ja immer häufiger der Fall ist, sind doch das subjektive Gefühl von der Stärke der Bindung und die Identifizierung zwischen Mutter und Tochter groß. Solchen Müttern mag allerdings die Trennung leichter werden, weil weder ihre Identität noch ihre Energien vollständig in der Tochter aufgehen.

Eine Mutter, die einen Sohn und auch eine Tochter aufgezogen hat, sagte mir: »Ich glaube, Teenager wollen, daß man ihnen Vorschriften macht, das ist aber nicht einfach. Ich finde, bei Mädchen ist es schwieriger als bei Jungen. Mädchen verlangen beharrlicher nach ihrer Unabhängigkeit als Jungen, obwohl sie sie oft genug nicht bekommen. Meiner Ansicht nach neigen sie aber mehr dazu, sich aufzulehnen.«
Ellen berichtet, sie sei in der Pubertät auf der Suche nach ihrem idealen Ich und nach einer Einstellung gegenüber der Mutter geradezu in Verzweiflung geraten: »Ich glaube, alle Kinder hassen ihre Mutter, Jungen allerdings aus anderen Gründen als Mädchen. Bei Mädchen hat das was mit der Identität zu tun.«
»Meinen Sie, Mädchen hassen ihre Mütter, weil sie darin ein Mittel sehen, sich als eigenständige Person zu fühlen?« fragte ich.
»Ja. Ich konnte es nicht ertragen, meine Mutter auf der Straße zu begleiten. Es kam mir so vor, als bliebe mir nichts übrig als zu werden wie sie.«
»Töchter müssen sich mit ihren Müttern identifizieren, sie müssen sich aber auch von ihnen unterscheiden«, sagte ich. »Vielleicht ist das der Grund, warum Frauen den Eindruck machen, sie hätten einen weniger ausgeprägten Charakter als Männer?«
»Ja, das stimmt. Mädchen probieren sozusagen eine Identität nach der anderen.«
»Gilt das nicht auch für Jungen?«
»Das mag schon sein, aber ich glaube, die fühlen sich innen nicht so hohl und befürchten nicht, daß möglicherweise nichts drin sein könnte.«
Erik Erikson erklärt dieses Gefühl, »daß innen vielleicht überhaupt nichts ist« mit der Tatsache, daß Frauen einen ›Innenraum‹ besitzen, daß sie wirklich ›innen hohl‹ sind.[4] Ein besonders stark ausgeprägtes Gefühl, kein Ich zu besitzen, ist bei Mädchen aber nicht normal. Es läßt eher darauf schließen, daß in einem solchen Fall Mutter und Tochter eine zu enge

Bindung haben, sich übermäßig miteinander identifizieren, sich in Wahrheit als austauschbar empfinden.

In der heranreifenden Tochter erblickt die Mutter die junge Frau, die sie selbst einmal war. Dies führt zu einem Wettbewerb, der damit endet, daß die Mutter sich damit abfindet zu altern. Es ist also eine gewisse Gegenläufigkeit vorhanden. Die Tochter ist auf der Suche nach dem idealen Ich, während die Mutter das Gefühl von sich als einer jungen Frau aufgeben muß, was sie nicht gern tut, weil dieses Bild vielleicht ihrer Vorstellung vom idealen Ich entsprochen hat. Kompliziert wird das alles dadurch, weil die Mutter möglicherweise, wie schon in der frühen Kindheit der Tochter, eigene Probleme noch einmal mit der Tochter durchlebt. Ist sie in den Wechseljahren, die, wie die Pubertät, eine Phase seelischer und hormoneller Veränderungen bedeutet, die erhebliche Korrekturen am Selbstbild verlangt, dann wird alles noch schwerer.
Marjorie Gordon berichtet: »Ist man über vierzig, wenn die Töchter in die Pubertät kommen, dann hat man selbst eine Identitätskrise zu bewältigen. Man fragt sich: wer ist man, was soll aus einem werden? Und dann muß man sich mit den Schwierigkeiten der Töchter befassen. Das ist wirklich grauenhaft; man wird kaum mit seinen eigenen Depressionen fertig, und dazu noch die der Mädchen! Man ist selbst völlig durcheinander und muß sich dauernd um anderer Leute Gefühle kümmern. Es ist sehr schwierig.«
Im folgenden Dialog rufen sich Mutter und Tochter gemeinsam ins Gedächtnis, wie schwer sie es in jenen Jahren miteinander hatten. Ruth Sampson ist jetzt fünfzig, ihre Tochter Shelley ist achtzehn. Ich sprach mit beiden gleichzeitig, und die Unterhaltung fand ebensosehr zwischen den beiden statt wie zwischen ihnen und mir.
Shelley begann: »Bis ich vierzehn war, kam ich mit meiner Mutter gut zurecht, dann habe ich ein ganzes Jahr kein Wort mit ihr gesprochen.«
Die Mutter: »Das ist stark übertrieben.«

Die Tochter: »Sie hat zwar mit mir geredet, ich aber nicht mit ihr. Ich war fett und unglücklich, in der Schule eine Außenseiterin. Ich nahm mir vor, das zu ändern, und wollte unbedingt dazugehören. Ich legte mir zurecht, daß Mädchen, die dazugehörten, Jeans trugen, Zigaretten rauchten, sich mit Jungen herumtrieben, auf Partys gingen und Drogen nahmen. Das wollte ich nun auch alles, aber ich machte es verkehrt. Weil ich immer Kleider getragen hatte, kaufte ich die falschen Jeans, mit Nähten in der Mitte statt an der Seite. Ich rauchte zwar, wenn ich alleine war, aber in der Schule brachte ich es nicht fertig, weil ich wußte, ich tat es nur, um Anklang zu finden.
Mutter fragte mich immer wieder, ob mir denn die anderen Mädchen gefielen, und ich sagte nein. ›Dann gib dir nicht soviel Mühe mit ihnen‹, sagte sie dann, ›sie sind es doch nicht wert.‹ Ich brauchte ein Jahr, um das zu begreifen. Besonders schlimm war, daß meine Freundinnen in meiner Mutter die ideale Mutter sahen. Sie sagten zu mir, ›deine Mutter ist fabelhaft, du kannst dich nicht beklagen.‹ Ich sagte, ›ihr braucht ja nicht mit meiner Mutter zu leben.‹ Ich fand es unerträglich, daß die anderen meine Mutter für perfekt hielten und meinten, ich hätte keinen Grund zur Klage.
Ende des Jahres gab ich eine Party. Ich putzte mich richtig raus, ich hatte Wein besorgt und lauter junge Leute eingeladen, die älter waren als ich.«
Die Mutter: »Ich war ausgeschlossen.«
Die Tochter: »Doch bloß, weil ich mich davor schützen wollte, daß alle mit dir redeten und keiner mit mir. Diese Phase endete, nachdem ein Junge, der als Frauenheld bekannt war, mich in seine Wohnung einlud und versuchte, mich aufs Kreuz zu legen. Da sah ich dann ein, daß es sich nicht auszahlt, unbedingt beliebt sein zu wollen.«
Die Mutter nahm den Faden auf: »Shelley sagte, als sie nach Hause kam, er hätte zu ihr gesagt, er hätte auch andere Mädchen gleich bei der ersten Verabredung aufs Kreuz gelegt; sie sagte: ›Mama, jemand soll mich liebhaben, aber nicht aufs Kreuz legen.‹

Daß Shelley vorzeitig ihre Jungfräulichkeit verlieren könnte, habe ich sonderbarerweise nie befürchtet. Sie hat immer ein erstaunliches Empfinden für Balance bewiesen. Nur daß sie so unglücklich war, hat mir schlaflose Nächte gemacht. Mir war es ebenso gegangen, also identifizierte ich mich mit ihr und durchlitt ihren Kummer bis zu einem ungesunden Grade mit. Ich war immer mit Jungen befreundet gewesen. Die haben mich dann später zwar gebeten, ihnen bei den Schularbeiten zu helfen, aber zum Tanzen haben sie mich nie aufgefordert. Das noch einmal zu erleben, schien mir unerträglich, noch dazu, weil sie so wütend auf mich war. Irgendwie war es mein Fehler, daß es ihr so ging. Manchmal redete sie mit mir, wir versöhnten uns, und bei dieser Gelegenheit sagte ich ihr, wenn sie nur auf eigene Faust etwas unternehme, woran sie selber Spaß habe, dann gehöre das ihr, und niemand könne ihr das wegnehmen. Alles andere werde mit der Zeit von alleine kommen. In unserer Familie sind wir alle Spätentwickler. Wenn unsere Freundinnen aussehen wie junge Frauen, sehen wir noch aus wie kleine Mädchen. Das war bei mir so, bei meiner Mutter, meinen Tanten und auch bei meiner Tochter. Ich sagte zu ihr, keine Sorge, dafür bleiben wir länger jung. Und das stimmt auch. Ich bin jetzt fünfzig und noch immer nicht in den Wechseljahren.«

Die Tochter: »Jetzt fällt mir ein, es ist ja nicht so, daß sie mir bloß Ratschläge gab und daß ich grundlos wütend war. Ich war unglücklich, weil ich dick war. Daß ich langsam älter wurde, war ihr auch nicht recht. Sie dachte: da wächst dieses junge Mädchen heran, und ich werde langsam alt.«

Die Mutter: »Das war später.«

Die Tochter: »Ich glaube, das war damals schon so, denn zwischen uns herrschte ein richtig böser Ton. Ich sagte: ›Mama, findest du mich etwa dick und häßlich?‹ Und darauf sagte sie: ›Es könnte nicht schaden, wenn du zehn Pfund abnehmen würdest.‹ Oder sie fragte: ›Findest du, daß ich alt aussehe?‹ Worauf ich antwortete: ›Ja, schon, aber mach dir nichts draus, das geht allen so.‹ Wir verstanden es sehr gut, die Unsicherheit der anderen noch zu vergrößern.«

Die Mutter: »Als Shelley dann etwas später einen Busen bekam, beunruhigte mich das irgendwie, ich empfand das als bedrohlich. Das überraschte mich sehr. Es war nicht nur die Konkurrenz, ich empfand Kummer, weil das kleine Mädchen nicht mehr da war. Mein reizendes Kind war fort, und statt dessen hatte ich lauter Probleme. Daß sie älter wurde hieß, daß ich alt wurde, und als sie einen Busen bekam, empfand ich Eifersucht und Neid. Und das verstörte mich. Aber daß wir so bösartig zueinander gewesen sein sollen, kann ich nicht glauben.« Zur Tochter gewandt: »Ich weiß noch, daß ich dir geraten habe, abzunehmen, weil du so unglücklich warst, und du hast dann gesagt: ›Mutter, ich konnte einfach nicht schlafen, weil du gesagt hast, ich muß abnehmen.‹ Da nahm ich mir dann vor, es nie wieder zu erwähnen, und ich habe es, glaube ich, auch nicht getan.«

Die Mutter war fähig, ihre Empfindungen zu analysieren und damit umzugehen. Probleme entstehen, wenn der Konkurrenzdruck, dem sich eine Mutter ausgesetzt fühlt, so stark wird, daß sie die Tochter nicht gehen lassen kann. Es kommt vor, daß die Mutter sich so daran gewöhnt hat, zu herrschen, daß sie den Gedanken, die Tochter sich selbst zu überlassen und sie als eigenständige Person zu betrachten, die ihr eigenes Leben führen muß, nicht erträgt, oder sie identifiziert sich so übermäßig mit der Tochter, daß deren Erfahrungen ihr das eigene Leben ersetzen. Doch welches auch die Gründe sein mögen: wenn es ihr nicht gelungen ist, das eigene Identitätsbewußtsein in allen Erscheinungsformen – persönlich, sexuell, gesellschaftlich – ausreichend zu befestigen, ist die Adoleszenz der Tochter für sie eine unselige Zeit, in der sie eventuell den Versuch macht, die Tochter festzuhalten, und zwar mit Mitteln, die weder ihrem Alter, noch ihrer Generation, noch ihrem Ichgefühl gestattet sind. Sie unternimmt diese Grenzverletzungen vielleicht, weil sie die eigene Vergangenheit nicht aufgeben kann, weil sie die Gegenwart als unbefriedi-

gend empfindet oder eine Zukunft von sich fernhalten will, in der sie die Rolle als Mutter nicht mehr spielen kann.
Solche Grenzverletzung kann in vielen Formen stattfinden. Am deutlichsten wird sie im unmittelbaren sexuellen Wettbewerb; wenn Eifersucht und Unsicherheit, von der Ruth Sampson sprach, nicht erkannt werden, können sie sich störend auf die Entwicklung der Tochter auswirken. Eine Gesellschaft, die von Müttern erwartet, auf ein eigenes Leben ›zum Wohl‹ von Mann und Kindern zu verzichten, beschwört fast unvermeidlich Grenzverletzungen herauf. Je fester die Mutter sich an sie klammert, desto mehr wird die Tochter zu kämpfen haben, wenn sie sich befreien will. Gerade indem sie die Mütter nicht darin unterstützt, ein eigenes Leben zu führen, begünstigt unsere Gesellschaft Grenzverletzungen und damit die extremeren Formen pubertären Aufbegehrens. Ein gewisses Maß von Abwendung von der Mutter ist unvermeidlich, doch wenn daraus Auflehnung um der Auflehnung willen wird oder gar ein töchterliches Verhalten, das zur Selbstzerstörung führt, dann darf daraus geschlossen werden, daß hier eine Mutter nicht imstande ist, die Tochter freizugeben.
Besonders deutlich wird das in Martha Hendersons Erinnerungen an ihre Jungmädchenzeit: »Meine Mutter sagte mir, Sex sei wunderbar und kein Grund, sich zu schämen. Mit fünfzehn verliebte ich mich, und mein Freund und ich schmusten unentwegt herum. Wir gingen nicht miteinander ins Bett, es war aber sehr sinnlich. Ich schrieb alles in mein Tagebuch, und meine Mutter las das. Sie horchte auch immer, wenn ich telefonierte. Sie wurde wütend, hielt mir mein Tagebuch vor und sagte, ich sollte mich schämen. Ich erinnerte sie daran, daß sie mir gesagt hatte, Sex sei wunderbar, aber ohne Erfolg. Dabei hatte ich später angefangen, mit Jungen zu gehen, als die anderen. Mit dreizehn und vierzehn war ich zu dick, und die Jungen sahen mich nicht an. Nachdem ich mich mit meiner Mutter wegen des Tagebuchs gestritten hatte, ließ ich mich mit Jungen ein, die meine Mutter gräßlich fand – Ausländer,

ungebildete Burschen, schmierige Typen. Das machte sie richtig fuchtig.«
Virginia Freeman dagegen respektiert die Privatsphäre ihrer Tochter Amy gewissenhaft. »Ich hatte selbst immer das Gefühl, meine Mutter würde mir glatt einen Teil meines Lebens wegnehmen, wenn ich nicht aufpaßte. Sie war eine attraktive Frau und freundete sich mit den Jungen an, die mich besuchten, auch mit den ›unpassenden‹. Ich glaube, sie wußte nicht, was sie da trieb und wie attraktiv sie wirkte. Ich merkte es selber nicht richtig, ich merkte nur, daß ich wütend war. Das verstand sie nicht. Eines Abends kam sie ins Zimmer mit offenem Haar. Ich war siebzehn und hatte gerade Besuch von einem ziemlich aufdringlichen jungen Soldaten. Der fuhr ihr mit der Hand durchs Haar, und ich fand es gräßlich, wie sich die beiden benahmen.«
Ruth Sampson war zwar auf die Sexualität ihrer Tochter eifersüchtig, doch eine sexuelle Grenzüberschreitung unterblieb; das machte es Shelley möglich, sich von der Mutter trösten zu lassen, als sie im Sommerlager ein unangenehmes sexuelles Erlebnis hatte.
»Als du mich damals anriefst, hat mir das so geschmeichelt, daß ich mich vor Stolz kaum lassen konnte. Ich selbst hätte meiner Mutter nie im Leben so etwas anvertraut.«
Die Tochter: »Ich hab dich angerufen, weil ich mir keinen Rat wußte und ganz außer mir war.« Zu mir: »Ich war noch völlig unbedarft und dachte gar nicht an Sex. Ich war gern mit Jungen zusammen, war auch mit vielen befreundet, bis ich ungefähr elf wurde, und dann nahmen die sich jeder eine Freundin. Im Sommerlager fand ich einen Jungen, der war sehr nett, und an den hielt ich mich. In Wirklichkeit war er alles das, was ich genau nicht mochte, er rauchte und war ein Weiberheld. Er sagte, ich sollte mit ihm schlafen, und ich sagte ja. Ich nahm meinen Schlafsack und schlich mich damit auf die Wiese. Es passierte nicht viel, wir küßten uns und betätschelten uns. Ich wußte ja nicht, was von mir erwartet wurde, und war voller Schuldgefühle. Da rief ich dann meine Mutter an.«

Die Mutter: »Shelley brauchte ungefähr zehn Minuten, um mir klarzumachen, daß sie etwas mit einem Jungen hatte. Sie hörte an meiner Stimme, daß ich mich ängstigte und beruhigte mich, sie täte so was nicht. Ich fragte, was sie denn mit ihm machte, und sie sagte, sie küsse und streichle ihn. Ob was dagegen einzuwenden sei? Ich fragte, ob es ihr Spaß mache, das wußte sie aber nicht genau. Dann fragte ich, ob sie noch gern mit ihm zusammen wäre, und als sie das bejahte, sagte ich: dann ist doch alles in Ordnung, wenn ihr euch gut miteinander amüsiert. Sie dankte mir und meinte, sie fühle sich schon besser. Und mir war es sehr recht, daß sie mit mir darüber gesprochen hatte.«

Die Kleidung ist seit je ein wichtiges Mittel der Frauen, sich attraktiv zu machen, und ist daher die bevorzugte Arena für Grenzverletzungen. Von älteren Frauen hörte ich, ihre Mütter hätten ihnen rundheraus verboten, sich hübsch anzuziehen, und damit war dem Wettbewerb zunächst wirksam ein Ende gesetzt.

Ellen erinnert sich: »Meine Mutter verlangte, ich sollte mich ganz unmodern kleiden, ungefähr so, wie meine ältere Schwester sich hatte kleiden müssen. Meine Mutter wollte immer ganz genau bestimmen, was ich anziehen durfte, sie suchte alles selber aus. Als kein Mensch mehr Zöpfe trug, mußte ich noch welche tragen, auch hohe Halbschuhe, als alle Mädchen schon Tennisschuhe trugen, und Hosen durfte ich natürlich auch nicht anziehen. Ich warf ihr vor, sie verdürbe mir allen Spaß, ich käme mir immer ganz doof vor. Und knauserig war sie auch; alle Mädchen kriegten einen Kaschmirpullover zu Weihnachten, nur ich nicht. Wir schrien uns an deswegen, und meine Mutter sagte immer, die anderen Mädchen sind eitel und dumm, Kleider seien reine Geldverschwendung und ich müßte auf ein Internat gehen und Schultracht tragen.«

Man fragt sich, inwieweit hinter solchen Klagen die Einsicht steht, daß ein derartiges Unverständnis gegenüber den Wünschen der Tochter praktisch eine Weigerung der Mutter be-

deutet, der Tochter den emotionalen Beistand zu leihen, auf den diese in jener Phase ihres Lebens besonders angewiesen ist.
Ein Wechsel der Mode und der Jugendkult der sechziger Jahre haben hier gründlich Abhilfe geschaffen. Die Mütter von Teenagern passen ihre Kleidung jetzt eher der ihrer Kinder an, lassen die Töchter das Tempo bestimmen und versuchen, Schritt zu halten, was ebenfalls eine Grenzverletzung bedeutet, nämlich die Verletzung der Grenze zwischen den Generationen. Man kann das den Müttern allerdings nicht verübeln, solange die Gesellschaft nicht das Bild der in Würde alternden Frau anbietet. Verständlich aber auch, daß die Töchter es nicht gerne sehen.
Dazu bemerkt Shelley: »Seit die Mütter sich den Töchtern anzugleichen suchen, haben die Töchter kaum noch was, wogegen sie sich auflehnen können. Die Mütter tragen fast ausnahmslos Jeans, als lehnten sie sich gegen sich selber auf. Es ist einfach aberwitzig. Sie tragen freche Blusen und sehen darin jünger aus als wir. Sie wirken lächerlich! Sie halten streng Diät, meine Mutter tut das, solange ich denken kann. Ich finde es gut, daß sie hübsch aussehen wollen, daß sie sich nicht einfach gehenlassen, weil sie es geschafft haben, zu heiraten und niemandem mehr gefallen müssen. Ich finde es auch gut, daß meine Mutter Tanzunterricht nimmt, das hält sie in Form. Jeans lehnt sie zum Glück ab. Meine Freundinnen sagen ihren Müttern dauernd, sie sollen endlich die Jeans ausziehen, die paßten nicht zu ihnen, aber die Mütter weigern sich. Wir Mädchen meinen, Mütter sollten auch aussehen wie Mütter. Ich bin sehr für den Abstand zwischen den Generationen. Wenn ich mir was anzuziehen kaufe, will ich im Laden nicht alten Frauen in meiner Abteilung begegnen. Wahrscheinlich weil ich jung bin und nicht will, daß die sich auch noch jung fühlen. Die haben ihre Zeit gehabt. Ich meine nicht so sehr, daß sie mit uns konkurrieren. Sie wollen sich nur was verschaffen, was nicht zu ihnen paßt. Irgendwie wirken sie nachgemacht.«

Überidentifizierung mit der Tochter kann viel weiter gehen als bis zum Tragen der gleichen Kleidung. Auch Mütter, die in unzulässiger Weise die Leistungen der Töchter für sich reklamieren oder versuchen, deren Erlebnisse stellvertretend miterleben, zeigen damit, wenn auch auf etwas subtilere Weise, daß sie die Tochter nicht gehen lassen, daß sie nach wie vor das Kommando führen wollen. Auch dies kann bewirken, daß die Tochter das Gefühl hat, sie habe kein eigenes Leben.

Connie Maguire erinnert sich, so etwas als Teenager erlebt zu haben. »Als ich älter wurde, geschah etwas Fürchterliches. Meine Mutter wurde plötzlich ganz stolz auf mich, und wenn sie anderen Leuten von meinen Leistungen erzählte, klang es so, als wären das ihre eigenen. *Sie* hatte das alles möglich gemacht, *sie* hatte mich dazu ermuntert, *sie* hatte mir die Kraft gegeben, Erfolge zu erringen. Für mich war das kaum zu ertragen. Sie verstärkte damit mein Schuldgefühl, erinnerte mich an alles, was sie für mich getan hatte. Sie glaubte fest daran, daß man unter allen Umständen zum Ehemann halten und für die Kinder alles opfern muß. Sie sagte unentwegt, sie tue alles für mich, und deshalb sei ihr eigenes Leben so jämmerlich.

Daß ich aber nun ein solches ›Prachtexemplar‹ geworden war, war einzig und allein ihr Werk. Das kam mir vor, als usurpiere sie einen Teil meiner Identität. Wenn sie von meinen Leistungen sprach, dann tat sie so, als habe sie die als erste vollbracht. Sie erzählte, eine wie gute Schülerin sie gewesen sei. Ihre Familie war arm gewesen, und sie konnte nicht vergessen, daß sie in der Schule die Beste gewesen war. Ich kann das ja begreifen, doch sie gab mir damit zu verstehen, daß meine guten Zensuren nichts Einmaliges waren, denn sie selber hatte ja auch schon welche bekommen. Auch wenn ich etwas tat, was sie nicht nachvollziehen konnte, beispielsweise als Austauschschülerin nach Europa ging, dann sagte sie dazu: ›Von meinem Kind erwarte ich das.‹ Dagegen war nichts einzuwenden, aber ich hatte den Eindruck, sie wollte sich an meinen Leistungen nicht nur beteiligen, sondern sie auch verkleinern. Sie deutete irgendwie an, daß sie im Grunde nichts besagten.«

Extremere Formen der Grenzverletzung können soweit gehen, daß die emotionale Selbständigkeit der Tochter, ja geradezu deren eigenständige Existenz geleugnet wird. In ›The Politics of the Family‹ zeigt R. D. Laing, wie Mütter ihren Töchtern einen völlig falschen Eindruck von sich selber zu vermitteln suchen: »*Mein* kleines Mädchen tut so was nicht.«[5] Das führt dazu, daß Töchter ihren eigenen Empfindungen vorübergehend mißtrauen und statt dessen glauben, was die Eltern sagen. Diese falsche Darstellung der Gefühle eines anderen entspricht der physischen Grenzverletzung, etwa der zwangsweisen Fütterung, die im Kapitel III erwähnt wurde.In beiden Fällen ist es dem Kind unmöglich, die eigene Identität zu entdecken; es bleibt eine Art Kolonie der Mutter, die ihre Kolonialherrschaft eben darum ausübt, weil sie kein starkes Selbstbewußtsein besitzt. Im Extremfall kann so etwas bei Heranwachsenden zu Psychosen, Rauschgiftsucht oder nervöser Magersucht führen. Magersucht kommt hauptsächlich bei heranwachsenden Mädchen vor und äußert sich in der Weigerung, Nahrung aufzunehmen oder bei sich zu behalten.[6] Psychologen sehen darin die Weigerung oder Unfähigkeit, die symbiotische Bindung an die Mutter aufzugeben, eine Bindung, die sich bereits im Alter von sechs Monaten lockern müßte. Es ist eine Ironie, daß viele jener Mädchen, die an Magersucht leiden, zuvor ›brave Mädchen‹ waren, die kaum je mit ihrer Mutter stritten; es scheint, als hätten sie nur nie ein Bewußtsein von sich als eigenständiger Person entwickeln können.

Es geschieht so häufig, daß die Tagebücher heranwachsender Mädchen gelesen werden und daß man ihnen vorschreibt, was sie anzuziehen haben, daß diese Form von Grenzverletzung geradezu als ›normal‹ betrachtet wird. Zuviele Mütter haben nie jenes Maß an Selbstsicherheit gewonnen, das ihnen erlauben würde, ihre Töchter als eigenständige Personen zu begreifen und zu akzeptieren. Immerhin bemühen sich viele Mütter, das zu ändern, die übermäßige Nähe zu ihren Töchtern abzubauen und die Töchter als eigenständige Individuen zu betrachten. Das verursacht beiden Teilen Wachstumsschmerzen. Grace Raphaelson ist neununddreißig. Ihre Tochter Helen hat mit zwölf Jahren gerade die erste Periode, interessiert sich aber noch nicht für Jungen. Die Familie bewohnt ein geräumiges Haus auf Long Island. Grace arbeitet seit kurzem wieder, als Einkäuferin in einem Warenhaus. Sie berichtet: »Ich bin auf den Mädchentraum von der Heirat und dem Heimchen am Herd reingefallen. Mein Mann sollte den Unterhalt verdienen, ich würde die Mutter sein. Es enttäuschte mich dann sehr, als ich merkte, wie wenig mir die Mutterrolle gab. Meine Mutter war immer berufstätig gewesen; an der Mutterrolle lag ihr nichts, und das gab sie auch offen zu. Arbeit befriedigte sie mehr als Kinder großziehen. Wir waren ihr nur lästig. Ich nahm mir vor, es mit meinen Kindern anders zu halten, ich wollte zu Hause bleiben, für sie dasein. Das funktionierte aber nicht, denn ich bediente mich der gleichen schlechten Methoden. Ich bin jetzt der Meinung, daß es nicht reicht, einfach Hausfrau und Mutter zu sein. Es ist besser, eine Stunde in echtem Austausch mit den Kindern zu verbringen als ein ganzes Jahr in Disharmonie. Meine Mutter manipulierte uns alle; ihre Reaktionen waren übertrieben, sie ließ Schuldgefühle in uns entstehen und arbeitete mit Drohungen. In mir erweckte sie ein ganz negatives Selbstgefühl; sie beschimpfte mich sogar. Alles, was ich tat, war mangelhaft. Wenn ich eine Drei nach Hause brachte und froh war, im Zeugnis keine Vier zu kriegen, dann sagte sie, das sei ganz schlimm und ich würde nie annähernd so gut sein wie meine ältere Schwester. Wenn ich wütend werde, beschimpfe ich meine Tochter Helen auch, ich sage, du dummes Kind, wie kannst du nur so was tun? Und sie schimpft zurück. Dann drohe ich damit, ihr etwas wegzunehmen, obwohl ich weiß, daß ich es gar nicht kann. Ich sage, wenn du weiter so redest, darfst du nicht auf die Party gehen, und natürlich redet sie weiter so.

Ich habe noch nicht gelernt, daß ich nicht *sie* bin. Für mich ist sie wie ein Arm, wie ein Fuß von mir. Jetzt allerdings gebe ich mir Mühe, sie loszulassen, ich sage zu ihr, du bist eine selbständige Person. Ich war das für meine Mutter nie. Was ich sagte, zählte nicht. Sie hat mich total manipuliert. Ich versuche, Helen zu manipulieren, und die versucht das gleiche mit mir. Sie gibt mir zu verstehen: auch wenn du mich jetzt strafst, du läßt mich doch auf die Party gehen.
Letztes Jahr wurde mein Mann beruflich versetzt, und ich beschloß, mit den Kindern hierzubleiben. Das war eigentlich meine erste selbständige Entscheidung. Zum erstenmal in meinem Leben dachte ich: ich bin nicht Teil von etwas anderem, ich bin ein Individuum. So etwas hätte ich früher nie zu sagen gewagt. Und meine Tochter habe ich genauso behandelt. Bislang sollte sie tun, was ich wollte, genau wie ich tun sollte, was meine Mutter wollte. Dann wurde ich wieder berufstätig, ich mußte lernen, auf eigenen Füßen zu stehen, und jetzt wird mir klar, daß Helen das auch mal muß. Ich hatte immer Angst, aggressiv zu sein, denn ich sah, wie meine Mutter die ganze Familie beherrschte. Mein Vater hat sich ihr untergeordnet; ich sehe jetzt aber ein, daß eine resolute Frau sein nicht unbedingt heißt, die Männer kastrieren zu wollen.
Wie man seinen Arm oder sein Bein jederzeit beherrschen können will, ebenso möchte ich Helen unter Kontrolle haben, sonst kommt mir gleich der Gedanke, ›Lieber Himmel, das ist mein eigener Arm, und was tut er? Ich darf das nicht zulassen.‹ Jetzt sehe ich aber ein, daß ich mich von ihr lösen muß und übrigens auch von meiner Mutter.
Allmählich mache ich Fortschritte. Kürzlich waren wir einkaufen. Helen verabscheut es, Kleider anzuprobieren, und zur Zeit paßt ihr auch nichts so recht. Eine Verkäuferin, die sie bislang immer gut bedient hat, kam zu uns, und ich sagte: ›Schön, daß Sie da sind.‹ Helen sagte: ›Nicht *die* schon wieder!‹, und zwar so laut, daß die Frau es hörte. Ich gehöre zu den Leuten, die nie etwas Abfälliges über andere Leute sagen, weil ich deren negative Reaktion fürchte, also lächelte ich und

sagte: ›Schön, daß Sie da sind‹, während ein Teil von mir diese Frau praktisch gegen das Schienbein trat. Es war mir furchtbar peinlich, aber dann sagte ich mir: ›Ich bin nicht Helen, nicht ich beleidige diese Frau, sondern sie.‹ Als Mutter ist mir das aber doch nicht recht, als Mutter muß ich Helen tadeln, und das habe ich auch getan.«

VI Feindinnen und Freundinnen

In diesem Kapitel sollen drei Paare von Müttern und Töchtern selbst berichten, mit welchen Problemen die Adoleszenz sie konfrontiert hat. Nur gelegentlich will ich selbst einige Bemerkungen machen. An diesen drei Familien läßt sich gewiß nicht alles abhandeln, was in diesem Alter vorkommt; ich habe sie ausgewählt, weil ich wenigstens teilweise an ihnen demonstrieren kann, wie Mütter und ihre im späten Jugendalter stehenden Töchter von den Veränderungen betroffen werden, die sich in der Gesellschaft und im Leben der Mütter ereignet haben.

Marjorie Gordon steht hier für die traditionelle Mutter, die miterlebt hat, wie sich im Leben der beiden kleineren Töchter die jüngsten gesellschaftlichen Veränderungen bemerkbar gemacht haben. Barbara Levine hat in ihrem eigenen Leben tiefgreifende Änderungen vorgenommen, die erhebliche Auswirkungen auf das Leben der Tochter und auf die Mutter-Tochter-Beziehung hatten. Mary Robertson hat schon früh eigene Unabhängigkeit mit der Mutterrolle verbunden. Daraus hat ihre Tochter viel Kraft bezogen.

Marjorie und ihre älteste Tochter Sylvia sind uns aus Kapitel V bekannt. Die jüngste Tochter Julie ist mit achtzehn Jahren in ihrer rebellischen Phase; sie nähert sich bereits dem Erwachsenenalter. Frau Gordon war nie berufstätig; sie hat sich ganz der Erziehung ihrer Töchter gewidmet, findet aber nicht, daß sie sich ihnen geopfert hat. Sie hält an Tugenden fest, die wir jetzt als altmodisch bezeichnen: geordnete Verhältnisse, Respekt vor anderen, harmonisches Familienleben. Sie selbst stammt aus einer kinderreichen Familie, ihre verheirateten Töchter wohnen in der Nähe und kommen oft zu Besuch.

Marjorie empfindet den Unterschied zwischen ihrer Identität und Verantwortung als Mutter und ihrer Identität als eigenständige Person sehr stark. Mit ihr, Sylvia und Julie habe ich mich teils gemeinsam, teils einzeln unterhalten, und es fiel mir auf, wie nahe sie einander stehen, obgleich jede die Individualität der anderen respektiert.

»Ich habe meine Töchter sehr bewußt zu starken, selbständigen Menschen erzogen«, erinnert sich die Mutter. »Ich war überzeugt, wenn ich ihnen nur Selbstvertrauen und Enthusiasmus vermittelte, würde sich alles andere von allein ergeben.«

Sylvia bestätigt, daß dies richtig ist. »Es muß wohl funktioniert haben, denn ich habe mich nie vor etwas gefürchtet, wenngleich ich mich auch nie für besonders tüchtig gehalten habe. Als in der Schule ein Junge meine Freundin belästigte, sagte ich: ›Wenn du ihr was tust, verdresche ich dich!‹«

Frau Gordon hat ihre Töchter innerhalb der von der traditionellen Weiblichkeit gesteckten Grenzen aufgezogen. Traditionell weibliche Tätigkeiten wie Nähen, Kochen und Kleiderkaufen machten ihr mit ihren Töchtern Spaß. Die Töchter sollten heiraten und Kinder bekommen, und die drei ältesten haben das auch getan. Bei den beiden jüngeren ist es anders. Beide wurden von den Veränderungen im Lebensstil der Heranwachsenden beeinflußt, die mit dem Jugendkult in den sechziger Jahren begannen und ihren Höhepunkt fanden, als den Achtzehnjährigen das Wahlrecht zuerkannt wurde.

»Die drei Ältesten wuchsen in der konventionellen Manier auf, die von der Gesellschaft gebilligt wurde«, berichtet die Mutter. »In der Schule und zu Hause wurde ihnen Disziplin und Respekt vor Autorität beigebracht. Ich glaube an die alten Tugenden und bevorzuge zu Hause zivile Umgangsformen, und die habe ich den Töchtern beizubringen versucht. Die drei Ältesten sind in einer ungestörten Atmosphäre herangewachsen. Damals verlangten alle Mütter, daß die Töchter eine Stunde nach einem Tanzvergnügen zu Hause waren. Sie haben dagegen natürlich protestiert, und ich finde das bei

Heranwachsenden auch ganz normal. Zwischen Müttern und Töchtern ist der Ton manchmal schärfer, weil wir eben alle Frauen sind. Damals waren Mütter noch in der Lage, den Töchtern vorzuschreiben, was sich gehört und was nicht, aber jetzt finden sich die Töchter nicht mehr damit ab, sie wollen ihren eigenen Kopf durchsetzen. Ernste Schwierigkeiten gab es aber erst bei meiner vierten Tochter. Die versuchte es auf die neue Art und Weise. Die drei Ältesten hatten zur Schule Kleider getragen, meine vierte mußte unbedingt Hosen tragen. Als sie fünfzehn oder sechzehn wurde, war es mit der Disziplin vorbei. Sie schlich sich aus dem Haus, wenn sie im Bett liegen sollte. Darauf wären die drei Älteren nie gekommen. Sie wollte unbedingt ihren Willen haben, und das paßte uns nicht. Wir mußten uns aber sagen, daß die Zeiten sich geändert hatten. Es ging nicht an, ihr zu verbieten, Hosen zu tragen, wenn alle anderen es taten. Wir waren es, die unsere Vorstellungen revidieren mußten.«
»Die Welt hat sich wirklich verändert«, bemerkte Sylvia. »Bei uns dreien ging es noch friedlich zu. Ich hatte einen Dickkopf, es gab auch mal Streit, aber im ganzen war doch alles ziemlich einfach. Wir hatten weniger Freiheit als die Mädchen heute. In kleinen Sachen lehnte ich mich auf, zum Beispiel, wenn ich länger aufbleiben wollte, aber die beiden Jüngsten, die machten, was sie wollten. Wir mußten heiraten, ohne die Freiheit genossen zu haben, die die beiden jetzt schon haben.«
»In deren Alter ist es ganz natürlich, sich aufzulehnen, und daß sie wählen dürfen, macht alles noch schlimmer«, sagte Frau Gordon. »Sie dürfen jetzt mit achtzehn Alkohol trinken, und damit wird eine ganz neue gesellschaftliche Szene eröffnet. Julie sagt, wir sollten uns keine Sorgen darüber machen, wo sie hingeht und was sie tut, denn sie sei mündig und unabhängig. Das ist sie aber nicht. Sie lehnt es auch ab, ihren Teil zur Hausarbeit beizutragen.
Betty, unsere vierte Tochter, ist mit achtzehn aus dem Haus gegangen und hat nicht wieder bei uns gewohnt. Sie hat das College aufgegeben und ist nach Boston gezogen. Sie wollte

dort eine eigene Wohnung haben und weiter studieren, wir konnten es uns aber nicht leisten, ihr eine Wohnung zu bezahlen. Wenn sie hiergeblieben wäre, hätten wir sie aufs College schicken können, und das wollten wir auch, aber sie blieb in Boston und hat eine Arbeit angenommen. Jetzt überlegt sie, ob sie nicht doch aufs College gehen soll, und dafür bezahlt sie dann selber. Als sie damals wegging, kämpfte sie für das gleiche Maß an persönlicher Freiheit, das meine jüngste Tochter dann gleich gehabt hat. Betty hat sich aber eine gewisse Achtung vor uns und unseren Anschauungen bewahrt; die teilt sie zwar nicht, sie stellt sich aber auch nicht rundheraus dagegen wie Julie. Für sie war Unabhängigkeit eine sehr ernste Angelegenheit. Als sie es für richtig hielt, ging sie von zu Hause weg. Julie droht uns immer damit, wegzugehen, tut es aber nicht. Manchmal bleibt sie tagelang bei einer Freundin, dann kommt sie zurück. Ihr Mangel an Respekt und ihr Verhalten ärgern mich. Eine Achtzehnjährige sollte wirklich aus dem Haus gehen, und wenn sie dann von ihrer Freiheit Gebrauch macht, sammelt sie Erfahrungen. Bettys wegen war ich nicht in Sorge, die ist eine höchst vernünftige Person.«
Julie äußerte später ihre Meinung dazu: »Als Teenager versucht man, selbst jemand zu sein. Man möchte statt der Mutter-Tochter-Bindung eine Beziehung von Frau zu Frau haben, und das ist für beide nicht einfach. Ich tue die Dinge auf meine Art, sie auf ihre, und jeder beharrt auf seiner Art.«
»Du darfst nur nicht vergessen, daß du noch immer im Elternhaus wohnst«, sagte Sylvia dazu. »Deine Art mußt du dir für später aufheben.«
»Stimmt«, sagte Julie, »aber dann fühle ich, daß ich keine Luft kriege, daß ich hier raus muß.«
»Damit mußt du dich eben abfinden«, antwortete die pragmatische Sylvia.
Im Herbst wird Julie aufs College gehen, und wahrscheinlich wird sie sich irgendwann mit der Mutter wieder anfreunden. Im Augenblick ist sie unentschieden. Sie möchte nach ihren

eigenen Vorstellungen leben, ist aber nicht bereit, dafür die Verantwortung zu tragen. Die Mutter würde sie jederzeit gehen lassen, Julie kann sich aber nicht von ihr lösen. Verglichen mit den älteren Schwestern hat sie viel mehr Freiheit, kann davon aber keinen rechten Gebrauch machen. Die Mutter spielt ihr gegenüber nach wie vor die Mutterrolle, ohne sich darauf zu versteifen. Sie sagt: »In den letzten Jahren bin ich sehr viel milder geworden und habe eingesehen, daß ich gegen die allgemeinen Veränderungen nicht ankomme. Was jetzt mit den Frauen vorgeht, halte ich für gut, nur geht manches zu schnell. Geschlechtsverkehr unter Heranwachsenden scheint mir verfrüht.«

Sie ist besorgt wegen der Wirkungen, die Freiheit ohne Disziplin auf die Generation ihrer Jüngsten ausübt. »Wie wird diese Generation mit fünfunddreißig Jahren mal aussehen, wenn die jungen Leute keinen Beruf lernen und ihre Schulbildung nicht abschließen? Und wie soll die Zukunft für sie aussehen, wenn sie drogensüchtig werden? Und wird die permissive Sexualität nicht alle Beziehungen zerstören und die Ehen auch?«

Sie hat sich aber damit abgefunden, daß Betty unverheiratet mit einem Mann zusammenlebt, obwohl sie zugibt, da ihre Zweifel zu haben. Sobald Julie aus dem Haus ist, will sie berufstätig werden: »Ich kann noch zehn oder zwanzig Jahre berufstätig sein, nur habe ich leider keine Erfahrung und deshalb nicht viel Selbstvertrauen. Wäre ich heute jung, dann würde ich vielleicht nicht gerade an der Spitze der Frauenbewegung marschieren, aber vieles, was diese Frauen wollen, finde ich richtig.«

Wie erklärt es sich, daß Julie so persönlich und entschlossen rebelliert? Es scheint, daß sie sich in Grenzverletzungen übt, daß sie ihre Mutter dazu bringen will, den Haushalt nach Julies Anschauungen zu führen. Ließe Frau Gordon sich darauf ein, würde sie als Mutter und Haushaltsvorstand abdanken. Solange Julie daheim wohnt, sieht Marjorie sich genötigt, auch weiter ihre Mutter zu sein.

Konflikte, die aus dem Zusammenstoß zwischen der permissiven Gesellschaft und der traditionellen Familie entstehen, betreffen selbstverständlich nicht nur die Töchter. Soweit sich der Konflikt aber in häuslichen Formen ausdrückt, betrifft er nur sie. Heranwachsende Jungen mögen sich gegen gesellschaftliche Vorschriften und ähnliches auflehnen, doch die häusliche Tätigkeit kann zwischen Müttern und Töchtern Konflikte heraufbeschwören, die einzig in dieser Beziehung denkbar sind. Dies mag zum Teil daran liegen, daß Mütter und Töchter sich eben nur innerhalb des Hauses gegenübertreten. Größere Freiheit, wenn sie nicht zu ziellosem Gammeln ausarten soll, wie Frau Gordon dies befürchtet, verlangt ein größeres Feld für verantwortungsbewußte Tätigkeit. Julie hat sich damit noch nicht auseinandersetzen müssen. Sie ist derzeit verwirrt, sie kann etwas ablehnen, weiß aber nicht, was sie an dessen Stelle setzen soll. Vielleicht ist das zum Teil der Grund, weshalb sie daheim und im Konflikt mit der Mutter bleibt. Das ist wenigstens etwas Greifbares. Mit ihrer Auflehnung hält sie zugleich an einem Band fest, das sie loszulassen fürchtet, während sie es doch gleichzeitig ablehnt. Die ältere Schwester Betty hat eine klare Trennung vorgenommen, vielleicht, weil es ihr schwerer gefallen ist, sich die Freiheit zu erkämpfen. Sie hat sich zugleich von ihrer Mutter und von deren Lebensweise gelöst.
Man kann Frau Gordon keinen Vorwurf daraus machen, daß sie an ihrem Ich-Gefühl und ihren Wertvorstellungen festhält. Wie sie selbst sagt, wurde die Art, wie sie die älteren Töchter erzog, von der Gesellschaft gutgeheißen. Das persönliche Durchsetzungsvermögen der drei älteren mag gedämpft worden sein, es gab aber keinen Bruch zwischen den Erwartungen der Mutter und denen der Gesellschaft, beide deuteten auf die gleiche Zukunft hin. Wenn Julie einmal von zu Hause fortgeht und ein eigenes Leben beginnt, mag sich Frau Gordons starkes Selbstgefühl und die innere Übereinstimmung mit ihrer Rolle für die Tochter als nützlich erweisen.
Wie wir gesehen haben, wünschen sich die meisten heran-

wachsenden Töchter, daß die Mütter bestimmte Grenzen achten. Die Grenze zwischen den Generationen ist wichtig, die Grenze zwischen dem jeweiligen Ich ist entscheidend. Rebellion kann für Töchter wie Julie Gordon bedeuten, daß sie selbst Grenzverletzung betreiben in der Hoffnung, die Kluft zwischen den Generationen auf ihre Weise zu verwischen, aus den Müttern etwas zu machen, was diese nicht sind, oder mit ihnen um die jeweilige Rolle auf dem häuslichen Terrain zu konkurrieren.

Wenn die Gesellschaft die traditionelle Mutterrolle nicht mehr stützt, kommt es zu einem Bruch, der dadurch geheilt werden kann, daß entweder die Mutter an ihren traditionellen Anschauungen festhält wie Frau Gordon oder ihre Rolle so ändert, daß eine neue Beziehung zur Tochter entstehen kann, eine flexiblere Beziehung, in der gewisse traditionelle Vorstellungen von Generationsgrenzen wegfallen, die veränderte Realität zweier deutlich unterschiedener Personen aber klar definiert bleibt. In solch einer Beziehung mag der persönliche Austausch intensiver sein als in der traditionellen Mutter-Tochter-Beziehung, in der Mutter und Tochter nebeneinander dahinleben, sobald die Tochter ins Jugendalter eintritt.

Wirklich schwierig wird es, wenn die Mutter überhaupt keine Grenze mehr beachtet, wenn sie ihre Mutterrolle niederlegt, bevor die Tochter darauf vorbereitet ist. Frau Gordon hat sehr gescheit bemerkt, daß es für die Abdankung einen richtigen Zeitpunkt gibt. Wenn Frauen aber für sich ein sinnvolleres Leben erstreben, kann es zum Konflikt zwischen ihren eigenen Bedürfnissen als sich weiterentwickelnder Personen und denen ihrer Kinder kommen. Wir haben bereits gesehen, daß jüngere Mütter mit kleineren Kindern daran arbeiten, diese Schwierigkeit zu überwinden, und wenn sie sich konsequent darum bemühen, mögen sie Erfolg haben. Beschließt die Mutter jedoch, ihr Leben zu einem Zeitpunkt zu ändern, wenn die Tochter schon älter und an ein gewisses Maß von mütterlicher Zuwendung gewöhnt ist, dann kann es zu Unzuträglichkeiten kommen.

Barbara Levine ist fünfundvierzig. Vor sechs Jahren hat sie sich von ihrem Mann getrennt und ist mit den beiden kleinen Töchtern in die Stadt gezogen. Sie hat hier ein Geschäft aufgemacht, obwohl sie keinerlei Erfahrung besaß. Sie selbst sagt, sie habe, ohne viel darüber nachzudenken, geheiratet und Kinder bekommen, weil das eben so üblich war. Als Frau eines wohlhabenden Mannes gewöhnte sie sich sehr bald an die Hilfe eines Dienstmädchens, an Golf und Bridge als Zeitvertreib. »Ich vernachlässigte dabei meine Kinder, und im Rückblick kommt es mir vor, als hätte ich mir nur Kinder gewünscht, weil ich mir selbst nicht genug war. Ich wollte ausgefüllt sein. Die Kinder füllten mich aber überhaupt nicht aus, obwohl ich sie lieb hatte.

Als ich in die Stadt zog, mußte ich für alles selbst aufkommen und kam mir vor wie der Riese Goliath. Das hat mir gut getan. Endlich mußte ich mich selbst ernst nehmen. Die Kinder kamen dabei aber zu kurz. Ich war nicht mehr für sie da, konnte sie nicht versorgen.

Rachel, die damals vierzehn war, mußte das Essen kochen, einkaufen, sich um ihre Schwester kümmern. Sie war die eigentliche Mutter, und wenn ich aus dem Geschäft kam und die Mutter spielen wollte, paßte ihr das nicht. Die beiden letzten Jahre waren fürchterlich. Ich habe mich bemüht, wieder mehr Mutter zu sein, besonders an ihr wiedergutzumachen, was ich versäumt hatte, sie wollte das aber nicht. Sie knallt die Türen, streitet, einmal hat sie mich sogar geschlagen.«

Rachel meint dazu: »Als wir in die Stadt zogen, waren meine Schwester und ich uns selbst überlassen. Mama hatte einen Freund und ihr Geschäft. Ich trug die ganze Verantwortung für meine Schwester, und ich war wütend, weil ich mich zurückgewiesen fühlte. Als sie dann wieder die Mutter spielen wollte, verstand ich das nicht. Andererseits hätte ich auch gern eine Mutter gehabt. Ich war verwirrt. Wenn ich abwaschen sollte, fing ich an zu schimpfen.«

Zwischen Mutter und Tochter kam es auch zu sexueller Konkurrenz. Barbaras Liebhaber wurde von beiden Töchtern abgelehnt, weil dessen Beziehung zu ihrer Mutter etwas Kindliches hatte und er in den Augen der Mädchen keine Vaterfigur war, sondern ein Rivale. Rachel erinnert sich: »Die Mutter mußte ihre Liebe einteilen; ihr Freund gewann kein Verhältnis zu ihr als unserer Mutter und wir kein Verhältnis zu ihr als seiner Liebhaberin.« Mit fünfzehn Jahren fing Rachel, teils um sich zu rächen, ein Verhältnis mit einem Jungen an, der mehrere Jahre älter war als sie. Vorübergehend wohnte er bei ihr. Die Mutter erinnert sich: »Daß Rachel mit ihm schlief, war mir einerlei, aber er arbeitete nichts und trug nichts zum Haushalt bei.«

Rachel beschuldigt die Mutter: »Sie konnte sich nicht damit abfinden, daß ich eine richtige Beziehung zu einem Mann unterhielt, denn das war nicht bloß einfach so eine vorübergehende Freundschaft. Einmal sagte sie zu mir, ich stünde doch erst am Anfang, und damit meinte sie in Wahrheit, daß sie am Ende stand. Das ließ ihr keine Ruhe. Daß ich mich mit dem Mann so weit einließ, ging bestimmt auf den Wunsch zurück, es meiner Mutter heimzuzahlen; ebensogut hätte ich ihr eine kleben können. Ich habe alles mögliche gemacht, um sie zu ärgern.«

Mit siebzehn zog Rachel zu ihrem Freund in die Wohnung. »Als wir mal wieder stritten«, erzählt Barbara, »und ich zu ihr sagte, sie solle endlich aufhören, mir das Leben schwerzumachen, ging sie einfach aus dem Haus. Sie kam nicht wieder. Sie war gerade siebzehn, und ich machte mir ihretwegen Sorgen, aber jetzt herrschte wenigstens Frieden im Haus, und ich war mit meiner anderen Tochter allein. Tatsächlich hat es sich bewährt, es ist wie ein Wunder. Wir kamen gleich wieder besser miteinander aus, weil wir uns nicht täglich sahen. Sie verdient ihren Lebensunterhalt selbst und will nächstes Jahr aufs College gehen. Neulich kam sie mal zum Essen und fragte mich, wie es käme, daß jetzt alles so viel angenehmer sei, während ich sie doch vor ein paar Wochen noch so gehaßt hätte. Ich sagte, ich hätte sie nie gehaßt, sie hingegen hätte mir bei jeder Gelegenheit das Leben schwergemacht und sich ekelhaft benommen. Manchmal hätte ich es ja verdient, aber die meiste Zeit hätte ich ihr keinen Anlaß gegeben.«

Rachel meint: »Als ich noch zu Hause wohnte, war ich todunglücklich, denn ich möchte alles ganz anders machen als meine Mutter. Jetzt lebe ich, wie es mir paßt. Wenn sich in der Küche das schmutzige Geschirr stapelt, macht mir das nichts aus, meine Mutter wäre aber schon wütend und würde mich anschreien. Ich fühle mich jetzt mehr als ich selbst. Ich übernehme gern Verantwortung, ich sorge gerne selber für mich. Seit neuestem vertragen wir uns auch wieder, sie ist richtig stolz auf mich. Bis dahin war meine Schwester das brave Mädchen und ich das Problemkind.

Zum Teil lag das daran, daß ich immer viel Freiheit gehabt habe. Mit vierzehn bin ich schon allein im Land umhergereist. Diese Freiheit brauchte ich, andernfalls wäre ich ausgerissen von zu Hause. Ich fand das prima; wenn ich meine Mutter brauchte, konnte ich sie jederzeit anrufen, und sie wußte auch immer, wo ich war.«

Barbara berichtet: »Rückschauend erkenne ich jetzt, daß ich vor Rachel Angst hatte. Ich wurde mit ihr nicht fertig. Ich ließ ihr alles durchgehen, und ich glaube jetzt, daß das falsch ist. Ich dachte, ich könnte so wiedergutmachen, daß ich sie vernachlässigt hatte. Bei meiner anderen Tochter scheue ich mich nicht, energisch zu werden.« Barbara brauchte lange, um die Grenzen wieder abzustecken; der Konflikt mit Rachel bezeichnete auch eine Entwicklungsphase bei ihr, und sie sieht sich jetzt in der Lage, der jüngeren Tochter entschlossener und entschiedener beizustehen.

Rachel schwankt immer noch in ihrem Urteil. Einerseits meint sie, sie habe viel Freiheit gebraucht; andererseits hätte sie es vorgezogen, daß die Mutter von Anfang an strenger und konsequenter gewesen wäre. »Daß man von zu Hause weggeht, nützt nur etwas, wenn man innerlich entschlossen ist, sich zu ändern. Wenn man fortgeht und mit den Eltern befreundet bleibt, ist das gut. Ich kenne Mädchen, die ihre

Eltern nie wiedersehen wollen, hauptsächlich weil die Mütter sich wie die Glucken benommen haben. Diese Töchter kommen bestimmt nie wieder nach Hause. Es ist unheimlich schwer zu wissen, wann man Mutter sein muß und wann Freundin. Meine Mutter kann da nicht immer unterscheiden. Daß sie erst alles gehenließ und dann plötzlich energisch wurde, war verkehrt. Wäre sie gleichmäßig streng gewesen, würde ich weniger wütend sein. Hätte sie mir weniger Freiheit gelassen, hätte ich vielleicht von der Schule und überhaupt von meiner Jugend mehr gehabt.« Man muß sowohl der Mutter wie der Tochter hoch anrechnen, daß die Verbindung zwischen ihnen noch so gut ist; nicht alle Töchter, die sich im Konflikt mit der Mutter befinden, können das Elternhaus verlassen, Rachel war aber offenbar reif genug, diesen drastischen Schritt zu tun.

Sowohl Rachel wie Julie haben mit ihrer Mutter einen schweren Konflikt ausgetragen und dabei selbst Grenzverletzungen begangen. Rachels Mutter hat das herausgefordert, indem sie die Mutterrolle niederlegte; im Gegensatz dazu hat Julies Mutter sich bemüht, trotz der sich rasch verändernden gesellschaftlichen Moral ihre Autorität zu wahren. Rachel ist von zu Hause fortgegangen und Julie bereitet sich darauf vor; beide Mütter sind klug genug einzusehen, daß sie ihre Töchter gehen lassen müssen, wenn die Zeit dafür kommt.

Der Ablösungsprozeß zwischen Mary Robertson und ihrer Tochter Jane ist stetiger vor sich gegangen. Manche Leute werden die Lebensform dieser beiden sehr untypisch finden. Frau Robertson ist geschieden und seit Jahren erfolgreich als Herstellerin von Dokumentarfilmen. Die jetzt siebzehnjährige Jane ist seit ihrem vierzehnten Lebensjahr Mitarbeiterin der Mutter. Die beiden sind erstaunlich offen miteinander, sie erörtern ihre abweichenden Meinungen, ohne je die Achtung voreinander als eigenständige Individuen zu verlieren.

Man könnte die Damen Robertson im besten Sinne des Wortes konservativ nennen: sie leben in wohlgeordneten, wohlhabenden Verhältnissen; sie sind fleißig und respektieren einander; Mary ist eher eine strenge Mutter, sie hat ihre Verantwortung als Janes Mutter niemals aufgegeben. Statt dessen hat sie dafür gesorgt, daß sie und Jane sich als gegenseitig aufeinander angewiesene Menschen empfinden, verbunden durch eine sich fortentwickelnde Beziehung, die auf gegenseitigem Beistand und auf Neigung beruht. Das Ergebnis ist, daß die Tochter es nie für nötig befunden hat, sich aufzulehnen.

Frau Robertson war stets entschlossen, sie selbst zu bleiben, ohne doch ihre Verantwortung als Mutter zu leugnen, und auf dieser Basis hat sie das Verhältnis zu ihrer Tochter aufgebaut; sie sieht in ihr sowohl die Tochter als auch eine Person eigenen Rechtes, die zunehmend Verantwortung für sich trägt, doch immer noch der, wenn auch beständig abnehmenden, elterlichen Kontrolle untersteht. Hier kam es nie zu einem schroffen Bruch zwischen alten und neuen Verhaltensweisen wie etwa bei Levines. Bei Robertsons hat es den Anschein, als seien ihre Wertvorstellungen denen von Gordons erstaunlich ähnlich, doch der Komplex Hauswesen rangiert in der Mutter-Tochter-Beziehung nur als einer unter anderen. Obwohl sie in engem Kontakt leben, kommt es seltener zu einer generationsbedingten Konfrontation, wie sie für die Beziehung von Marjorie Gordon zu ihrer Tochter Julie bezeichnend ist. Jane Robertson hat ein ausgeprägtes Verantwortungsgefühl entwickelt, sowohl was die Häuslichkeit, als auch was die Arbeit der Mutter betrifft.

»Ausschlaggebend für die Art meiner Beziehung zu Jane war, daß ich mich nicht davon abbringen ließ, so zu leben, wie ich es mir vorgenommen hatte«, erklärt die Mutter. »Das bedeutete nämlich, daß ich nicht darauf versessen sein mußte, Jane zu einem Abklatsch von mir zu machen. Wenn ich ein Individuum sein will, muß ich auch meiner Tochter gestatten, eines zu sein. Diese Entscheidung kommt weniger aus dem Verstand als aus dem Gefühl. Als sie noch ganz klein war, war ich in Gefahr, auf die Wiederholungstour reinzufallen; wenn ich so würde wie meine Mutter, dann würde Jane so werden wie ich. Dann änderte sich das aber. Teils, weil ich mich scheiden

ließ, denn so etwas eröffnet einem ganz neue Perspektiven, teils auch, weil ich richtig fand, was ich tat.
Ich glaube, eine Mutter, die so lebt, wie sie es für richtig hält, macht ihrer Tochter das Leben viel leichter. Die Tochter ist dann nämlich kein Projekt, sie dient nicht als Verbindung zur Welt, als Kraftquelle, als Rechtfertigung der Existenz. Ich muß sagen, es war ein Glück, daß ich meine Tochter schon sehr früh freigeben konnte. Jetzt habe ich das Gefühl, wir entwickeln uns gleichzeitig, wenn auch nicht in der gleichen Richtung, und das ist sehr angenehm. Mein Leben ist kein stehendes Gewässer, ich ändere mich auch.«
»Ich finde es sehr wichtig, daß man merkt, auch die Mutter verändert sich«, sagt Jane. »Meine Freundinnen protestieren meist gegen Mütter, die sich nicht mehr verändern. Sie sehen ihre Mütter als die immer gleichen, und wenn sie sich nicht gegen die auflehnen, werden sie genauso.«
»Im Idealfall soll man alles gemeinsam machen«, bemerkt Mary, »gelegentlich muß die Mutter aber die Führung übernehmen und Vertrauen verlangen. Aber nur, wenn es sein muß. Die Lage muß es unbedingt rechtfertigen.«
»Zum letztenmal passierte so was, als ich im Sommerlager war«, berichtet Jane. »Dort badeten alle nackt. Ich war gerade sechzehn und die jüngste dort. Als Mama mich besuchte, mußte ich weg, weil ihr das nicht paßte. Ich wäre lieber geblieben, und ich glaube auch jetzt noch, daß es wichtig für mich gewesen wäre, die Ferien dort zu verbringen, ich hatte nämlich eine Menge Beziehungen angeknüpft und schon so etwas wie eine Führungsrolle übernommen. Aber ich hatte ja keine Wahl.«
»Warum fanden Sie diese Dinge schlecht für Ihre Tochter?« fragte ich.
»Das ist nicht leicht zu sagen. Ich habe Jane nicht gleich mitgenommen, aber als ich wieder zu Hause war, kam mir der Verdacht, sie könnte dort, ohne es zu merken, verunsichert werden. Man kann sechzehnjährigen Mädchen aber nicht klarmachen, daß sie ihre eigenen Gefühle nicht kennen. Ich

fand die Atmosphäre dort ungesund, das Aufsichtspersonal reichlich verklemmt. Es war, als könnte man vorhersagen, daß die Tochter vergewaltigt wird, wenn man sie in einer bestimmten Situation beläßt. Mir war jedenfalls klar, daß ich was unternehmen mußte, ob sie nun einverstanden war oder nicht. Ein Glück, daß wir vorher schon eine sehr brauchbare Beziehung hatten, denn man tut nur ungern etwas, was zu einer Entfremdung führen kann. Ich mußte mich aber an das halten, was mir mein Verstand und mein Verantwortungsgefühl sagten, und wenn ich es nicht getan hätte, wäre ich mir jämmerlich vorgekommen. Es kam nicht darauf an, daß sie mit meinem Vorgehen einverstanden war; wichtig war jetzt, daß sie seelisch nicht zu Schaden kam. Ich wußte, daß wir uns schon irgendwann über diese Angelegenheit verständigen würden, und das haben wir doch auch, nicht wahr, Jane?«

»Leicht fiel es mir nicht«, antwortete Jane. »Ich war sehr wütend. Du hättest mir deine Meinung sagen sollen, ohne mich dort fortzunehmen.«

»Ich glaube nicht, daß das gegangen wäre. Es mußte gehandelt werden, denn anders war nicht auszuschließen, was dir hätte zustoßen können. Ich habe viel daraus gelernt.«

Es ist nützlich, Janes derzeitige Lage mit der von Julie Gordon und Rachel Levine zu vergleichen. Dank des Vorbildes der Mutter sieht Jane mehrere Möglichkeiten für die Zukunft. Julie hat solch ein Vorbild nicht und muß sich ihre Zukunft selbst ausmalen. Rachel scheint in der Mitte zwischen diesen Positionen zu stehen. Ihre Auflehnung basierte ebenso auf persönlichen Motiven wie Julies, und beide schienen darauf auszugehen, ihren Müttern das Leben sauer zu machen. Rachel war aber, wie Julies Schwester Betty, fähig, das Elternhaus zu verlassen und nach neuen Möglichkeiten außerhalb der Sphäre persönlicher Auflehnung gegen die Mutter Ausschau zu halten.

In Kapitel II habe ich Nancy Chodorow zitiert, die der Meinung ist, eine gesunde Trennung von Mutter und Tochter sei dann am wahrscheinlichsten, wenn die Tochter in einer Umwelt aufwächst, die einerseits der Mutter eine konkrete, produktive Rolle außerhalb des Hauses gestattet, andererseits nicht so streng zwischen Heim und Arbeitsplatz unterscheidet, daß es weder Müttern noch Töchtern gelingt, diese Unterscheidungen aufzuheben.

Mary und Jane Robertsons Beziehungen scheinen dieser Auffassung recht zu geben. Ich habe schon darauf hingewiesen, daß es selbstverständlich kein Patentrezept ist, daß die Mutter irgend etwas arbeiten soll – verabscheut sie ihre Arbeit, hat sie Schuldgefühle, weil sie berufstätig ist, so wird sich das in der Beziehung zur Tochter negativ auswirken. Am günstigsten ist wohl, wenn Hausstand und Arbeitsplatz so eng wie möglich benachbart sind, ein Ziel, das heute zugegebenermaßen schwer zu verwirklichen ist, was aber Mary Robertson gelungen zu sein scheint.

»Was wünschen Sie sich von Ihrer Mutter?« fragte ich Jane.

»Beistand«, antwortete sie.

»Ich empfinde Jane auch als Stütze«, sagte Mary. »Wenn alles gut geht, stützt man sich gegenseitig.«

»Voriges Jahr hat Mama sich einen neuen Freund genommen, und als der mit seinen Sachen hier einzog, dachte ich, auf den ist sie reingefallen, sie merkt gar nicht, worauf sie sich einläßt, etwas schlauer sollte sie doch sein. Meist müssen sich Mütter mit den Freunden ihrer Töchter abfinden, diesmal war es umgekehrt. Ich glaube, es kommt jetzt öfter vor, daß Töchter ihre Mütter beschützen wollen, so wie sie mich ja auch beschützen will.«

»Das ist ein sehr angenehmes Gefühl, weil plötzlich alles andersherum geht. Man weiß, was passieren wird, und läßt es zu, obwohl man wünscht, der andere würde sich anders verhalten«, sagte die Mutter.

»Außerdem bin ich ihr bei der Arbeit eine Hilfe«, fügte Jane hinzu. »Eigentlich ist es ihre Arbeit, aber die Firma ist jetzt ein Familienunternehmen. Ich habe an vielen Produktionen mitgearbeitet, nehme Telefongespräche entgegen, schlage mich mit Regisseuren herum usw. Meine Freundinnen lehnen so was ab, die meisten brechen die Verbindung zu ihrer Mutter ab. Ich habe diese Verbindung aber noch und sie ist sehr stark. Es ist gar nicht leicht, mit der Mutter zu arbeiten, ihr zu helfen. Von den Müttern meiner Freundinnen arbeiten manche nicht, und die haben eine Menge Zeit auf ihre Kinder verwendet, zuviel vielleicht. Solche Kinder können nicht mit ihren Müttern arbeiten, sie haben damit zu tun, sich von ihnen zu befreien. Meine Mama hat sich von mir befreit, ehe ich mich von ihr befreit habe. Gelegentlich war ich ihr böse, weil sie sich zu wenig um mich gekümmert hat, aber wenn sie sich nicht von mir befreit hätte, könnte sie mir nicht geben, was sie mir gibt.«

»Ich wollte von Anfang an Beruf und Familienleben miteinander vereinbaren«, erklärte Mary, »anders konnte ich mir das nicht vorstellen. Als meine Tochter vierzehn war, habe ich sie fest bei mir angestellt, denn ich entdeckte plötzlich, daß sie viel erwachsener war, viel mehr eine eigenständige Person als irgendwer, der sich für diesen Job angeboten hätte. Es ist so auch viel besser und macht richtig Spaß.«

Es ist nicht immer einfach, eine Mutter mit stark ausgeprägter Persönlichkeit zu haben, schon gar nicht, wenn man neben ihr arbeitet. Jane und ich unterhielten uns noch darüber, wie sie es fertigbringt, sich von ihrer Mutter abzulösen. Am schwersten fällt ihr, andere dazu zu bringen, mit ihr nicht als der Tochter ihrer Mutter zu verhandeln, sondern mit ihr als eigenständiger Person.

»Wenn ich verunsichert bin und über irgendwen im Zweifel, dann ertrage ich es schwer, meine Mutter um mich zu haben, weil sie so gescheit ist. Was ihre Freunde angeht, gilt das gleiche von mir. Wenn man neue Freundschaften schließt, dann möchte man die Freunde für sich haben und nicht mit der Mutter teilen. Für mich sind ihre Liebhaber mehr so was wie Eltern oder Freunde, ich will aber nicht, daß sie meine Freunde wie ihre Söhne behandelt. Als ich zum erstenmal Geschlechtsverkehr hatte, habe ich ihr davon nichts gesagt,

denn ich wollte darüber lieber mit meinen Freundinnen sprechen und nicht mit meiner Mutter. Ich war damals sechzehn, und mein Freund blieb über Nacht hier. Es macht mir keinen rechten Spaß, in der Wohnung meiner Mutter Sex zu haben, schon gar nicht, wenn sie anwesend ist.
Außerdem ist sie eine starke Persönlichkeit und schüchtert andere ein. Sechzehn- und Siebzehnjährige wissen nicht immer genau, wer sie sind, und sie sind manchmal nicht so selbstsicher, daß sie es mit einer Frau von starkem Selbstgefühl aufnehmen können. Dann ärgere ich mich. Sie sagt immer genau, was sie denkt, und mir gefällt das, andere Leute finden das aber nicht immer einfach.
Ich möchte ein völlig von ihr getrenntes Individuum werden. Die Leute behandeln mich meist als ihre Tochter, und das paßt mir nicht. Leute, die Mama geschäftlich kennen, sehen mich nur als ihre Tochter, auch wenn ich versuche, ihnen klarzumachen, daß ich ein Mensch für mich bin, und ihnen zeige, daß sie auch auf andere Weise mit mir umgehen können. Dann wieder finde ich es sehr angenehm, Mamas Tochter zu sein. Gerät man in eine Lage, die man nicht beherrscht, wo man weder von der Schule, noch vom Elternhaus beschützt wird, dann hält man sich gern an etwas fest, erst recht solange man nicht genau weiß, wer man ist.«
Jane weiß sehr genau, was für eine Art Frau sie einmal werden will, sie möchte ihrer Mutter ähnlich werden. »Unter weiblich braucht man sich gar nichts Bestimmtes vorzustellen. Ein sehr weiblicher Mensch kann gleichzeitig energisch und kraftvoll sein; Kraft schließt Güte nicht aus. Kraftvoll und gleichzeitig sehr gütig können aber auch Männer sein. Es kommt darauf an, warum man etwas tut, und weniger darauf, was man tut. Auch ein Haus bauen kann weiblich sein, es kommt ganz darauf an, was man damit ausdrückt. Frau sein basiert auf der Sexualität; fühlt man sich sehr als Frau und kann man das ausdrücken, dann kommt die Weiblichkeit in allem zum Ausdruck, was man tut, sie ist einfach vorhanden.«

VII Männer, Ehe, Mütter

Frauen verändern ihr Leben, und damit verändert sich gleichzeitig ihr Verhalten zu Männern und zu ihren Töchtern. Wir haben auch gesehen, daß das Bild, das die Frau von sich hat, große Wirkung auf die Beziehung zur Tochter und dann auf die Beziehungen hat, welche die Tochter künftig zu Männern knüpft.[1] Es kann passieren, daß die Frau in ihrer Beziehung zu Männern einen Kampf um die eigene Persönlichkeit führt, und das ist dann in Wirklichkeit die Fortsetzung des Kampfes, den sie schon mit der Mutter führte. Mag die Auseinandersetzung mit Männern auch mehr um sexuelle Identität oder die Geschlechtsrolle geführt werden, in ihrer ernstesten Ausprägung geht sie um das Selbstgefühl. Solange es keine Scheidung gab, blieb den Frauen nichts übrig, als solche Konflikte beizulegen, indem sie die eigene Persönlichkeit unterdrückten. Heute wählen sie mehr und mehr den Weg der Trennung oder Scheidung, oder sie ziehen ihre Kinder alleine groß. Manche Frauen bringen es fertig, die Struktur ihrer Ehe zu ändern, wenn sie ein stärkeres Bewußtsein von sich als Person entwickeln, und einige wenige haben der Heterosexualität endgültig den Rücken gekehrt.

In diesem Kapitel wollen wir sehen, welche Lösungen sich anbieten und wie sie sich auf die Mutter-Tochter-Beziehung auswirken.

Wenn die Tochter nicht frühzeitig von der Mutter darin unterstützt wird, ein Bewußtsein der eigenen Person herauszubilden, wird sie vielleicht nie über das Selbstbewußtsein verfügen, das die Voraussetzung der echten Heterosexualität ist; auf diesem Felde wird sie mit der Mutter und später mit anderen Frauen um Männer konkurrieren müssen. Im Konkurrenzkampf mit der Mutter braucht sie überdies die Gewißheit, daß sie die Liebe der Mutter nicht verliert, daß sie sich zwar von ihr ablöst, sie aber trotzdem bis zu einem gewissen Grade behält. Weil das schwierig ist, finden viele Frauen keine klare Einstellung zur Heterosexualität, und daraus erklärt sich zum Teil, warum so viele Frauen sich in der Beziehung zu einem Mann ›verlieren‹. Wie schon in Kapitel III erwähnt, hat Freud darauf hingewiesen, daß die Beziehung zum Vater und später zu Männern auf der Beziehung zur Mutter basiert.[2] Hat sich die Tochter in dieser Beziehung nicht ›selber gefunden‹, ist sie nicht angehalten worden, ein starkes Bewußtsein von persönlicher und sexueller Identität zu entwickeln, dann wird sie Männer leicht als egoistisch sehen und sich ihnen gegenüber verhalten wie gegenüber der Mutter, von der sie sich nicht abgelöst hat. Und eben deshalb wird sie nun um so abhängiger vom Mann, verlangt von ihm die Bestätigung ihres eigenen Wertes, die sie vorher von der Mutter verlangt und vielleicht nie bekommen hat. Es mag auch sein, daß sie dem Mann die Feindseligkeit entgegenbringt, die sie in Wahrheit der Mutter gegenüber empfindet. In einer extremen Lage handelt sie vielleicht in der Absicht, ihrer Mutter gefällig zu sein. Es kann geschehen, daß der Mann quasi als Pufferzone zwischen Mutter und Tochter herhalten muß, die sich nicht voneinander gelöst haben.

Yvonne erinnert sich, daß ihre Mutter zwar berufstätig war, aber ungern, weil sie meinte, eigentlich müsse ihr Mann imstande sein, sie zu unterhalten. Die Folge war, daß Yvonne nie genau wußte, was die Mutter von ihr erwartete. Einerseits redete die Mutter ihr zu, aufs College zu gehen, andererseits hielt sie sie dazu an, gesellig zu sein und hauptsächlich an Ehe und Kinder zu denken. Yvonne wurde dadurch in einen unlösbaren Konflikt gestürzt. Sie wurde auch von ihrem Vater, einem Intellektuellen, beeinflußt und von einem älteren Bruder. Ihre Bemühungen, sich mit irgendwem zu identifizieren, wurden erschwert, weil sie nie wußte, ob ihre Mutter sie wirklich darin unterstützte, eine eigenständige Person zu wer-

den. Yvonne bekam ein Stipendium für eine berühmte Universität, wurde aber in der Gesellschaft von Frauen, die intellektuell miteinander wetteiferten, so verängstigt, daß sie ihr Studium aufgab. »Ich fühlte mich zum Heiraten gedrängt, denn mein größter Wunsch war, meiner Mutter alles zuliebe zu tun. Schließlich fand sich ein Mann, der den Ansprüchen meiner Mutter entsprach. Er sah gut aus und hatte einen passablen Beruf. Für Frauen hatte er allerdings nicht viel übrig, und unser Sexualleben war mäßig. Ich glaube, daß dieser Aspekt im Leben meiner Eltern keine Rolle spielte. Es war beinahe so, als führte ich in meiner Ehe ihre Ehe noch einmal. Ich war wild entschlossen zu heiraten, ich wollte einen Mann finden, den ich zu Hause vorzeigen konnte, und dann zu meiner Mutter sagen: ›So, nun habe ich es vollbracht, jetzt laß mich in Ruhe.‹
Und das funktionierte auch. Ich erreichte, was ich gewollt hatte. Er stellte sich immer zwischen mich und meine Mutter, und solange ich verheiratet war, hat sie mich in Frieden gelassen. Dann trennte ich mich von meinem Mann, und da stellte sich heraus, daß ich ohne ihn als Zwischenglied meiner Mutter wieder ausgeliefert war. Als meine Mutter uns neulich besuchte, spielte meine Tochter auf dem Teppich. Sie nahm eine Schere, um damit Papier zu schneiden, und meine Mutter wollte das verhindern. Ich dürfe nicht zulassen, daß Vicki die Schere benutze, das sei zu gefährlich. Da ging ich in die Luft. Plötzlich wurde mir klar, daß ich eine erwachsene Frau war, daß ich einen Beruf habe, daß ich mich und meine Tochter durchbringe, und bloß, weil ich keinen Mann habe, der meiner Mutter zeigt, wo die Tür ist, behandelt sie mich wie ein unartiges Kind.«
Yvonne hat nur aus formalen Gründen geheiratet. Sie hat die Ehe benutzt, um von ihrer Mutter loszukommen. Das hat ihr das Lob der Mutter eingetragen, weil sie sich den ›richtigen Mann‹ gesucht hat, und ihr Mann verschaffte ihr die Distanz zur Mutter, die sie selbst nie hatte erreichen können. Bewährt hat sich das nicht; eine echte psychische Trennung hatte damit

nicht stattgefunden. Yvonnes Wahl eines Mannes, der mit Frauen nichts anzufangen wußte, und die Bemerkung über das Fehlen der Sexualität zwischen den Eltern und den Mangel an Sexualität in ihrer Ehe lassen darauf schließen, daß sie sich weder ihrer sexuellen noch ihrer persönlichen Identität sicher war. Ihre Mutter hat es nie verstanden, sie loszulassen. Yvonne sagt: »Sie droht mir jetzt wieder damit, daß ich eines Tages noch ihr Tod sein werde. Als sie einen Herzanfall bekam, war ich schuld daran, weil ich einen Liebhaber hatte. Das paßte ihr überhaupt nicht.«

Lynn Carson, die sich von der Heterosexualität abgewandt hat, ist ein Beispiel für eine noch extremere Reaktion auf die fortdauernde Mutter-Tochter-Beziehung. Heterosexualität und weibliche Geschlechtsrolle waren für sie gleichbedeutend, und beides zerstörte ihr Bewußtsein von sich als Person.

»Ich habe mich nicht sehr weiblich gefühlt«, erzählte sie. »Meine Mutter behandelte mich als geschlechtsloses Wesen; sie sah in mir sich selbst als kleines Mädchen und versuchte, mich in diesem Zustand zu erhalten. Die weibliche Rolle mußte ich vom Zusehen lernen; ich lernte von anderen den Gebrauch von Lippenstift, Nagellack und allem, was dazu gehört. Meine Mutter quälte sich mit diesen Dingen auch ständig herum, und auch bei ihr war das nur aufgesetzt.

Sie selbst kann mit Sexualität wenig anfangen; vor nicht langer Zeit gestand sie mir, daß sie sich sexuell unzulänglich und unerfahren vorkommt. Ich kann sie mit meinen eigenen sexuellen Erlebnissen leicht einschüchtern, und als ich nach meiner Scheidung mehrere Liebhaber hatte, war sie geradezu hingerissen. Sie ist Jüdin, und für sie nehmen Kinder die Stelle von Liebhabern ein. Frauen sind ihrer Ansicht nach nicht Mütter und Sexualpartner, sondern nur Mütter.

Sie ist berufstätig, und das auf eine sehr weibliche Weise, ganz durch Männer bestimmt. Sie findet, Frauen wären schlechte Angestellte, weil sie doch nur heiraten. Ich habe es ihr zu verdanken, daß ich immer noch nicht weiß, wie ich die Eigenschaften, die im Berufsleben verlangt werden, mit

denen in Einklang bringe, die von einer Frau erwartet werden.
Als ich mich endlich entschloß, lesbisch zu sein, ergab sich vieles von alleine; daß ich Männer aus meinem Leben strich, klärte die Lage. Ich erkannte, daß Lesbierinnen diskriminiert werden, weil man ein Rollenverhalten erzwingen will. Ich sah, was Frauen alles auf sich nehmen, nur um innerhalb ihrer Rolle zu bleiben. Sobald man auch nur etwas davon abweicht, gilt man als abnorm. Indem ich die Grenzen meiner Rolle überschritt, wurde es mir möglich, meine Mutter zu durchschauen, und die Kompromisse, die sie macht, erscheinen mir sinnlos. Sie glaubt wirklich, Frauen seien von Natur aus schwächer und mütterlicher als Männer. Seit ich lesbisch bin, ist mir klar, daß ›Frau‹ und ›weiblich‹ nichts miteinander zu tun haben. ›Weiblichkeit‹ ist bloß ein Kostüm.
Ich weiß nicht, ob man ›Frau‹ und ›Weiblichkeit‹ trennen und trotzdem heterosexuell bleiben kann. Es hängt wohl davon ab, zu welcher Art Männern man Beziehungen haben kann. Sex mit Männern machte mir durchaus Spaß, aber ich fühlte mich immer an die Rolle gefesselt.«
Lynns Ansichten sind Welten entfernt von denen, die Jane Robertson in Kapitel VI äußerte: daß nämlich Weiblichkeit in der Sexualität wurzelt und daß alles weiblich ist, was eine Frau tut, die sich wirklich als Frau fühlt. Janes Mutter hat nie einen Unterschied gemacht zwischen der Geschlechtsrolle einerseits und der persönlichen und sexuellen Identität andererseits. Weil sie fähig war, ihr Bewußtsein von der persönlichen und sexuellen Identität zu behaupten, fiel es ihr nicht schwer, die Geschlechtsrolle zu übernehmen, darin aber nur eine Rolle zu sehen; sie betrachtete die Rolle nicht als etwas, das ihr ihr äußerliches Betragen vorschreibt und wovon man sein Ich-Bewußtsein abhängig macht. Für Lynns Mutter hing die Identität völlig von konventioneller Weiblichkeit, also von der Geschlechtsrolle ab. Lynn ist gescheit genug, um dahinter die persönliche und sexuelle Unsicherheit ihrer Mutter zu erkennen, die sie dann gleichsetzte mit der weiblichen Rolle, wie sie

ihr von der Mutter vorgespielt wurde. Je intensiver Lynn diese Rolle spielte, desto besser konnte sie paradoxerweise ihre sexuelle und persönliche Unsicherheit damit maskieren.
Der Fall Lynn zeigt besonders gut, wie schwierig es ist, als Frau in unserer Gesellschaft die eigene Identität zu finden. Der Mutter-Tochter-Beziehung verdankt sie wenig Ermutigung zur Heterosexualität, vielmehr entnahm sie ihr, daß die Mutter in ständigem Konflikt mit irreführenden Anweisungen von außen lebte, und darum wandte sie sich völlig von der Heterosexualität ab. »Frau und weiblich haben nichts miteinander zu tun. Weiblichkeit ist bloß ein Kostüm.« Lynns Mutter fehlte das Bewußtsein von sich als Frau; sie identifizierte sich übermäßig mit einer männlichen Rolle und betonte die sekundären Aspekte der Weiblichkeit, um ihre persönliche und sexuelle Unsicherheit auszugleichen. Für Lynn bedeutete daher die Beziehung zu Männern, daß sie sich als Frau beeinträchtigt fühlte. Jane Robertsons Mutter unterhält Beziehungen zu Männern nicht nach Maßgabe einer idealen Rolle, sondern nach eigenem Ermessen. Sie fühlt sich von heterosexuellen Beziehungen nicht so beengt wie Lynn. »Weiblichkeit bedeutete für mich, daß ich mich bis ans Ende meines Lebens von einem Mann abhängig sah«, sagt Lynn. Mary Robertson ist gerade das Gegenteil gelungen. Für sie gehen das eigene Leben und ihre Interessen allem anderen vor, sie vermischt also nicht Heterosexualität mit Rollenspiel und ist dadurch in der Lage gewesen, ihrer Tochter behilflich zu sein, sich zur eigenständigen Person zu entwickeln.
Leider ist unsere Gesellschaft so sehr auf die Vorstellung von Geschlechtsrollen fixiert, daß diese mit dem Ich-Bewußtsein gleichgesetzt werden in der irrigen Annahme, gesellschaftlich eindeutiges und annehmbares Verhalten sei gleich gefestigtem Ich-Bewußtsein. Frauen bezweifeln diese Gleichung jetzt. Yvonne und Lynn spielten eine Rolle, indem sie heirateten, sie taten so als ob, und an ihren Fällen läßt sich ablesen, wie sehr die Formalisierung der Geschlechtsrolle in die Irre führen kann. Die wichtigste Bindung beider Frauen ist nach wie vor

die an die Mutter. Die Schwierigkeiten, die sie mit Männern haben, verdecken nur, daß es ihnen nicht gelungen ist, sich von der Mutter zu lösen, wie schon in Kapitel III angedeutet.

Unsere Umwelt hält Frauen dazu an, sich durch ihre Beziehungen zu Männern zu bestimmen, nicht durch sich selber und ihre Beziehungen zueinander. Die konventionelle Ehe macht es der Frau schwer, ein starkes Bewußtsein ihrer persönlichen und sexuellen Identität zu erleben, weil von ihr verlangt wird, sich mehr mit den Interessen ihres Mannes als den eigenen zu verbünden. Als Gegenbild sieht man die Frau, die leistungsbewußt ist und sich mit einer männlichen Rolle identifiziert; das kann wie im Fall von Lynns Mutter so weit gehen, daß die weibliche Identifikation negativ ausfällt. In beiden Fällen bietet die weibliche Rolle nicht genügend Raum für ein starkes Bewußtsein der eigenen Person, das an eine Tochter weitergegeben und bei ihr gefestigt werden könnte. Allerdings ändert sich dies allmählich. Die überzeugendsten Beispiele für Ich-Bewußtsein und gegenseitige Achtung, die ich unter den Mutter-Tochter-Beziehungen fand, traten dort auf, wo die Mütter sich entweder außerhalb der Ehe festen Stand geschaffen hatten, meist durch Scheidung und die Weigerung, wieder zu heiraten, oder wo es ihnen gelungen war, die Struktur der Ehe zu ändern und sich dadurch von der herkömmlichen Rollenerwartung zu befreien. Diese Mütter identifizierten sich stärker mit den eigenen Interessen als mit denen der Ehemänner, obschon sie Teilnahme und Interesse für die Tätigkeit der Männer oder Partner aufbrachten. Sie hatten den Konflikt der irreführenden Anweisungen dadurch gelöst, daß sie sich als Frauen sahen, die selbständig etwas leisten und gleichberechtigte Partnerschaft zu Männern finden können.

Immer mehr Frauen, die als Heranwachsende unter den von Lynn und Yvonne benannten Widersprüchen leiden mußten, gehen einen dritten Weg: haben sie geheiratet, weil sie damit den herkömmlichen Erwartungen an Weiblichkeit gerecht werden wollten, so lassen sie sich jetzt scheiden, und das nicht, um einen anderen Mann zu heiraten, sondern um mit sich selbst ins reine zu kommen. Für eine Mutter, die sich fest an die Vorstellung (wenn auch nicht die Wirklichkeit) von der konventionellen Ehe klammert, dürfte es schwer sein, der Tochter zuzustimmen, die eine solche Scheidung durchführt; denn wenn die Tochter sich scheiden läßt, weil sie auf der Suche nach ihrer Identität als Frau ist, weist sie damit die Vorstellung von Weiblichkeit zurück, die sie Mutter und Gesellschaft verdankt, und stellt unmißverständlich die Kompromisse in Frage, welche die Mutter hinsichtlich der eigenen Identität gemacht hat. In gewisser Weise läßt die Frau sich nicht nur von einem Mann scheiden, sondern auch von der Mutter.

Marcia Fried ist fünfunddreißig und hat aus erster Ehe zwei Töchter. »Meine Mutter hat sich scheiden lassen, als ich vier Jahre alt war, und hat nicht wieder geheiratet. Sie hat manchmal zwei Arbeitsstellen gleichzeitig gehabt, ich bekam sie also als Kind kaum zu sehen und war meist bei den Nachbarn. Ich habe mit siebzehn geheiratet und kurz nacheinander zwei Kinder bekommen. Ich war eine richtige Supermutter, backte selber Brot usw., und meine Töchter sagen, sie hätten eine glückliche Kindheit gehabt. Das freut mich. Als ich fünfundzwanzig war, habe ich mich von meinem Mann getrennt und stand da mit zwei Kindern, ohne Ausbildung und ohne Geld. Ich fand, es sei nun an der Zeit, etwas für mich zu tun. Mein Mann hatte die Universität abgeschlossen, ich war nicht mal aufs College gegangen. Meine Töchter gingen zur Schule. Ich suchte mir Arbeit und ging auf die Abendschule. Nach einer ziemlich schwierigen Anlaufzeit fand ich dieses Dasein sehr zuträglich, ich merkte nämlich, was ich alles konnte.

Meine Mutter fand es nicht richtig, daß ich mich scheiden ließ. Sie legte es darauf an, Schuldgefühle in mir zu wecken. Sie wurde damit nicht fertig. Sie projizierte ihre Schuldgefühle mir gegenüber auf mein Verhalten und war deshalb unfähig, sich an meine Stelle zu versetzen und mir zur Seite zu stehen. Nach der Scheidung habe ich sie zwei Jahre lang nicht gesehen. Ich sagte ihr schließlich, sie müsse mich nehmen, wie ich bin, und nicht ein Ideal erzwingen wollen, dem sie selbst nicht gerecht geworden sei, weshalb sie ein schlechtes Gewissen habe.«

Alice Brenner, Mutter zweier kleiner Töchter, erinnert sich: »Die Ehe meiner Mutter war grauenhaft, meine Eltern stritten unentwegt. Meine Mutter stellte keine Ansprüche ans Leben, sie begnügte sich damit, Hausfrau zu sein, obwohl sie bestimmt einen Beruf hätte haben können. So aber war sie entweder wütend, resigniert oder voller Selbstmitleid. Ihre zwei Töchter sind geschieden. Sie meint, das sei ihre Schuld, und sie meint auch, es sei einfacher, verheiratet zu bleiben. Kaum hatte ich ihr eröffnet, daß ich mich von meinem Mann scheiden lassen würde, da sagte sie auch schon: ›Und wenn die Ehe noch so schlimm ist, allein sein ist schlimmer. Du weißt nicht, was du dir da einbrockst. Solange du verheiratet bist, muß dein Mann dich ernähren. Tu, was du willst, nur achte darauf, daß er Unterhalt für dich zahlt, deine Wohnung bezahlt und dich versorgt.‹

In Wahrheit glaubt sie nicht, daß man tun kann, was man will, und trotzdem verheiratet sein kann, denn sie pflegte zu sagen: ›Du mußt lernen, Kompromisse einzugehen. Verheiratetsein ist nicht einfach. Gib nach, alles ist besser als unverheiratet zu sein. Gegen das System kommst du nicht an.‹

Jetzt ist sie fürchterlich wütend auf mich, weil ich unabhängig bin, mich selbst durchbringe und alles das tue, was sie gern selber getan hätte. Dauernd macht sie bissige und abfällige Bemerkungen, anders kann sie ihrer Wut nicht Ausdruck geben.

Darauf, allein in der Welt zu leben, bin ich kaum vorbereitet worden, da jetzt aber zwischen meinen Töchtern und dem Nichts nur ich selbst stehe, muß ich mich bewähren. Im Augenblick kommt es mir einzig und allein darauf an, auf eigenen Füßen zu stehen, ich habe also keinen Grund, wieder zu heiraten, außer daß es meinen Töchtern vielleicht gut täte, wenn sie sähen, daß ich eine Beziehung zu einem Mann unterhalte.«

Wie entwickelt sich die Beziehung zwischen der geschiedenen Mutter und ihrer Tochter? Marcias Töchter sind sechzehn und siebzehn, die von Alice vier und fünf. In beiden Fällen hing eine der Töchter mehr an ihrem Vater, und das verursachte Schwierigkeiten. Alice erzählte: »Meine jüngere Tochter Lizzie leidet furchtbar darunter, daß mein Mann nicht da ist. Sie hängt viel mehr an ihm als meine ältere Tochter, so sehr, daß ich das Gefühl habe, wir sind zwei Familien, Lizzie und mein Mann und Wendy und ich. Lizzie klammert sich an ihren Vater und sagt: ›Dich will ich nicht, Mammi, ich will meinen Pappi!‹ Insgesamt gesehen ist es aber viel friedlicher seit der Scheidung, wenigstens wird im Haus nicht mehr gestritten. Auch Wendy empfindet das so, Lizzie wohl nicht. Allmählich komme ich ihr aber näher.«

Für Marcia war an der Scheidung besonders unangenehm, daß sie den Kummer der Töchter nur allzusehr nachempfand. »Ich ging zum Psychotherapeuten. Durch meine Töchter erlebte ich erneut den Verlust, den ich in der eigenen Kindheit empfunden hatte, ich verwandelte mich förmlich in meine Töchter. Beide waren böse auf mich, sie sagten, ihr Papa wäre zu Hause geblieben, wenn ich ihn besser behandelt hätte. Ich mußte erst lernen, daß ich nicht dasselbe bin wie meine Kinder. Immerhin war ich ihnen eine größere Hilfe als meine Mutter mir gewesen ist, und der Vater ist ja nicht aus der Welt.«

Marcia hat später wieder geheiratet. »Ich wollte wieder heiraten, ich hielt das nämlich noch für wichtig. Jetzt bezweifle ich es. Hätte es damals schon die Frauenbewegung gegeben, hätte ich wahrscheinlich nicht gleich wieder geheiratet. Ich brauche die enge Beziehung zu einem Mann, aber heutzutage muß das nicht unbedingt in der Ehe sein.«

Ihrer älteren Tochter Stephanie wurde es schwer, den Stiefvater zu akzeptieren. »Sie ähnelt mir im Temperament und im Aussehen«, berichtet Marcia, »und vielleicht stand sie ihrem Vater deshalb näher als ihre Schwester Lisa. Für meinen zweiten Mann hatte sie nichts übrig, und es gab dauernd

Streit. Mir gegenüber wurde sie äußerst kritisch. Ich fühlte mich unbehaglich, weil ich nicht Partei ergreifen konnte. Ich sprach mit beiden getrennt und wollte sie zum Einlenken bringen, doch das klappte nicht. Schließlich haben wir es so gemacht, daß Stephanie zu ihrem Vater gezogen ist. Ich wußte, daß das für uns alle am besten ist, und empfand es doch als Niederlage. Mit meinem zweiten Mann kommt sie jetzt aber besser aus, wenn die beiden sich gelegentlich sehen, und seit sie bei ihrem Vater lebt, sieht sie den nicht mehr als Idealgestalt. Mit mir verträgt sie sich übrigens jetzt auch besser.«

Marcia war also in der Klemme zwischen Ehemann und Tochter, und es hätte sich daraus sehr wohl ein Konflikt zwischen Mutter und Tochter entwickeln können. Daß die Tochter dann auszog, erschütterte Marcias Vorstellung von sich als einer guten Mutter, sie war aber gescheit genug zu begreifen, daß Stephanie die Dinge nur in den richtigen Proportionen sehen lernen würde, wenn sie eine Weile bei ihrem Vater lebte.

Auch Andrea Blaustein leidet unter einem Konflikt, der sich eigentlich zwischen ihrem Mann und ihren Töchtern ereignet. Sie hat sich um des lieben Friedens willen für einen Kompromiß entschieden. Ihr Mann ist leitender Angestellter in einer Versicherungsgesellschaft, die Töchter sind fünfzehn und siebzehn. Sie schildert, wie die von ihrem Ehemann an sie gestellten Rollenerwartungen sich auf ihre Beziehung zu den Töchtern ausgewirkt haben: »Der Ehemann stellt gewisse Ansprüche an Frau und Tochter, und wenn der Mutter daran gelegen ist, mit dem Mann auszukommen oder ihm zu gefallen, behandelt sie die Tochter anders, als wenn sie mit der Tochter allein lebte und selbst zu bestimmen hätte. Männer wollen immer das Sagen haben. Was mein Mann für richtig hält, gilt.

Mein Mann legt zum Beispiel großen Wert auf Tischmanieren und eine blitzblanke Wohnung, ich weniger. Er schimpft mit unseren Töchtern, weil sie ihre Zimmer nicht aufräumen, weil sie beim Essen die Ellbogen aufstützen, und ich soll auch schimpfen. Ich bemühe mich zu vermitteln, aber darauf geht keiner ein. Am liebsten würde ich die Partei der Mädchen ergreifen, denn ich stimme ihnen zu, ich identifiziere mich mehr mit ihnen, doch wenn ich das täte, würde es wie eine Verschwörung gegen meinen Mann aussehen, und das mag ich auch nicht. All diesen Streit hätte ich mit ihnen nicht, wäre mein Mann nicht. Meine Töchter ärgern sich darüber, daß er von mir verlangt, sie zu tadeln, statt es selbst zu tun. Er meint nämlich, wenn ich ihm nicht zu Hilfe komme, gehorchen sie ihm nicht, weil sie glauben, daß ich nicht seiner Meinung bin. Er versucht eben auf seine Weise, richtige Frauen aus ihnen zu machen, nämlich solche, die einmal ihren Männern gehorchen werden. Die einzige Art, wie ich mich dagegen sträube, ist Trägheit. Ich war immer der Meinung, es sei nicht Sache des Mannes, im Haushalt zu helfen, aber seit es die Frauenbewegung gibt, ist mir klar, daß es auch anders geht, und nun bin ich noch unzufriedener. Die Mädchen haben damit angefangen. ›Warum sollen wir das machen, warum macht das nicht Papa?‹ Ich habe versucht, ihm Hausarbeiten anzutragen, aber er sagt, er hat seinen Beruf.

Es ist schon recht schlimm. Ich bin der Meinung, ich habe mich übernommen, das geht aber schon lange so, nur habe ich es erst vor kurzem bemerkt. Als die Mädchen noch klein waren, ist mir das nicht so vorgekommen. Am meisten ärgert meinen Mann, daß die Mädchen zu selbständigen Personen werden, daß sie immer unabhängiger von ihm sind. Er ist hauptsächlich von Frauen erzogen worden. Das hat ihm wahrscheinlich nicht gepaßt, weil er sich von ihrer Fürsorglichkeit erstickt fühlte, und nun möchte er, daß seine Töchter ihm gehorchen. Die wollen aber nicht.

Auch ist er wohl immer schon eifersüchtig auf meine Beziehung zu unseren Töchtern gewesen; er will, daß meine Beziehung zu ihm Vorrang hat.«

Andrea hat sich entschieden, sich dem Willen ihres Mannes unterzuordnen und verheiratet zu bleiben. Sie ist Töpferin, übt diesen Beruf auch aus und meint, es würde weder ihr selbst noch ihren Töchtern nützen, wenn sie sich ausgerechnet jetzt von ihrem Mann trennte. Marcia hat da mehr Glück gehabt, sie hat das Rollenproblem gelöst, indem sie ihr Hauswesen umgekrempelt hat: »In den vergangenen fünf Jahren habe ich meine Interessen von Haushalt und Familie auf Studium und Beruf verlegt.« Die Familie lebt mehr wie eine Kommune, weniger als eine Familie im herkömmlichen Sinne. Außer der Tochter Lisa gibt es noch zwei Söhne des zweiten Mannes. Alle teilen sich in die Hausarbeit. Lisa und ihre Mutter sind sich in den letzten Jahren nähergekommen, hauptsächlich dank der Frauenbewegung, wie Lisa meint: »Meine Freundinnen und ich reden jetzt viel mehr mit unseren Müttern und machen uns Gedanken darüber, wie die sich zur Frauenbewegung verhalten. Wenn man sich da anschließt und lernt, was es mit Frauen auf sich hat, dann fragt man sich, inwiefern dies das Verhältnis zur Mutter berührt. Ich bin noch jung, ich habe das Leben vor mir, und mir stehen alle Möglichkeiten offen. Ich frage mich nun, ob meine Mutter ebenso viele Möglichkeiten gehabt hat, und warum sie wohl so wurde, wie sie ist, und ob es mir auch mal so gehen wird. Vor zwanzig Jahren konnte meine Mutter kaum was anderes tun als heiraten. Ich begreife das, ich sagte ihr aber, sie brauchte doch jetzt nicht noch einmal zu heiraten. Sie sagt aber, wenn sie unverheiratet bleibt, fühlt sie sich einsam, und die Ehe ist ihr eine Stütze. Das kann ich verstehen, sie war schließlich nie was anderes als Ehefrau, sie hat keinen Beruf.

In den letzten Jahren hat sie sich sehr verändert. Sie arbeitet aktiv in der Frauenbewegung mit, und die ist jetzt für uns ein Gesprächsthema. Ich bin viel radikaler als sie, aber nicht mehr so intolerant. Ich sehe ein, daß es schwer ist, mit fünfunddreißig Jahren sein Leben umzukrempeln, das ist einfach eine Tatsache. Meine Mutter hat viele positive Veränderungen vorgenommen, zum Beispiel daß sie wieder studiert, wieder was mit ihrem Leben anfängt. Das ist schwer, und ob ich es

selbst könnte, wenn ich so wie sie meine Zeit als Hausfrau verbracht hätte, weiß ich nicht.
Ich kann mir vorstellen, daß ich ohne emotionale Bindung zu Männern leben könnte; für alle meine emotionalen Bedürfnisse könnte ich bei Frauen Befriedigung finden. Die Bedürfnisse sind die gleichen, egal, zu wem man Beziehungen unterhält, nur sehen Frauen sich gegenseitig nicht als Freundinnen, sondern als Konkurrentinnen.
Meine Mutter und ich machen uns gegenseitig Mut, weil wir miteinander leben und gut miteinander stehen. Wir streiten uns zwar darüber, ob die Wohnung aufgeräumt werden soll oder nicht und ob die Frauenbewegung zu radikal ist. Im Grunde stützen wir uns aber gegenseitig. Ich sehe, daß sie sich verändert, daß sie über Dinge nachdenkt, und deshalb kann ich zu ihr als Person eine gute Beziehung unterhalten.
Im wesentlichen haben wir die gleiche Vorstellung davon, wie der Haushalt geführt werden sollte, und meinen beide, daß Männer sich daran beteiligen müssen. Bei uns kommt jeder mal mit Kochen dran, und putzen tun wir alle. Mein Stiefvater bevorzugt den Haushalt alter Ordnung, und er sagt, eigentlich müßte es auch bei uns so sein, aber meine Mutter sagt, das kommt überhaupt nicht in Frage, und darüber können die beiden sich richtig streiten.«
Marcia erzählt: »In den letzten Jahren war Lisa mir eine große Hilfe, und ohne sie hätte ich es nicht geschafft. Sie war mir eine richtige Freundin, sie kann sich gut in mein Leben hineindenken. Meine Beziehung zu meinem Mann versteht sie allerdings nicht. Er ist sehr geduldig und hilfsbereit und hat sich nicht gegen die Veränderungen gesträubt, die ich vorgenommen habe. Dabei ist er so etwas überhaupt nicht gewöhnt.
Meine Mutter konnte mit Frauen nichts anfangen, sie war eine verwöhnte Frau. Aber gerade aus diesem Grund kam sie auch mit Männern nicht zurecht. Ich bin gern mit Männern zusammen, Vertrauen setze ich aber eigentlich nur in Frauen. Ohne meine Freundinnen wäre ich verloren. Diese Haltung hat Lisa von mir übernommen. Die Haltung meiner Mutter war aber

typisch für ihre Generation, sie haben damals viel weniger über ihr Leben nachgedacht.«
Marcia Fried hat wie Mary Robertson eine Situation geschaffen, in der sie ihre Bedürfnisse als Person ihrer Rolle als Frau und Mutter nicht unterordnen muß. Anders als Mary ist ihr dies innerhalb des Rahmens einer Ehe gelungen, indem sie die Haushaltsführung radikal geändert hat. Marcia und Lisa sind einander eine Stütze, ebenso wie Mutter und Tochter Robertson, weil sie sich selbst und eine die andere als Person sehen. Beide Mütter stehen außerhalb der konventionellen weiblichen Rolle und fühlen nicht den Zwang, ›weiblich‹ und ›heterosexuell‹ gleichsetzen zu müssen, was bei Lynn dazu führte, daß sie sich völlig von Männern abgewandt hat. Das Moment der gegenseitigen Unterstützung ist das Wesentliche und Primäre zwischen Mutter und Tochter. Die Frage, wie man sich zu Männern verhält, ist davon nur ein Teilaspekt.

Es fällt einer Frau vermutlich leichter, Veränderungen in ihrem Leben vorzunehmen, wenn sie zum zweitenmal heiratet oder sich einen Freund nimmt, als wenn sie einen Ehemann hat, der an die traditionellen Rollen so gewöhnt ist wie der von Andrea. Ann Martinson ist es jedoch gelungen, ihre erste Ehe so umzustrukturieren, daß Platz für die Berufstätigkeit der Ehefrau bleibt, und wie wir in Kapitel IV gesehen haben, gibt es zwischen ihr und ihrer Tochter schon jene starke, stützende Beziehung, die sich zwischen Lisa und Marcia erst in jüngster Zeit hergestellt hat. Dies liegt zum Teil daran, daß der Mann von Ann beweglicher und verständnisvoller ist als der von Andrea und für sein Bewußtsein von Identität weniger von Rollen abhängig ist. Am Fall Ann läßt sich ablesen, wie zwischen ihr und ihrer Mutter ein engeres Mutter-Tochter-Verhältnis der traditionellen Art zustande kam. Der Zwiespalt, den Frauen beim Umgang mit kameradschaftlichen Freundinnen einerseits und mit Männern oder Liebhabern andererseits empfinden, wie Marcia Fried und ihre Tochter ihn schilderten, ist nichts Neues, er nimmt nur andere Formen an, seit Frauen ihr Verhalten zueinander und zu Männern verändert haben.

Alicia Blair erinnert sich: »Ich wollte auf die Universität gehen, das konnten wir uns aber nicht leisten. Meine Mutter war nicht sehr dafür, sie war überhaupt nicht mehr sehr risikofreudig. Ihrer Meinung nach sollte ich Lehrerin werden, aber das war das letzte, was ich wollte. Damals war der Erste Weltkrieg im Gange, die Kriegsmarine stellte Frauen ein, und so ging ich zur Marine. Meine Mutter war außer sich. Ein Jahr später sollte ich nach Hawaii versetzt werden, ich war auch ganz wild darauf, doch meine Mutter gebärdete sich wie eine Wahnsinnige, und da ließ ich es. Der Gedanke, daß ich so weit weg von ihr leben würde, war ihr unerträglich. Es ging ihr damals nicht gut, sie mußte Geld verdienen und zugleich meine jüngere Schwester großziehen. Also verzichtete ich, aber nur widerwillig. Lieber wäre ich aufs College gegangen. Später hätte ich es gekonnt, da war ich dann aber zu faul. Hätte ich ein Diplom gehabt, hätte ich nicht geheiratet. Meine Ehe war ein aberwitziges Experiment. Mein Mann war wie Quecksilber, und niemand gab unserer Ehe mehr als sechs Monate. Sie hielt dann aber fünfundzwanzig Jahre.

Als ich Ann bekam, war ich glücklich, denn einen Sohn wollte ich nicht. Ich habe was gegen Männer, da kann man nichts machen. Ich glaube, ich habe als kleines Mädchen zu viele dominierende Männer erlebt, meinen Großvater und alle meine Onkels.«

Alicia war schon Witwe und lebte mit ihrer Tochter zusammen, als diese heiratete. »Als Ann heiratete, zog ich aus. Wir standen uns so nahe, daß wir uns ohne viel Worte verstanden. Wenn man eine Ehe auf feste Füße stellen will, muß man dabei ungestört bleiben. Ich dachte nicht im Traum daran, daß ich je wieder mit den beiden unter einem Dach wohnen würde.«

»Wie erklären Sie sich das Zustandekommen des wortlosen Verständnisses zwischen Ihnen und Ihrer Tochter?« fragte ich.

»Hauptsächlich damit, daß wir beide jahrelang wie Verschwörer gegen ihren Vater zusammenhalten mußten. In unserem Haus wurde unendlich viel konspiriert.«

Verschwörung gegen die Männer und der Wunsch, sie zu manipulieren, liegen denn auch gewöhnlich den von Frauen untereinander geschlossenen Bündnissen zugrunde. In Kapitel IV wurde schon gezeigt, wie Ann ihre Tochter dazu anhält, sich frei zu äußern. Sie beschrieb mir, auf welche Weise sie gelernt hat, darauf zu verzichten, ihren eigenen Mann zu manipulieren; sie führt diesen Wandel auf ein stärkeres Bewußtsein von sich als unabhängiger Person zurück, das sie aufgrund ihrer Berufstätigkeit entwickelte.

»Meine Mutter geht jedem Konflikt aus dem Wege, und das habe ich ihr abgeguckt. Wir taten alles, um meinen Vater bei Stimmung zu halten. Sie sagte zum Beispiel: ›Sieh doch mal zu, daß du ihn vor dem Essen in gute Laune versetzt, denn ich muß ihm dies und jenes beichten.‹ Wenn sie sich wirklich etwas in den Kopf gesetzt hatte, bekam sie ihren Willen meist auch, ohne daß er es überhaupt gemerkt hätte. Sie war sehr darauf bedacht, ihn nicht zu erzürnen und keinen Streit mit ihm anzufangen.

Ich merkte später, daß ich meinen Mann ebenso behandelte, und erst seit ungefähr fünf Jahren bin ich offener und äußere mich freier. Dazu muß ich mich aber auch heute noch gelegentlich zwingen. Er kommt gar nicht darauf, daß er vielleicht manipuliert wird, weil er selber immer sagt, was er denkt. Es war viel einfacher für mich, ihn zu gängeln, als mich gegen ihn durchzusetzen, weil ich darin überhaupt keine Erfahrung hatte. Auch jetzt noch, obwohl ich selbst Geld verdiene, muß ich mich zusammennehmen und mir sagen, wenn du ein Paar neue Schuhe brauchst, hast du es nicht nötig, zu verheimlichen, daß sie teuer waren. Er würde das selbstverständlich nicht beanstanden, und doch neige ich dazu, es zu verheimlichen oder irgendwie zu vertuschen. Dabei ist es ihm gegenüber im höchsten Grade unfair, denn in Wirklichkeit achtet er mich und nimmt Anteil an mir. Und wenn ich ihn täusche, gebe ich damit nichts anderes zu verstehen, als daß er es nicht

ertragen könnte, wenn ich zwölf Dollar zuviel ausgebe für meine Schuhe.
Ich weiß genau, wann meine Mutter versucht, mich zu manipulieren, und ich spreche es dann direkt an. Sie tut es auch kaum noch. Manchmal beobachte ich, wie sie es bei den Kindern versucht, ich halte mich da aber raus, weil ich meine, die Kinder müssen selber lernen, sich dagegen zu wehren.«

Immer noch drängen die Frauen zur Ehe, obwohl sie sehen, daß von den älteren Frauen viele unzufrieden sind mit der Wahl, die sie getroffen haben. Ich sprach mit Olivia Halstead drei Wochen vor ihrer Heirat. Sie ist siebenundzwanzig, und das heißt auch heute noch, daß sie spät dran ist. Sie war nach dem College mehrere Jahre berufstätig und kennt ihren Verlobten seit zwei Jahren. Sie will ihren Beruf nach der Heirat nicht aufgeben und möchte keine Kinder haben.
»Als ich vom College kam, redete meine Mutter mir ein, das sei jetzt alles nur eine Übergangsphase, bis ich heiratete. Für sie ist ein richtiges Leben nur: verheiratet sein und Kinder haben. Was ich tat, nämlich einen Beruf ausüben und in der Stadt wohnen, betrachtete sie als Spielerei. Das machte mich wütend. Ich plagte mich mit dem Leben herum, ich bewährte mich in New York beruflich, ich hatte einen Partner, aber für sie zählte das alles überhaupt nicht. Daß ich jetzt heirate, paßt ihr aber auch nicht, und sie tut keineswegs so, als hätte sie nun ihren Willen bekommen. Was meine Ehe für sie bedeutet, weiß ich nicht genau. Ich hatte geglaubt, sie würde sich erleichtert fühlen, und es wäre vielleicht auch so gewesen, hätte ich früher geheiratet. Es kann sein, daß sie gar nicht mehr so darauf versessen ist, weil ich jahrelang allein gelebt und bewiesen habe, daß ich auf eigenen Füßen stehen kann. Sie glaubt jetzt vielleicht selbst, daß die Ehe für eine Frau nicht der einzige Weg ist und deshalb auch nicht der richtige sein muß. Mein Verlobter gefällt ihr, aber doch nur in Maßen. Gut kennen tut sie ihn nicht. Vielleicht findet sie, daß ich etwas Gutes für etwas weniger Gutes eintausche, wenn ich

heirate, und das würde mich überraschen, denn sie hat nie so etwas angedeutet. Sie ist seit drei Jahren berufstätig und hat in dieser Zeit nie gesagt, ich solle mich endlich verheiraten. Seit sie arbeitet, zieht sie alles und jedes in Zweifel. Sie hat ihren Horizont enorm erweitert. Ich weiß, sie hat sich Gedanken darüber gemacht, ob sie als Mutter nicht zu streng gewesen ist und unser Familienleben so unglücklich war, daß ich sexuell vielleicht verkümmert wäre. Sie hat mir schon Fragen in dieser Richtung gestellt, auf die ich aber nicht antworte. Ich fürchte, meine Eltern sind nicht gut miteinander ausgekommen, sie haben in Wahrheit eine scheußliche Ehe geführt und sind trotzdem beisammen geblieben.

Indem man heiratet, befolgt man sozusagen ein Stammesritual. Ich jedenfalls habe den Eindruck, daß ich damit tue, was man von mir erwartet. Männer heiraten, weil sie finden, daß ihnen das gut bekommt, Frauen heiraten, weil sie die Ehe für erstrebenswert halten.«

VIII Unabhängige Frauen

Wenn Rivalitäten und Konflikte der Adoleszenz hinter ihnen liegen, erwartet man von Töchtern meist auch heute noch, daß sie ›zur Ruhe kommen‹ und eine Rolle annehmen, die der der Mütter gleicht, daß sie werden wie ihre Mütter, also quasi deren Fortsetzung, und damit deren Leben rechtfertigen. In dem Maße, in dem die Ungewißheiten im Leben der Frauen fühlbarer geworden sind, reagieren mehr und mehr junge Frauen auf die irreführenden Anweisungen von Müttern und Gesellschaft, indem sie es ablehnen zu heiraten und lieber einen Beruf ergreifen, als sich sogleich auf das eingefahrene Geleis von Ehe und Mutterschaft schieben zu lassen. Viele dieser jungen Frauen werden vielleicht irgendwann heiraten, ihre Gründe sind dann aber andere als die ihrer Mütter. Sie heiraten vielleicht, um einen Gefährten zu haben, oder weil sie sich Kinder wünschen, aber nicht bloß deshalb, weil man es von ihnen erwartet oder weil permanente Abhängigkeitsgefühle sie dazu zwingen. Manche entscheiden sich überhaupt gegen die Ehe.

Werden Töchter erwachsen und beginnen selbständig zu leben, dann wird die physische Trennung von der Mutter vollzogen, wenn auch vielleicht nicht sofort die emotionale. Eine tatsächliche Trennung wird sogar häufig in der Hoffnung herbeigeführt, daß die gefühlsmäßige Trennung folgt. Kündigt die Tochter die Tochterschaft auf, ohne gleichzeitig der Mutter in der Rolle als Ehefrau und später Mutter nachzufolgen, verlangt das von Mutter und Tochter eine Anpassung an die neue Beziehung. Die Trennung wird meist von der Tochter herbeigeführt, wie in unserem Beispiel von Betty Gordon, geht aber manchmal auch von der Mutter aus.

Von den vielen Frauen, die ich befragte, erlebten die meisten eine offene Konfrontation mit der Mutter, die den Punkt bezeichnete, von dem an die Beziehung sich änderte. Es war dies der Augenblick, da entweder Mutter oder Tochter sich für unabhängig erklärten, mit dem Recht auf eigenen Lebensraum und fähig, für sich selbst Verantwortung zu übernehmen. Wenn die Tochter dies tut, erklärt sie sich als ihrer Mutter ebenbürtig. Diese Gleichstellung entspricht aber nicht genau der, die sie erlangt hätte, wenn sie sich für die traditionelle Mutterschaft entschieden hätte. Erklärt sich dagegen die Mutter für unabhängig, dann legt sie die Mutterrolle nieder und will für eine etwa fortdauernde Abhängigkeit der Tochter von ihr nicht mehr verantwortlich sein.

In früheren Töchtergenerationen mag die Konfrontation mit der Mutter anläßlich der Gattenwahl stattgefunden haben. Bei den Töchtern, von denen wir in diesem Kapitel sprechen, ist die Konfrontation eine andere: eine, die in dem Bewußtsein der Tochter von sich selbst gründet und die nur sie und die Mutter angeht.

Wahrscheinlich kommt es zur Konfrontation, wenn die Tochter schon mit etlichen Abhängigkeitskonflikten fertiggeworden ist und innerlich begonnen hat, den eigenen Lebensraum abzustecken, das eigene Selbstgefühl gegen das der Mutter durchzusetzen. Eine Konfrontation läßt dann das neue Selbstgefühl der Tochter offen zutage treten, und es bleibt der Mutter überlassen, ob sie eine neue Beziehung akzeptiert, die auf größerer Ebenbürtigkeit beruht. (Dies ist etwas anderes als jahrelange, oft verdeckte und bittere Konflikte, die nicht einmal unbedingt nach einer Trennung aufhören müssen.)

Für viele junge Frauen markiert der Eintritt ins College den ersten scharfen Bruch mit der Mutter und auch den Augenblick, da sie auf die irreführenden Anweisungen der Gesellschaft antworten müssen. Die sechsundzwanzig Jahre alte Medizinstudentin Meg Hampton ist in einer Kleinstadt von Alabama geboren und aufgewachsen, wo der Großvater das spätere Familienunternehmen gegründet hat. Ihre Mutter besuchte das College, »und hat sich dort so gut amüsiert, wie nie wieder im späteren Leben«. Als die Mutter dann aber nach der Abschlußprüfung in Mobile ein Arbeitsverhältnis eingehen wollte, wurde sie von den Eltern gedrängt, daheim zu bleiben und einen Mann zu heiraten, der von ihnen für geeignet befunden worden war, das Geschäft zu übernehmen. Meg selber erinnerte sich, als Heranwachsende ständig irreführenden Anweisungen ausgesetzt gewesen zu sein: »Meine Mutter wollte, daß meine Schwester und ich in der Schule die Besten wären; sie beschaffte uns Bücher und spornte uns auf jede Weise an. Wir sollten auch aufs College gehen, möglichst auf ihr altes College.

Zugleich sollte ich aber auch hübsch und beliebt sein, und das war ich nicht. Meine Mutter sah gut aus, sie glaubte das aber nicht recht und gab Unsummen für Kleider, Friseur und Make-up aus. Einmal sogar fünfzig Dollar auf einen Schlag nur für Make-up.

Des weiteren war ihr der Gedanke unerträglich, ich könnte von zu Hause weggehen. Sogar wenn ich ins Ferienlager wollte, gab es jedesmal Streit. Zwar brachte sie es nicht fertig, rundheraus zu sagen, sie wolle mich nicht fortlassen, dafür hatte sie aber alles mögliche an den Sachen auszusetzen, die ich einpacken wollte, bis ich schließlich anfing zu heulen. Dann sagte sie, ich sei noch nicht alt genug, um allein wegzufahren. Sie erwartete, daß ich etwas leistete, und gleichzeitig zweifelte sie daran, daß ich es könnte.

Kaum hatte ich das College bezogen, war mit ihr kein Auskommen mehr. Es paßte ihr wahrscheinlich nicht, daß ich mich ihrer Aufsicht entzogen hatte. In den Ferien zankten wir uns unaufhörlich. Besonders kritisch war sie meinen Freundinnen gegenüber. Ich begreife jetzt, daß sie nichts hatte als ihre Kinder und daß sie nicht wollte, daß irgendwer zwischen sie und uns kam. Gleichzeitig hat sie mich aber immer gedrängt zu heiraten.

Während des Studiums konnte ich mir nicht klar darüber werden, ob ich ernsthaft studieren oder mich hauptsächlich amüsieren wollte, und das änderte sich von einem Semester zum nächsten. Es schien, als könne man entweder nur gescheit sein oder nur hübsch.«

Die dreiundzwanzigjährige Lydia Jessel will nicht heiraten. Sie ist in Iowa aufgewachsen, Eltern und eine verheiratete Schwester leben noch dort. Im Herbst will sie auf die Handelsschule gehen. »Daß ich aufs College ging, empfand meine Mutter als Beleidigung. Sie wollte nicht, daß ich von zu Hause fortgehe. Sie wußte wohl genau, wie abhängig ich emotional von ihr war, wie sehr sie mich beherrschte und daß ich versuchte, dem zu entkommen. Meine Eltern sind konservative Republikaner, noch dazu sehr religiös. Im College sagte ich mich von der Religion los und entwickelte radikale Ansichten. Meine Mutter glaubte, ich wäre von Radikalen irregeführt worden; sie bezog ihre Maßstäbe aus ihrem Glauben und von der republikanischen Partei, für sie konnte es also nur so aussehen, als wäre ich irregeleitet. Es war ihr unmöglich zu glauben, ich könnte selbständig denken. Diese Vorstellung empfand sie geradezu als bedrohlich.

Während ich auf der Schule war, stritten wir, wenn ich mit Jungen ging. Seit ich das College besuchte, stritten wir über Politik, Religion und den Krieg in Vietnam. Daß ich den Glauben aufgab, nahm sie sehr persönlich, denn sie meinte, ich wiese damit ihre Auffassung von Moral zurück. Sie konnte sich nicht denken, was aus mir werden sollte, wenn ich nicht mehr an die christliche Ethik glaubte. Sie nahm das alles so persönlich, daß sie Schuldgefühle in mir weckte, so als hätte ich sie zurückgewiesen. Ich sagte ihr zwar, meine ethischen Anschauungen gingen auf die ihren zurück, das reichte ihr aber nicht. Sie gab mir zu verstehen, daß ich sie zurückwies, indem ich die Religion ablehnte, in der alles wurzelte, was sie mir beigebracht hatte.«

Betty Gordon, deren Mutter uns in Kapitel VI begegnet ist, will ebenfalls nicht heiraten. Sie ist vorzeitig vom College abgegangen und dann nach Boston verzogen. Jetzt mit zweiundzwanzig Jahren nimmt sie ihr Studium von sich aus wieder auf. »Meine Mutter hat mich immer gedrängt, aufs College zu gehen, aber nicht etwa, um mich auf einen Beruf vorzubereiten, sondern weil sie glaubte, wenn ich gebildet wäre, bekäme ich den richtigen Mann, und der würde mich mehr achten, wenn er wüßte, daß ich notfalls jederzeit selbst berufstätig sein könnte. Das sollte natürlich nie passieren, es war ihrer Ansicht nach viel besser, mit einem Mann verheiratet zu sein, der gut verdiente. Mir leuchtete das überhaupt nicht ein.

Sie glaubte nicht, daß eine Frau im Leben viele Möglichkeiten hat. Mädchen sollten ihrer Ansicht nach nicht Medizin studieren, doch wenn ich unbedingt arbeiten wolle, könne ich ja medizinisch-technische Assistentin werden. Es wurde einfach vorausgesetzt, daß ich selber nichts weiter wollte als heiraten.«

Drei Töchter also, deren Mütter ihnen auf unterschiedliche Weise die gleichen Anweisungen übermittelten. Daß es Meg im College so schlecht erging, teilt sie mit anderen gescheiten Mädchen, die von ihren Müttern ebenfalls irreführende Anweisungen erhielten, Müttern, deren eigenes Bewußtsein von Weiblichkeit nicht gefestigt war. Diese irreführenden Anweisungen sind insofern paradox, als die Betonung nebensächlicher Aspekte von ›Weiblichkeit‹ das Selbstwertgefühl von Frauen verunsichert, die in der Hoffnung leben, ihre Töchter könnten einmal jene Schönheiten werden, die sie selbst nicht geworden sind. Und die eigene Unsicherheit im Hinblick auf ihre Weiblichkeit geben sie an ihre Töchter weiter. Wenn die dann jenen Teil der irreführenden Anweisungen befolgt haben, der ihnen befiehlt, abhängig zu bleiben, dann verlangen die Mütter von ihren Töchtern Leistung, geben ihnen aber gleichzeitig zu verstehen, daß sie an ihren Fähigkeiten zweifeln. So geben sie die Unsicherheit an ihre Töchter weiter, die sie selbst im Hinblick auf beide Möglichkeiten empfinden.

Daß Lydia ganz anders zu denken begann als die Mutter, nahm diese so persönlich, daß Lydia Schuldgefühle bekam; ihre geistige Unabhängigkeit wurde von der Mutter als Angriff auf ihre Person betrachtet. Lydia begreift, daß ihre neue

Einstellung Teil des Kampfes ist, der sie von der Vorherrschaft der Mutter befreien soll, und daß die Mutter mit ihrer Auslegung insofern nicht ganz unrecht hat. Wie schon in der frühen Kindheit hat die Reaktion der Mutter auf das töchterliche Unabhängigkeitsstreben großen Einfluß darauf, wie die Tochter sich selbst sieht. Lydia stand vor einer schweren Wahl: sie konnte ihren Weg weitergehen und versuchen, mit ihrer Schuld fertigzuwerden, oder aber sich den Wertmaßstäben ihrer Mutter unterwerfen und künftig mit jeder entschiedenen Stellungnahme die Verletzung einer anderen Person befürchten zu müssen.

Betty wurden die irreführenden Anweisungen auf einfachere Weise zuteil: Leistung besteht darin, einen passenden Mann zu finden. Betty nahm das verständlicherweise so auf, als werde ihr gesagt, es habe wenig Sinn zu studieren.

Wie bereits in Kapitel IV gesagt, begreifen Töchter schon auf der Oberschule, daß akademischer Erfolg ihr Leben als Frauen wohl nur komplizieren wird. Nach Eintritt ins College ›versagen‹ viele Frauen intellektuell, wie es scheint, geradezu vorsätzlich.[1] Matina Horner, Psychologin und derzeit Direktorin des Radcliffe College, hat dieses Phänomen in mehreren Untersuchungen belegt. Sie zeigt unter anderem, wie kluge Studentinnen, wenn sie mit Studenten konkurrieren sollen, in der Überzeugung handeln, es sei geradezu notwendig zu versagen, wenn sie nicht ihren sozialen Status verlieren wollen. Wurde den Studentinnen die Frage vorgelegt, was aus einer Kommilitonin werden würde, die als Beste ihres Jahrgangs beim Medizinstudium abschloß, dann sahen sie entweder ein schlimmes Ende voraus, oder sie vermuteten, daß diese Kommilitonin noch rechtzeitig Einsicht zeigen und auf ihren ersten Platz verzichten würde. Eine andere Reaktion war, daß es sich hier nicht wirklich um eine Frau handele, sondern daß diese fiktive Kommilitonin von Männern erfunden sei.

Bedenkt man, welcher Art die Anweisungen waren, die Lydia, Meg und Betty von ihren Müttern erhielten, dann begreift man solche Reaktionen. Wer Leistung und Weiblichkeit nicht integrieren kann, wem das Gefühl vermittelt wird, Wettbewerb bedeute persönliche Bedrohung, wessen Leistung einfach nicht gewertet wird, der wird es vorziehen zu versagen. Und wenn man annimmt, im Wettbewerb unvermeidlich jemand anderem zu schaden, so wie es Lydias Mutter ihrer Tochter zu verstehen gab, dann wird man leicht befürchten, im Wettbewerb selbst Schaden zu erleiden.

Immerhin gab es im Leben dieser drei jungen Frauen Faktoren, die in andere Richtung wirkten. Einer davon: die stattfindenden gesellschaftlichen Veränderungen. Früher kam es vor, daß die Tochter durchbrannte und heiratete, um von der Mutter loszukommen. Heute findet man sich, wenigstens im Mittelstand, damit ab, daß Töchter nach dem Besuch des Colleges, oder sogar statt aufs College zu gehen, einen Beruf ergreifen. Allgemein sieht man darin aber immer noch eine Übergangsphase, an deren Ende die Tochter heiratet, oder die sie dazu nutzt, ihre Aussichten bei der Suche nach dem passenden Mann zu verbessern. Töchter, die darin nur ein Sprungbrett zu ihrem künftigen Beruf sehen, sind in der Minderzahl, wenn es auch ständig mehr werden.

Alle drei Töchter lagen mit ihrer Mutter im Streit. Es scheint, als hätten Meg und Lydia diesen Streit fortgesetzt. Sie nahmen zwar die irreführenden Anweisungen entgegen, suchten sich aber gleichzeitig zu befreien und prüften die Reaktion ihrer Mütter darauf. Betty hat das weniger kraß ausgedrückt, sie hatte aber offenbar ihre eigene Meinung darüber.

Immerhin haben aber alle drei von ihren Müttern Kraft bezogen, obschon deren Anweisungen, was Leistung betrifft, konfus waren. Meg sagt von ihrer Mutter: »Sie ist eine tüchtige Geschäftsfrau, sie hat von ihrem Talent aber keinen Gebrauch machen können, weil sie glaubte, heiraten zu müssen. Es kam ihr gar nicht in den Sinn, berufstätig zu sein, weil sie es nicht nötig hatte. Andere Frauen in unserer Familie arbeiteten, weil sie mußten; meine Großmutter half im Geschäft, und eine meiner Tanten ist Lehrerin. Ich schätze die Fähigkeiten meiner Mutter hoch ein, und das hat mir geholfen, dahin zu kommen, wo ich jetzt bin. Irgendwas hat sie veranlaßt, mehr von uns zu verlangen als andere Mütter von ihren Töchtern, und dafür bin ich ihr heute dankbar. Ich klammere mich vielleicht daran, weil meine Mutter mir damit etwas Gutes getan hat und ich darin ein Gegengewicht sehe zu allem Nachteiligen, was sie bewirkt hat, zum Beispiel daß sie den Druck der Gesellschaft an mich weitergab.«

»Meine Mutter genoß es ungeheuer, Kinder zu haben«, erinnert sich Lydia, »und solange meine Schwester und ich klein waren, unternahmen wir drei ständig etwas miteinander. Mir kam sie in vieler Hinsicht stärker vor als mein Vater, und ich kann kaum glauben, daß sie nicht alles hätte durchsetzen können, was sie sich vornahm.«

Betty sagt: »Unbewußt sehe ich meine Mutter wahrscheinlich als Vorbild. Ich bewundere sie dafür, daß sie fünf Kinder großgezogen hat, was nicht einfach war, und sich doch nie unterkriegen ließ. In meinen Augen ist sie eine tragische Gestalt, denn als Frau ist sie unerfüllt geblieben, und ohne ihre Familie war sie nichts. Ob ich ihr irgendwas Besonderes verdanke, weiß ich nicht, doch ich bewundere sie jedenfalls.«

Alle drei sind von zu Hause fortgegangen, um ihre eigenen Interessen zu verwirklichen. Meg beabsichtigte ursprünglich nicht, Medizin zu studieren. »Ich kann mir nicht vorstellen, ohne Beruf zu leben. Daß ich berufstätig sein würde, stand bei mir fest, als ich aufs College ging. Nur wußte ich noch nicht genau, was ich tun wollte, also wurde ich Lehrerin an einer Privatschule, als ich nach New York kam. Meiner Mutter war das recht, denn als Lehrerin war ich gesellschaftlich ebenso akzeptiert wie als verheiratete Frau.«

Megs Unabhängigkeit bedeutete aber auch, daß sie ihren Lebensstil änderte und neue Interessen fand, was schließlich zur Konfrontation mit der Mutter führte: »Als sie mich vor drei Jahren besuchte, war das für uns beide kein Vergnügen. Für sie bedeutet New York Apartmenthochhäuser, Theater und elegante Restaurants. Ich hingegen wohnte in einer Mietskaserne in einer üblen Gegend und arbeitete in meiner

Freizeit in einem Ambulatorium in der Nachbarschaft. Sie war entsetzt. Samstags war sie gekommen, und am Sonntag stritten wir zwölf Stunden ununterbrochen. Es fing schon beim Frühstück an, als sie sagte, sie wolle anschließend in die Kirche und ich solle mitkommen. Ich lehnte das ab, und da geriet sie außer sich, weil ich nicht mehr an Gott glaubte. Das zu besprechen, war ihr aber auch unangenehm, und so wich sie auf irgendwelche Lappalien aus, um die wir dann zankten.
Aus der Kirche zurückgekommen, erklärte sie mir, sie wolle unverzüglich abreisen. Wir zankten uns bis elf oder zwölf in der Nacht. Sie behauptete, ich sei ihr Kind, ich gehöre ihr, und ich sagte, sie irre sich. Sie sagte, sie hätte immer das Beste für mich gewollt, aber nun hörte ich ja nicht mehr auf sie. Wie ich hier lebte, sei ganz unmöglich, und das falle letzten Endes alles auf sie zurück. Ich gab keinen Zentimeter nach, denn ich hatte das Gefühl: wenn du ihr einmal recht gibst, dann schluckt sie dich mit Haut und Haar, und es ist aus mit dir.
Es kam soweit, daß sie die Koffer packte und zur Tür ging. Da bat ich sie zu bleiben. Ich war der Meinung, es sei unsinnig, jede Verbindung abzubrechen, und das hätte es nämlich bedeutet. Sie hätte sich eingeredet, von mir vor die Tür gesetzt worden zu sein. Sie blieb also, und den Rest der Woche kamen wir ganz leidlich miteinander aus. Als sie abreiste, standen wir sogar recht gut miteinander. Ich betrachtete das als einen persönlichen Sieg, und es war gewiß ein Wendepunkt in mehrfacher Hinsicht.
Damals war mir schon der Gedanke gekommen, Medizin zu studieren, und daß ich mich so mit der Mutter zankte, hängt wohl damit zusammen, daß ich entschlossen war, auf eigene Faust etwas zu unternehmen, zu beweisen, daß ich mich ernst nahm. Der Streit räumte irgendwie auf mit alten Bindungen und Konflikten. Seit kurzem finde ich mich auch attraktiver, ich sehe mich als jemand, der Freundschaften mit Männern haben kann, wenn er will. Mir scheint, ich halte Leistung nicht mehr für unvereinbar mit Attraktivität. Neuerdings achtet mich auch meine Mutter. Früher sagte sie: ›Wie sehen nur

deine Haare aus, deine Tischmanieren sind gräßlich‹, und schon sackte ich zusammen. Dann sagte sie obendrein: ›Ich wußte gar nicht, daß du so unreif bist.‹ In den letzten Ferien haben wir uns aber glänzend vertragen. Ich war nicht dauernd in der Defensive, und wir waren beide fähig, Konzessionen zu machen. Ich ging mit ihr einkaufen, weil ich weiß, daß sie das gern tut, erlaubte aber nur, daß sie Jeans für mich kaufte, denn was anderes trage ich kaum.« Meg hat gesehen, daß die Mutter sehr gut ohne sie auskommt und daß die Trennung beiden geholfen hat, erwachsener zu werden. »Ich habe jetzt den Eindruck, daß sie darüber nachdenkt, was sie mit sich anfangen soll. Sie hat Buchhaltung gelernt und leitet mehr oder weniger das Geschäft, seit mein Vater tot ist. In Wirklichkeit möchte sie natürlich, daß meine Schwester und ich uns um sie kümmern, aber meine Schwester ist auch von daheim fortgegangen. Jetzt fühlt sie sich viel weniger hilflos. Vor allem seit ich ihr vor Augen geführt habe, wie nützlich es ist, eine Ärztin in der Familie zu haben.«

Weil die Mutter-Tochter-Beziehung auf die emotionale, persönliche Sphäre beschränkt ist, nehmen Konfrontationen leicht einen stürmischen Charakter an, der den Konflikten zwischen Vätern und Söhnen meist fehlt.

»Daß ich nach New York ging, war schon an sich eine Kränkung für meine Mutter«, fuhr Lydia fort. »Sie sah darin eine endgültige Zurückweisung durch mich und war entsprechend wütend. Als wir noch klein waren, sagte sie häufig, sie tue alles nur uns zuliebe und deshalb habe sie selbst ein jämmerliches Leben. Kaum hatte ich eine eigene Wohnung, beklagte sie sich am Telefon, es ginge ihr schlecht, sie hätte Ärger mit meinem Vater usw. Das machte mich nervös.

Als ich das letztemal zu Hause war, machte sie eine furchtbare Szene. Ich glaubte schon, sie würde einen Herzanfall bekommen. Zwei Tage grollte sie meinem Vater und war wütend auf mich, weil ich nicht früh aufstand, um ihr im Haus zu helfen. Sie rannte die Treppen rauf und runter und schimpfte entweder auf ihn oder auf mich. Dann gerieten wir richtig aneinander, wir kreischten und heulten. Als das vorüber war, hatten wir wohl eine Art Einverständnis erreicht. Ich sagte ihr ins Gesicht, sie täte das alles nur, um mir zu beweisen, daß sie sich der Kinder wegen ruiniere. Ich sagte zu ihr: ›Das ist aber ganz überflüssig. Ich weiß sehr wohl zu schätzen, was du für uns getan hast, und wenn du so weitermachst, bekommst du einen Herzanfall.‹ Sie hat sich das zu Herzen genommen und ist seither nicht mehr so hysterisch gewesen. In meiner Abwesenheit benimmt sie sich ganz gewiß nicht so, und in Wahrheit findet sie auch bestimmt nicht, daß ihr Leben verpfuscht ist.«

Bettys Fall liegt etwas anders: Sie sah nicht ein, warum sie studieren sollte, also ging sie vom College ab. »Als ich nach Boston gezogen war, glaubte meine Mutter nicht, daß ich dort auf eigenen Füßen stehen konnte. Sie bezweifelte, daß ich Arbeit finden würde, und sah ein schlimmes Ende voraus. Ich fand jedoch Büroarbeit, die mir allerdings nicht gefiel. Ich war richtig faul. Ich sagte mir immer, nun sieh dir mal alle diese Leute an, wie schwer die arbeiten, um voranzukommen! Das reizte mich nicht. Ich versuchte, mein Verhalten vor mir zu rechtfertigen. Seit je war es mir zuwider gewesen, daß mein Vater so schwer arbeitete, daß die Arbeit für ihn allem andern vorging, nur damit genügend Geld da war, und daß er nie Zeit für uns hatte.

Dann nahm ich das Studium wieder auf und arbeitete nebenher, damit ich mich selber durchbringen konnte. Meine Mutter bewundert mich dafür, sie hat wohl nicht geglaubt, daß ich das fertigbrächte. Sie weiß immer noch nicht genau, was sie dazu sagen soll, ich glaube fast, ihr wäre es lieber, ich wäre noch daheim oder verheiratet. Wir kommen jetzt aber gut miteinander aus.«

Bettys Mutter behauptet, Bettys Wahl zu billigen. (Es geht Müttern und Töchtern wie allen anderen Leuten: sie haben fast nie die gleiche Auffassung von einem Sachverhalt, der beide betrifft.) »Bis vor kurzem hätte ich noch gesagt, meine Beziehung zu Betty sei ganz anders als die zu meinen verheirateten Töchtern. Betty war ein Sonderfall, sie hat um ein

Maß von persönlicher Freiheit gekämpft, das die anderen nie verlangten. Der entscheidende Punkt dabei ist, daß sie Verantwortungsgefühl gezeigt hat. Sie hat geschafft, was sie sich vorgenommen hatte. Sie ist berufstätig und studiert nebenher. Sie sieht jetzt ein, daß sie auf nichts vorbereitet war und daß wir nichts weiter wollten, als ihr die Zeit zur Vorbereitung zu verschaffen.

Ich habe jetzt zu allen meinen Töchtern ähnliche Beziehungen. Wir sind Freundinnen und können über alles sprechen. Betty ist jetzt lange genug fort, sie hat genügend Erfahrungen gesammelt, sie weiß, was sie will, und hat ihren eigenen Kopf. Wir mußten lernen, ihre Wahl zu achten und zu akzeptieren, und sie selbst zweifelt nicht mehr daran, daß es richtig war, wie sie sich entschieden hat.«

Auch zwischen der verheirateten Tochter und der Mutter kann es zu einer befreienden Konfrontation kommen. Auch hier geht die Auseinandersetzung nur die beiden Frauen unmittelbar an, die Ehemänner haben damit nichts zu schaffen. Grace Raphaelson, der wir schon in Kapitel V begegneten, hatte eine solche Auseinandersetzung mit der Mutter, als sie ihren eigenen Lebensstil durchzusetzen versuchte.

»Meine Mutter besuchte uns häufig; sie ist jetzt Witwe und verbringt soviel Zeit wie möglich bei ihren Kindern. Ich verstehe das, es wird mir aber manchmal zuviel. Einmal wohnte sie bei uns, während sie an einem Bridgeturnier teilnahm, und blieb mir zu lange. Wir haben kein Gästezimmer, ich mußte also bei meiner Tochter schlafen. Ich sagte schließlich zu meiner Mutter: ›Meine Tochter hat jetzt schon seit zwei Wochen kein eigenes Zimmer mehr, und das bekommt ihr nicht. Sieh doch bitte zu, daß du gleich nach dem Turnier abreisen kannst.‹ Da regte sie sich fürchterlich auf, packte auf der Stelle ihren Koffer und wollte abfahren. Sie blieb dann noch ein paar Tage, der Vorfall hat aber etwas verändert. Ich hatte ihr praktisch zu verstehen gegeben, daß ich eine eigene Person bin, deren Bedürfnisse sie zu achten hat. Wie unsere Beziehung künftig aussehen wird, weiß ich nicht; sie muß sich aber von der alten Beziehung wesentlich unterscheiden. So kommt eines zum anderen. Ich habe jetzt meine eigenen Vorstellungen und fühle mich imstande, die Welt zu erobern. Merkwürdig ist, daß ich mich nicht nur von meiner Mutter löse, sondern auch von meiner Tochter. Ich kann jetzt nicht mehr jede Minute darauf verwenden, mich um sie zu kümmern, sie muß eben selbst Verantwortung für sich übernehmen.«

Man sieht, wie die Dinge sich ändern; mehr und mehr Töchter etablieren sich als selbständige Frauen, sie beweisen sich, daß sie auf eigenen Füßen stehen und unabhängig sein können. Mütter, die in der Vorstellung aufwuchsen, eine Tochter sei zunächst von den Eltern abhängig und anschließend vom Ehemann, bezweifeln selbstverständlich, daß ihre Töchter in der Lage sind, sich zu behaupten. Ob nun aber auf dem Weg über die Konfrontation oder durch schiere Beharrlichkeit, Töchter beweisen endlich doch ihre Fähigkeit, einen eigenen Weg zu gehen. Dabei haben sie keine Vorbilder für ihre neue Rolle. Ihre Mütter tun das gleiche. Sowohl Mütter wie Töchter äußern ihre Ungewißheit auf mancherlei Weise, erstaunlich ist jedoch, wie sie sich anpassen und die sich verändernde Auffassung von sich selbst einander mitteilen.

Die Frauenbewegung hat ein Klima geschaffen, in dem sich junge Frauen, die ihre Rolle ändern wollen, nicht mehr verlassen fühlen. Die Trennung wird jetzt nicht mehr ausschließlich von Töchtern gesucht, sondern mehr und mehr ältere Mütter kommen zu der Einsicht, daß es gut sei, das Bemuttern der heranwachsenden Töchter aufzugeben, bevor diese von sich aus ihre Abhängigkeit für beendet erklären; ein Beispiel dafür sind Marjorie Gordon und ihre jüngste Tochter Julie. Alice Litvinak sah sich genötigt, einen Zusammenstoß herbeizuführen, der sie selbst und ihre Tochter endlich psychisch unabhängig voneinander machte. »Ich habe mir immer eine Tochter gewünscht, mir ausgemalt, wie hübsch ich sie anziehen

würde usw. Schon meine Mutter hatte ganz bestimmte Vorstellungen davon, wie ich mal werden sollte, und ich habe sie gründlich enttäuscht. Sie setzte sich darüber aber hinweg, in ihrer eigenen Phantasie wurde ich zu etwas, was ich nicht war. Ich wäre gern so schön und romantisch gewesen, wie sie mich sah, war es aber nicht. Ich studierte und habe eigentlich nie richtig rebelliert. Ich war nur eben nicht das, was meine Mutter sich vorgestellt hatte. Es gibt wohl junge Frauen, die sich auflehnen, weil sie sie selbst sein wollen, ich lehnte mich auf, indem ich gar nichts tat.
Ich war verblüfft, als ich merkte, daß ich mit meiner Tochter genauso verfuhr, wie meine Mutter mit mir, bloß etwas behutsamer, Meine Tochter entsprach anfangs wirklich ganz meiner Vorstellung. Sie war sehr niedlich und lieb, bis sie in die Pubertät kam. Da fing sie an, ebenso dick zu werden wie ich in dem Alter, und litt darunter, daß sie nicht attraktiv war. Mir gefiel sie so ebensowenig wie sich selber. Trotzdem hatte ich sie als Person unverändert gern.
Da ich immer berufstätig gewesen bin, habe ich ihr nahegelegt, sich für einen Beruf zu entscheiden, und sie damit in den nur allzu bekannten Zwiespalt gestürzt: sei attraktiv, sexy und hübsch, aber auch energisch, verdiene einen Haufen Geld und bestimme über dich selbst. Ich sehe jetzt ein, daß das zuviel verlangt ist, doch als sie am College Examen gemacht hatte und überhaupt nicht wußte, was sie mit sich anfangen sollte, entsetzte mich das. Sie sagte, sie wolle heiraten, und ich versuchte, ihr dabei zu helfen. Sie machte eine Abmagerungskur, wir kauften, worauf sie Lust hatte, sie ließ sich eine neue Frisur machen. Ich unterstützte sie vorbehaltlos darin, eine total stereotype Rolle zu übernehmen. Ich sah, daß sie sich in die traditionell weibliche Abhängigkeit begeben wollte, und wußte doch, daß ich dagegen nichts tun konnte, daß sie zu gegebener Zeit ihren Weg selbst würde finden müssen. Mir wurde klar, daß ich sie gar nicht beeinflussen konnte. Und daß sie mir trotzdem gefiel, obwohl sie nicht so geworden war, wie ich es mir gewünscht hatte.

Es überraschte mich dann, daß sie immer aggressiver wurde. Sie bekam nicht, was sie wollte, und ich bemühte mich weiter darum, ihr behilflich zu sein. Das führte zu fürchterlichen Auftritten. Sie lebte mit Freunden in einer großen Wohnung. Wenn sie mich besuchte, ließ sie ihre Wut an mir aus und verlangte gleichzeitig, ich solle sie bemuttern, mich um ihre Wäsche kümmern zum Beispiel. Sie benahm sich wie ein Kind.

Ich sagte ihr schließlich, sie habe kein Recht, sich so aufzuführen und ihre Wut an mir auszulassen, ohne zu sagen, was sie mir eigentlich vorwerfe. Ich wolle mich jetzt nicht von ihr dafür bestrafen lassen, daß ich ihre Mutter sei. Sie sei jetzt alt genug, um mit ihren emotionalen Schwierigkeiten ohne mich fertigzuwerden, ich wolle meine Mutterrolle aufgeben und mich mit ihr verständigen, wie es zwischen Erwachsenen üblich sei.

Es gab einen fürchterlichen Krach. Ich warf ihr vor, mich nicht als Person zu behandeln sondern als Klischeefigur einer Mutter und sagte, ich könne eine solche Mutter nicht länger sein, dafür seien wir beide zu alt. Wenn wir nicht Freundinnen sein könnten, brauchten wir uns nicht mehr zu sehen. Das konnte sie nicht verkraften, sie konnte sich von mir nicht trennen. Ich sei gemein, ich hätte mich eher von ihr getrennt, als sie sich von mir. Das Schlimme war nur, ich wußte, daß sie mich nicht wirklich verabscheute; sie liebt und haßt mich gleichzeitig. Ich war aber überzeugt, daß wir diese intensive Beziehung nur lösen könnten, wenn ich mich als Person ihr gegenüber behauptete.

Mir gefiel nicht, wie sie lebte. Sie tat eigentlich nichts, sie wohnte in Cambridge in einer Kommune, verrichtete Gelegenheitsarbeiten, die Frauen kochten. Ich hielt mich da aber raus, denn wenn ich etwas zu ihr sagte, wurde sie gleich böse.

Jetzt hat sich ein erstaunlicher Wandel vollzogen. Sie hat in Boston ihre eigene Wohnung, tagsüber arbeitet sie in einer Klinik, und abends nimmt sie Kurse in Psychologie. Sie will

Psychologin werden. Plötzlich stellt sie sich einer echten Aufgabe, sie hat Angst, sieht aber, daß es anderen Leuten auch nicht anders geht. Und ich lasse sie machen. Will sie was von mir, bitte sehr, aber ich von mir aus rühre mich nicht. Andere Mütter sagen mir, ich benähme mich unmenschlich, wie eine Rabenmutter, und es fällt mir auch schwer, mich so zurückzuhalten, aber sie muß da selber durch. Und ich möchte nichts lieber, als daß sie eine starke Frau wird.«

Auf Zurückweisung und Konflikt folgt eine Phase der inneren Versöhnung mit der Wirklichkeit, wie schon zuvor in der Adoleszenz. Dabei kann es auch zu einer äußerlichen Versöhnung kommen, das hängt wohl meist vom Temperament der Beteiligten ab und davon, was bis dahin zwischen Mutter und Tochter vorgefallen ist. Kommt es zu einer echten Trennung, dann ist die andere Person, sei es Mutter, sei es Tochter, nicht verloren, sondern auf beiden Seiten findet eine Neubewertung der Beziehung und der eigenen Identität im Verhältnis zur anderen statt.

Wie Alice Litvinak sich als Mutter einschätzt, drückt sie so aus: »Ich möchte, daß meine Tochter meine Freundin ist, eine Person, mit der ich auf gleichem Fuß verkehren kann, bezweifle aber, daß das zwischen Müttern und Töchtern restlos möglich ist. Soweit ich gesehen habe, vertragen sich nur solche Mütter und Töchter, die nichts weiter im Kopf haben als Einkaufen, Kochen und Kinderaufziehen. Die Mütter werden Großmütter und kümmern sich um die Enkel, und alles geht glatt. Sind jedoch beide Frauen ausgeprägte Persönlichkeiten, dann ist es schwierig. Meiner Ansicht nach sollten Mütter und Töchter, die nicht miteinander auskommen, sich trennen und ihre eigenen Wege gehen. Die Auffassung, Mütter und Töchter müßten sich unbedingt lieben und füreinander verantwortlich fühlen, ist äußerst unzuträglich. Der Sohn kann sich von seiner Mutter trennen, die Tochter aber nicht. Die muß es mit ihrer Mutter ausfechten. Die beiden müssen sich mögen, weil die weibliche Identität nun einmal mehr an verwandtschaftliche Beziehungen gekoppelt ist. Die Frau soll schließlich

selbst Ehefrau und Mutter werden. Vielleicht muß auch der Sohn Ehemann und Vater werden, dem dient aber immer die Arbeit als Ventil. Bewährt sich die Tochter nicht innerhalb der Familie, kann sie sich nirgends bewähren.
Wie meine Beziehung zu meiner Tochter mal aussehen wird, weiß ich nicht. Die Geschichte ist noch nicht zu Ende. Ich weiß jetzt aber, daß Mütter weniger über ihre Tochter zu bestimmen haben, als sie gerne möchten und als man ihnen zugesteht. Das ist eine Erleichterung für mich; ich weiß jetzt, daß ich nur ein Vorbild liefern kann, indem ich mein eigenes Leben lebe, und dann mag sie wählen. In Wahrheit schulde ich mir mehr als ihr, und wenn ich mehr für mich tue, tue ich damit gleichzeitig mehr für sie. Wenn wir Mütter nicht länger so tun, als seien wir an allem schuld, erweisen wir unseren Töchtern damit einen Gefallen, und vielleicht führt das dazu, daß wir uns an die Wirklichkeit halten und nicht einer den anderen dafür verantwortlich machen, wenn etwas schiefgeht.«
Den Standpunkt der Tochter legt Meg Hampton dar: »Ich glaube nicht, daß ich zu meiner Mutter eine echte Beziehung haben kann, obschon ich das möchte, vorausgesetzt ich kann bestimmen, wie diese Beziehung aussieht.
Ich bin meiner Mutter sehr ähnlich und wehre mich gelegentlich dagegen. Ich mag die gleichen Farben wie sie und beurteile Menschen mit ihren Maßstäben. Ich schleppe sozusagen meine Mutter ständig mit mir herum und sehe vieles mit ihren Augen. Als ich noch ganz fremd in New York war, schloß ich Bekanntschaften mit Menschen, die ihr nicht gefallen hätten, und mußte dabei immer denken: ›Diese Leute dürftest du nie nach Hause bringen.‹ Das ging ja auch gar nicht. Allmählich wird mir klar, daß ich ihre Tochter bin und daran nichts ändern kann, daß ich aber doch auseinanderhalten kann, wie *sie* urteilt und wie *ich* urteile. Daß ich so weit von zu Hause fortgegangen bin und etwas ganz anderes tue, als sie erwartet hat, deutet wohl darauf hin, daß ich mich am eigenen Zopf aus dem Sumpf ziehen und ein anderer Mensch werden wollte. Ich

weiß jetzt, daß das weder möglich noch wünschenswert ist. Es ist besser, sich mit der Vergangenheit auf konstruktive Weise abzufinden. Warum soll ich nicht Gefallen an den gleichen Farben finden wie meine Mutter? Ich brauche deshalb noch lange nicht meine Freunde mit ihrem Maßstab zu messen.«
»Mir scheint, Sie sehen Ihre Mutter jetzt richtiger. Sie sagen: ›Nun gut, ich bin anders als sie‹, und benutzen das als neuen Ausgangspunkt«, sagte ich.

Mit Meg Hampton, Alice Litvinak und den anderen Frauen in diesem Kapitel schließt sich der Kreis. Die in früheren Kapiteln erwähnten jungen Mütter verhelfen ihren Töchtern dazu, die Trennung zu bewältigen, die Meg erst als Erwachsene in Angriff nimmt und zu der Alice ihrer erwachsenen Tochter verhalf, indem sie sich schließlich weigerte, deren Abhängigkeit noch länger zu unterstützen. Bei allen in diesem Buch erwähnten Müttern und Töchtern bezeichnet die Trennung, einerlei in welchem Alter sie vollzogen wurde, den Punkt, an dem sie sich als eigenständige Person erkennen. In den meisten Fällen kam es dazu, wenn die Tochter einsah, daß ihre Identität nicht mit der der Mutter und mit deren Rolle übereinstimmen muß oder wenn die Mutter ihre Rolle als Mutter niederlegte.
Was kleine Mädchen angeht, so gilt seit jeher der Moment, in dem sie sich dem Vater zuwenden, zugleich als der, in dem sie sich von der Mutter lösen, und bis zu einem gewissen Grade trifft das auch zu. Wenn Mütter jedoch nur ein geringes Bewußtsein von sich selbst haben, kann trotzdem eine nach wie vor intensive Mutter-Tochter-Beziehung weiterbestehen. In der Adoleszenz und auch noch im Erwachsenenalter können Mütter und Töchter Beziehungen zu Männern als Mittel benutzen, weiterhin ihre Konflikte miteinander auszutragen.
Auch die Phase, in der die Frau selbst Mutter wird, gilt noch als eine Phase des Erwachsenwerdens und der Trennung von der Mutter, und oft ist sie es auch. Übernimmt die Tochter

aber nur die Rolle der Mutter, so erlangt sie schwerlich ein echtes Bewußtsein von sich als einem Individuum, das seinerseits fähig wäre, der eigenen Tochter wiederum bei deren Persönlichkeitsentwicklung die nötige Unterstützung zu geben.
Vielen Frauen hat eine echte Verbindung mit der Außenwelt durch Berufstätigkeit sehr dabei geholfen, sich als selbständige Person zu etablieren, doch wenn sie sich in ihrer neuen Rolle nicht heimisch fühlen, werden sie kaum imstande sein, diese mit anderen Aspekten ihrer Identität in Übereinstimmung zu bringen. Berufstätigkeit kann sogar als Verschleierung gebraucht werden, die das Weiterbestehen einer übertrieben intensiven Mutter-Tochter-Beziehung kaschieren soll.

In den unterschiedlichen Phasen des Lebens nimmt die Trennung unterschiedliche Formen an. Die meisten in diesem Buch erwähnten Töchter haben von den Müttern genügend Hilfe erfahren, um das Stadium der völligen Symbiose im frühen Kindesalter hinter sich zu lassen. Für die große Mehrzahl von Müttern und Töchtern bleibt dies aber nur eine Teilablösung. Auf einem gewissen Stand verharren Mütter und Töchter leicht in einer gefühlsmäßigen Bindung, die man als semi-symbiotische Beziehung charakterisieren könnte, in der keine von beiden sich oder die andere als wirklich eigenständige Person sieht. Rollen helfen sehr dabei, diesen Kreis geschlossen zu halten. In einer Gesellschaft, die immer mehr auf Spezialisierung drängt, wird auch die Rollenidentität immer mehr eingeengt und übermäßig betont. Die Rollen der Frau, wie wir sie in unserer Gesellschaft kennen, verhindern das Entstehen eines gefestigten Bewußtseins von persönlicher und sexueller Identität, und diese Unsicherheit führt dazu, daß man sich an Rollen klammert, um sich überhaupt definieren zu können. Aber die Rollen sind es nicht allein: weder Ehe, noch Schwangerschaft und Kinderhaben, noch der Beruf als solcher können ein Ich-Bewußtsein schaffen oder zerstören.

Entscheidend ist, wie Frauen sich und ihre Tätigkeit innerhalb der Gesellschaft beurteilen. Diese persönliche Auffassung ist wiederum abhängig davon, wie die Gesellschaft die Frau sieht. Wir sind aber nicht nur Geschöpfe unserer gesellschaftlichen Konditionierung. Seit Generationen bemühen sich Frauen darum, ihre Rollen aufzubrechen, um sich einen Platz in der Welt zu verschaffen. Auch Mütter, die bisher ihren Töchtern irreführende Anweisungen weitergegeben haben, sind von diesem allmählichen Erwachen betroffen, und Mütter, denen es gelungen ist, ein gefestigtes Bewußtsein von sich selbst zu finden, ermutigen ihre Töchter zu einem Verhalten, das die Rollengrenze überschreitet.
Heute denken junge Mütter darüber nach, wie sie ihren Töchtern dazu verhelfen können, starke Persönlichkeiten zu werden. Sie nehmen eine Neubewertung ihrer Position im Verhältnis zu Männern, zu den eigenen Müttern und zur Welt vor. Möglich ist, daß die Frauen jenen Riegel brechen, den das ganze Rollendenken unserer Selbsteinschätzung vorgelegt hat. Letzten Endes spielt weder was man tut, noch was man ist eine Rolle. Was man tun zu können glaubt, was man wirklich tut, und wie man es tut, das ist es, was unser Ich-Bewußtsein ausbildet und festigt. Die Umwelt und das Ich in Interaktion machen uns zu dem, was wir zu sein glauben. Indem Mütter und Töchter ihre Vorstellungen von sich selbst und voneinander zu ändern beginnen, verändern sie auch die Gesellschaft.

Anmerkungen

Vorbemerkung

1 Erik H. Erikson, *Identity: Youth and Crisis,* New York 1968, (*Jugend und Krise. Die Psychodynamik im sozialen Wandel,* Stuttgart 1970). In diesem und seinem bekannteren Buch *Kindheit und Gesellschaft* führt Erikson seine Konzeption von der Identität der Frau unter Bezugnahme auf den inneren Raum aus, der in das Ich-Bewußtsein integriert werden muß.
2 Die Frau, die keine Person sein wollte, wurde zitiert in: *The New York Times* vom 7. Februar 1975.
3 Siehe Nancy Chodorow, *Family Structure and Feminine Personality,* in: *Women, Culture and Society,* hrsg. von Michelle Simbalist Rosaldo und Louise Lamphere, Stanford/Cal. 1974, S. 43–66. Dieser Essay bezieht sich auf Arbeiten mehrerer Disziplinen und vertritt die These, daß Frauen in unserer Gesellschaft genötigt werden, infantil zu bleiben, und daher ein Interesse daran haben, ihre Töchter infantil zu halten. Dieser Essay ist ein Markstein, und die Anthologie, in der er enthalten ist, bietet einige der bedeutendsten Aufsätze zum Thema Frauen überhaupt.
4 Clara Thompson, *Cultural Pressures on the Psychology of Women,* in: *Interpersonal Relationships: The Selected Papers of Clara M. Thompson,* hrsg. von Maurice R. Green, New York 1964, S. 240 (Erstveröffentlichung in: *Psychiatry,* 5 (1942), S. 331–339). Clara Thompson und Karen Horney haben als erste psychoanalytische Forscherinnen zusammenhängende Theorien der weiblichen Entwicklung aufgestellt, die vielen Gedanken Freuds widersprechen. Beide sind sehr lesenswert, und beide nehmen viel von den Gedanken der modernen Frauenbewegung vorweg.

Kapitel I

1 Siehe Grete L. Bibring, M. D., *Some Considerations of the Psychological Processes in Pregnancy,* in: *The Psychoanalytic Study of the Child,* Band 14, New York 1959. G. L. Bibring, T. F. Dwyer, D. S. Huntington und A. F. Valenstein, *A Study of the Earliest Mother-Child Relationship: I. Some Propositions and Comments,* in: *The Psychoanalytic Study of the Child,* Band 16, New York 1961. Die Arbeiten von Dr. Bibring und ihren Mitarbeitern weichen von der üblichen Auffassung von Schwangerschaft und Gebären als normaler Entwicklungsphase ab. Psychische Störungen werden nicht notwendig als Beweise für Neurosen angesehen, vielmehr wird hier gezeigt, daß sie unmittelbare Folge der Anpassung sein können, die die junge Mutter nach der Geburt des Kindes vorzunehmen hat. Ein

dem Thema verwandter Essay von Grete Bibring findet sich auch in: Signe Hammer, *Women: Body and Culture,* New York 1975.

2 Siehe Niles Newton, *Trebly Sensuous Woman,* in: *Psychology Today* (Juli 1971), S. 68–71, 98–99. Dr. Newton hat jahrelang über die Psychologie der Schwangerschaft gearbeitet.

3 Helene Deutsch, *The Psychology of Women,* Band 2, New York 1945, S. 213. Helene Deutschs zweibändige Studie ist auch heute noch die extensivste Anwendung der Theorie Freuds auf die Untersuchung der weiblichen Entwicklung. Aus diesem Grund wird sie häufig als veraltet abgelehnt. Obwohl die Aufspaltung in aktiv und passiv und der Masochismus als Faktoren der weiblichen Entwicklung übermäßig betont werden, finden sich hier doch viele nützliche Fallstudien und wertvolle Erkenntnisse.

4 Die Psychoanalytikerin Margaret Mahler hat eine Theorie des Trennungs-Individuations-Prozesses entwickelt, die besagt, daß das Kleinkind durch einen allmählichen Prozeß der Ablösung von der Mutter zum Bewußtsein seiner selbst als Individuum gelangt. Diese Arbeit ist ein wichtiger Beitrag zur Ich-Psychologie, einer jüngeren Fortentwicklung der Psychoanalyse, die das Entstehen des Ich oder Ich-Bewußtseins als mehr betrachtet denn einen Vermittler zwischen Es und Über-Ich. Zum besseren Verständnis ihrer Theorie habe ich folgende Essays herangezogen: *Thoughts About Development and Individuation,* in: *The Psychoanalytic Study of the Child,* Band 18, 1963, S. 307–324; *On the Significance of the Normal Separation-Individuation Phase,* in: *Drives, Affects, Behavior,* Band 2, 1965, S. 161–169; *On Human Symbiosis and the Vicissitudes of Individuation,* in: *Journal of the American Psychoanalytic Association,* 15:4 (1967), S. 740–762; *A Study of the Separation-Individuation Process,* in: *The Psychoanalytic Study of the Child,* Band 26, 1971, S. 403–424.

5 Eine besondere Ausnahme ist die Psychoanalytikerin Edith Jacobson, deren *The Self and the Object World* (New York 1964) ausführlich die Entwicklung der Persönlichkeit von Mädchen im Verhältnis zu ihren Müttern untersucht. Dies ist ein schwer verständlicher, aber wertvoller Beitrag zur Ich-Psychologie.

6 Mündliche Mitteilung von Dr. Marjorie Taggart White 1975.

7 Chodorow, a.a.O.

8 Siehe David Gutmann, *Women and the Conception of Ego Strength,* in: *Merrill-Palmer Quarterly of Behavior and Development,* 11:3 (1965), S. 229–240. Gutmanns Theorie, die besagt, daß die Struktur des Ich bei Frauen erheblich von der bei Männern abweicht, wird in Nancy Chodorows Essay glänzend widerlegt. Einerlei, wie man Gutmanns These beurteilt, sie drückt jedenfalls sehr klar eine weit verbreitete Vorstellung aus, man könnte auch sagen ein Märchen.

9 Siehe Howard A. Moss, *Sex, Age, and State as Determinants of Mother-Infant Interaction,* in: *Merrill-Palmer Quarterly of Behavior and Development,* 13:1 (1967), S. 19–36; Michael Lewis, *There's No Unisex in the Nursery,* in: *Psychology Today* (Mai 1972), S. 54–57.

10 Den Begriff des ›Fähigmachens‹ hat mir Dr. Taggart White vorgeschlagen.

Kapitel II

1 Siehe Margaret Mead, *Male and Female*, New York 1949 (*Mann und Weib. Das Verhältnis der Geschlechter in einer sich wandelnden Welt*, gek. Übersetzung, Hamburg 1958). Eine klassische Untersuchung der Wechselwirkung zwischen Körper und Umwelt in der Entwicklung der Persönlichkeit von Kindern in unterschiedlichen Kulturen, einschließlich der unseren. Die in diesem und anderen Büchern der Autorin enthaltenen Anschauungen sind Teil meines eigenen Denkens geworden.
2 Erik H. Erikson, *Childhood and Society*, New York 1950 und 1963 (*Kindheit und Gesellschaft*, 4. Aufl. Stuttgart 1971). Dieses Buch enthält Eriksons bedeutendere theoretische Darlegungen zu den Phasen der Identität und den Gedanken eines inneren Raumes.
3 Siehe David B. Lynn, *Parental and Sex-Role Identification: A Theoretical Formulation*, Berkeley/Cal. 1969. Ein faszinierendes Buch, in dem der Autor einige Hypothesen entwickelt, die zeigen sollen, wie Knaben und Mädchen die Geschlechtsrolle erlernen. Besonders interessant ist sein Gedanke, daß Knaben ihre Rolle selbst entdecken müssen, weil sie ihre Väter selten zu Gesicht bekommen, während Mädchen sich konkreter und persönlicher mit der Mutter identifizieren. Aus diesem Grunde wird es Knaben leichter, Probleme zu lösen und abstrakt zu denken. Mädchen, deren Mütter sich distanziert zu ihnen verhalten, verfügen über ähnliche Fähigkeiten, und Knaben, die, wie Eskimoknaben, eine enge persönliche Beziehung zum Vater haben, verstehen sich auf Problemlösung nicht besser als Mädchen.
4 Siehe Jerome Kagan und Howard A. Moss, *Birth to Maturity: A Study in Psychological Development*, New York 1962. Untersuchung an Mittelstandskindern und ihren Eltern während des Überganges der Kinder vom Säuglingsalter bis zum Erwachsenenalter.
5 Siehe Lois Wladis Hoffman, *Early Childhood Experiences and Women's Achievement Motives*, in: *Journal of Social Issues*, 28:2 (1972), S. 129–155. Eine äußerst wertvolle Zusammenstellung der Untersuchungen darüber, wie Mädchen zur Abhängigkeit sozialisiert werden. Dieser Aufsatz ist enthalten in: Signe Hammer, *Women: Body and Culture*, New York 1975.
6 Siehe Chodorow, a.a.O.
7 Siehe Erikson, *Kindheit und Gesellschaft*.
8 Siehe Betty Friedan, *The Feminine Mystique*, New York 1963 (*Der Weiblichkeitswahn oder Die Selbstbefreiung der Frau*, Reinbek 1970). Als erste moderne Feministin beschreibt die Autorin, wie Frauen durch die Konventionen der Weiblichkeit infantil gehalten werden, und fordert, daß Frauen zu eigenständigen Personen heranwachsen müssen. Siehe ferner Philipp Wylie, *Generation of Vipers*, New York 1955.
9 Siehe John Money, *Man and Woman, Boy and Girl*, Baltimore 1972. Ein wichtiges Buch, in dem untersucht wird, wie Hormone und Gene einerseits und soziales Training andererseits zur Bestimmung der Identität beitragen.
10 Mahler, a.a.O.

11 Hoffman, a.a.O.
12 Siehe Bettye Caldwell u. a., *Infant Day Care and Attachment*, in: *American Journal of Orthopsychiatry*, 30 (1970), S. 397–412.
13 Siehe H. Schaffer und P. Emerson, *The Development of Social Attachments in Infancy*, in: *Monographs of the Society for Research in Child Development*, 20:3 (1964).
14 Siehe Sarane Spence Boocock, *A Crosscultural Analysis of the Childcare System*. Arbeit im Auftrag der Russell Sage Stiftung, 1974.
15 Das Beispiel der Baumeisterin ist in *The New York Times* vom 29. April 1974 angeführt.

Kapitel III

1 Mahler, a.a.O.
2 Erikson, *Kindheit und Gesellschaft*.
3 Erikson, ebenda. (Der Gedanke, daß Mädchen gegen Eingriffe besonders empfindlich sind, stammt von mir.)
4 Siehe Alfred C. Kinsey, Wardell B. Pomeroy, Clyde E. Martin und Paul H. Gebhard, *Sexual Behavior in the Human Female*, Philadelphia 1953.
5 In seinem Essay *Die Umgestaltungen der Pubertät* (in: *Drei Abhandlungen zur Sexualtheorie*, zuerst erschienen 1905) behauptet Freud, daß die Sexualität von Mädchen, die bis zum Eintritt der Pubertät ›männlich‹ ist, unterdrückt wird, und daß nur eine Frau, die ihre eigene Sexualität unterdrückt, die Sexualität im Mann wecken kann. Diese sonderbare Auffassung macht klar, daß er eine ›weibliche‹ Entwicklung nur für möglich hält, wenn die Sexualität nicht vorhanden ist oder verleugnet wird.
6 Siehe Karen Horneys Aufsätze über weibliche Sexualität in: *Feminine Psychology*, hrsg. von Harold Kelman, M. D., New York 1967. Clara Thompsons ausgewählte Aufsätze werden in der Einführung erwähnt; ihre Aufsätze über Frauen erschienen als Paperback: *On Women*, hrsg. von Maurice R. Green, New York 1971. Siehe auch William H. Masters und Virginia E. Johnson, *Die sexuelle Reaktion*, Frankfurt am Main 1967. Dies ist ein schwieriges, aber wichtiges Buch, das die Resultate von Untersuchungen der sexuellen Reaktion bei Männern und Frauen enthält.
7 Sigmund Freud, *Über die weibliche Sexualität*, in: *Gesammelte Werke*, Band 14, Frankfurt am Main 1948, S. 523.
8 Jacobson, a.a.O.
9 In ihrem Aufsatz *Changing Concepts of Homosexuality in Psychoanalysis* sagt die Autorin: »Die Enttäuschung der Eltern, die sich ein Kind anderen Geschlechts gewünscht haben, kann zum Entstehen der Homosexualität beitragen, besonders dann, wenn diese Enttäuschung sie verleitet, das Kind zu behandeln, als gehöre es dem anderen Geschlecht an.« Man darf wohl annehmen, daß eine Mutter, die im Einklang mit der eigenen Sexualität lebt, die sich entwickelnde sexuelle Identität ihrer Tochter nicht mißbilligt.
10 Persönliche Mitteilung von Dr. Taggart White 1975.

11 Jacobson, a.a.O.
12 Clara Thompson, *Cultural Pressures in the Psychology of Women,* in: *On Women,* S. 137.
13 Money, a.a.O., S. 164.
14 Clara Thompson, *Some Effects of the Derogatory Attitude toward Female Sexuality,* in: *On Women,* S. 149.
15 Jacobson, a.a.O.

Kapitel IV

1 Jacobson, a.a.O.
2 Ann Oakley, *Housewife,* New York 1974. Eine gescheite, verständliche Untersuchung der Wirkungen der Industrialisierung auf die Rolle der Frau besonders in England und eine Analyse moderner Märchen vom ›Platz der Frau‹. Die Autorin zeigt deutlich, wie die Industrialisierung einen Gegensatz zwischen Heim und Arbeitsplatz herbeiführt, der sich als Einengung der Betätigungsmöglichkeiten für Frauen in der Gesellschaft auswirkt.
3 Philippe Ariès, *Geschichte der Kindheit,* München 1975. Eine besonders wichtige Untersuchung über die Entstehung der Vorstellung von Kindheit im Zusammenhang mit der modernen Auffassung von Familie. Ariès richtet seine Aufmerksamkeit zwar vorwiegend auf Knaben – die Lage der Mädchen blieb bis vor kurzem unverändert –, er weist aber einleuchtend nach, daß die Entwicklung der modernen Familie nicht denkbar ist ohne die »langsame und stetige Verschlechterung der Position der Frau innerhalb des Hauses«.
4 Elizabeth Janeway, *Man's World, Woman's Place, A Study in Social Mythology,* New York 1971. Diese scharfsinnige Untersuchung bietet eine ausführliche Erörterung der Beschneidung weiblicher Tätigkeiten in der modernen Gesellschaft und setzt den Verlust unmittelbarer Bindungen zur Außenwelt in Beziehung zu dem Verlust »eines objektiven Wertmaßstabes, mit dessen Hilfe man sich selbst und seine Tätigkeit beurteilen kann« (S. 170). Die größere Subjektivität der Frauen erscheint hier als Folge ihrer sozialen Rolle, nicht als angeborene Neigung.
5 Ariès, a.a.O.
6 Matina Horner hat die Furcht vor dem Erfolg in mehreren Aufsätzen dokumentiert. Eine Zusammenfassung ihrer Arbeiten enthält *Fail: Bright Women,* in: *Psychology Today* (November 1969), S. 36, 38, 62.
7 Siehe Margaret M. Henning, *Family Dynamics for Developing Positive Achievement Motivation in Women: the Sucessful Woman Executive,* in: *Women and Success: The Anatomy of Achievement,* hrsg. von Ruth B. Kundsin, Sc. D., New York 1973. Eine brauchbare Sammlung von Aufsätzen, welche untersuchen, inwieweit die Psyche des Individuums, die Geschlechtsrollenerwartung und andere Faktoren bei der Entwicklung leistungsorientierter Frauen mitwirken.

Kapitel V

1 Siehe Natalie Shainess, *A Re-evaluation of Some Aspects of Feminity through a Study of Menstruation: A Preliminary Report,* in: *Science and Psychoanalysis,* Band 5, hrsg. von Jules H. Masserman, M. D., New York 1962, S. 278–285.
2 Horner, a.a.O.
3 Die Vorstellung von der Suche nach der idealen Mutter ist mir aufgrund des von mir gesammelten Materials gekommen. Sie basiert im wesentlichen auf der psychoanalytischen Auffassung vom Ich-Ideal, über welche sich Material beispielsweise in den Arbeiten von Erik Erikson und Edith Jacobson findet.
4 Erik Erikson behandelt sein Konzept vom inneren Raum sowohl in *Kindheit und Gesellschaft* als auch in *Jugend und Krise.* Dieser Ansatz ist brauchbar, nur übertreibt er ihn, indem er behauptet, alle weibliche Betätigung müsse auf diese biologische Konstellation zurückgeführt werden.
5 Ronald D. Laing, *The Politics of The Family,* New York 1971. Die Arbeiten des Autors brauchen keine besondere Empfehlung, sie sind bekannt genug. Bezeichnend ist, daß sich seine Aufmerksamkeit besonders auf die Mystifizierung der Identität von Töchtern richtet.
6 Magersucht wird in einem Artikel von Sam Blum erörtert: *Children Who Starve Themselves,* in: *The New York Times Magazine* vom 10. November 1974. Die Psychologin Joanne Turo, die mit Rauschgiftsüchtigen arbeitet, meint, zwischen Rauschgiftabhängigkeit und unvollständiger Trennung von der Mutter könnten Zusammenhänge bestehen.

Kapitel VII

1 Die Psychoanalytikerin Ruth Moulton erörtert den Zusammenhang von Liebe, Arbeit, Sexualität und Mutter-Tochter-Beziehung in *Multiple Factors in Frigidity,* erstmals veröffentlicht in: *Science and Psychoanalysis,* Band 10, hrsg. von Jules H. Masserman, M. D., New York 1968, S. 75–93. Dieser Essay findet sich auch in Signe Hammer, *Women: Body and Culture.*
2 Freud, *Über die weibliche Sexualität.*

Kapitel VIII

1 Horner, a.a.O.

Nachbemerkung

Bei der Arbeit an diesem Buch sind mir Rat und Hilfe zuteil geworden, für die ich danken möchte.

An erster Stelle danke ich Dr. Marjorie Taggart White, ohne deren klugen Beistand dieses Buch nicht entstanden wäre.

Ich danke ferner Joanne Turo, Coordinator of Clinical Services and Director of Treatment des Greenwich House Counseling Center, die mir die Möglichkeit gab, mit ihren Mitarbeiterinnen zu sprechen, darunter Marion Abruscato, Sozialarbeiterin; Mildred Kouba, Leiterin der Sozialarbeit; Jane Hall, Sozialarbeiterin. Ihnen allen verdanke ich ergiebige Gespräche. Signe Lundberg, Sozialpsychologin, die vor allem über Familien mit nur einem Elternteil arbeitet, gab mir nützliche Einblicke in die Beziehung zwischen alleinstehenden Müttern und Töchtern. Mildred R. Moskowitz, Director of the Borough Hall Office of the Madeline Borg Child Guidance Institute of the Jewish Board of Guardians, stellte mir ihre persönlichen und beruflichen Erfahrungen zur Verfügung. Die Klinikpsychologin und Feministin Dr. Barbara Sang half mir besonders bei der Erörterung der Beziehung zwischen Rollen und anderen Aspekten der Identität. Dale Bernstein, Feministin und Mitglied der New York Association of Feminist Psychotherapists, half mir erkennen, wie Rollen sich auf Identitätskonflikte bei der modernen Frau auswirken.

Ferner danke ich meiner Lektorin, Ghislaine Boulanger, die mir dieses Buch vorschlug und mir jederzeit mit Rat und Tat zur Seite stand.

Ich danke außerdem meinen Freunden, die mich nie im Stich ließen. Fran und David McCullough hatten von Anfang an Vertrauen. Fran half mir mit ihrem Rat und stellte mir ihre Wohnung für mehrere Interviews zur Verfügung. Jonathon und Barbara Silver waren mir nicht nur liebe und gastliche Freunde, sondern haben mir im Laufe der Jahre im Gespräch viele Einsichten vermittelt. Auch Gesprächen mit Meredith Monk, Ping Chong und Lee Nagrin verdanke ich viel. Mein Freund und Verwandter William Clutz hat mir beigebracht, wie man diszipliniert arbeitet.

Am meisten jedoch verdanke ich den Müttern und Töchtern, die mir ihre Geschichte erzählten, ihre Einsichten vermittelten und damit dem Buch die Substanz gaben. Ich hoffe, ich habe alles getreulich so dargestellt, wie ich es von ihnen hörte.

Virginia Woolf

Die Dame im Spiegel
und andere Erzählungen.
Band 1984

Die Fahrt zum Leuchtturm
Roman. Band 2119

Die Jahre
Roman. Band 2120

Mrs. Dalloway
Roman. Band 1982

Orlando
Roman. Band 1981

Zwischen den Akten
Roman. Band 1983

Fischer

Doris Lessing

Das goldene Notizbuch
Roman · 634 Seiten, geb.

»Das goldene Notizbuch« ist ein Dokument in der Geschichte der Befreiung der Frau, ein intimes Protokoll ihrer intellektuellen und schöpferischen Bewußtwerdung. Doris Lessings Roman fasziniert durch die Feinsinnigkeit, die unerbittliche Intensität und die Ehrlichkeit im Beobachten weiblicher Emotionen, Verhaltensweisen, Bewußtseinsprozesse. Mit ihrem seismografischen Gespür für Zeitstimmungen, Tendenzen und soziales Klima hat Doris Lessing ein Werk geschaffen, das zu den bedeutendsten unserer Zeit zu zählen ist.
»Ich halte diesen Roman für ein Schlüsselbuch der Literatur nach 1940.«
Helmut Heißenbüttel

Goverts
im S. Fischer Verlag